徐京植 回想と対話

Suh Kyungsik
Memoirs and Dialogues

徐京植　回想と対話◉目次

第II部　日韓にわたる批評活動の多面性
――その意義とインパクト

第Ⅲ部　芸術表現をめぐる二つの対話

装幀／章扉デザイン・柳 裕子
カバー／章扉写真・浅野 康治郎

序文

徐京植とその時代
――批評家として、活動家として、教育者として

早尾貴紀

はじめに

本書は、徐京植さんの批評活動の全体像や意義を明らかにする試みである。そのために以下の三部構成をとる。

第Ⅰ部「自己形成と思索の軌跡」には、徐さんの最終講義と、徐さんへの長時間インタビュー、徐さんと三人の在日朝鮮人研究者（李杏理さん、崔徳孝さん、趙慶喜さん）との座談会の三つを収める。これによって、徐さんがどのような状況にあってどのような問題意識をもって発言をされてきたのかを明らかにする。

第Ⅱ部「日韓にわたる批評活動の多面性」には、シンポジウムをもとに、日本から二人（鵜飼哲さん、高橋哲哉さん）と韓国から二人（権晟右さん、崔在爀さん）の四本の報告と徐さんからの応答、さ

らに東京経済大学の三人（本橋哲也さん、澁谷知美さん、李杏理さん）のコメントを収める。これによって、徐さんの批評活動が、どのように受容されて、どのような影響を与えたのかを明らかにする。

第Ⅲ部「芸術表現をめぐる二つの対話」には、ＮＨＫディレクターの鎌倉英也さんと徐さんの対談、および、佐喜眞美術館館長の佐喜眞道夫さんと徐さんの対談を収める。これによって、徐さんとともに長きにわたって映像や芸術に携わってきた方と徐さんとのあいだでどのように共鳴しながら活動が積み重ねられてきたのかを明らかにする。

またこの序文においては、編者の一人であり、長く徐さんの読者であり、元同僚でもあった私、早尾の立場から、徐さんの言論活動の全体像に一定の見取り図を与えることを試みたい。

第一期＝救援活動の時代

一人の作家としての徐京植さんの言論活動に、時代区分を入れることは厳密な意味では不可能だろうし、徐さん本人からは時期で区分されることに違和感・異論もあろうと想像するが、しかし徐さんの言論活動がつねに情勢の変動のなかで社会に向けて発信されたものであることに鑑みると、徐さん個人の持っていた唯一無二の役割と、その言論活動の意義の大きさを理解するためには、一定の時代区分を入れて社会情勢に照らしてみることは、有益であろう。

徐京植さんの言論活動の第一期は、徐さんのお兄さん二人、徐勝さんと徐俊植さんが韓国留学中に政治犯として逮捕された一九七一年に始まり、二人が釈放される一九九〇年までと見ることができる。この一九九〇年の前後というのは、もちろん韓国においては軍事独裁体制が終わり民主化していった時期であり、世界的に見れば冷戦体制に形式的に終止符が打たれた時期であり、日本社会では直接的な戦争責任者である昭和天皇が死去し「昭和」が終わった時期であった。

この七〇年代と八〇年代を通しての徐さんの言論活動は、お兄さん二人の救援運動のなかで、またそのために支援に集まった日本のリベラル左派の知識人らとの交流のなかでなされていった。たんに韓国の軍事独裁の問題ということでなく、日本も冷戦構図のもとで米国・資本主義陣営の一端を担い韓国の軍事独裁と共犯関係にあったし、また日本による朝鮮半島の植民地支配が未精算であったことも韓国の軍事独裁に関係していた。他方で、冷戦構図のもとで、共産党や社会党などに属していたりそれらを支持していたりする左派知識人がまだ一定の存在感を持っていた時代でもあった。日本のなかには、日本社会そのものの民主化を追求すると同時に、韓国の軍事独裁に、つまり徐兄弟の投獄に責任を感じ救援運動に関わる知識人がいた。日高六郎、安江良介、和田春樹、藤田省三らなどがその代表格であろう。徐さんは、在日朝鮮人政治犯の弟という当事者の立場で発言するとともに、こうしたリベラル左派の知識人との対話を通して日本社会に問題提起をしていった。その時期の著作は、『長くきびしい道のり――徐兄弟・獄中の生』（一九八八年）と『皇民化政策から指紋押捺まで――在日朝鮮人の「昭和史」』（一九八九年）に代表されるだろう。

第二期＝歴史認識論争の時代

徐さんの言論活動の第二期は、お兄さん二人が釈放され、冷戦が終わり、「平成」が始まった一九九〇年頃から東京経済大学の専任教員として就職されるまでの二〇〇〇年頃までと見ることができる。一九九一年から非常勤講師をいくつかの大学で始められているが、やはり常勤の専任教員となるかどうかで教育者としての役割に大きな違いがあること、その前後で徐さんの批評の言葉の質にある変化も認められること、また日本社会も一九九〇年代に「ポスト冷戦」と「ポスト昭和」と「戦後五〇年」とを迎えて大きく変動していた時期であったことも踏まえて、ここを第二期と区分することとしたい。

九〇年代は、戦争の記憶と歴史認識をめぐる論争の時代であった。冷戦の終わりと東アジアの軍事独裁体制の終わりは、それまでの大きなイデオロギー対立のもとで封じられていた植民地支配と戦争の記憶を解き放ち始めたのに対して、戦後五〇年の区切りは歴史認識をめぐる反動的な運動を加速させた。具体的には、九一年に韓国で最初の元「慰安婦」のカミングアウトがあり、ここからアジア全域で日本軍「慰安婦」問題が争点化していった。この問題は、民族・性・階級が複合的に関わる植民地主義と戦時性暴力の典型的な事例でもあり、また記憶や証言の（不）可能性やオーラルヒストリーも含む歴史認識と歴史記述の課題を浮き彫りにした。他方で、冷戦が米国・資本主義の勝利というタテマエで終わったために党派的な左派論客は退潮してしまったこと、直接的な戦争責任者である昭和天皇が死去して「平和主義」的な平成天皇が即位したことで左派論客が天皇制批判を弱めてしまったこと、戦後五〇年の区切りで「もはや戦後ではない」「未来志向」という風潮が強まり、戦争の記憶を忘却する動きが強まったばかりか、日本による対アジアの戦争や植民地支配をアジアの解放や近代化に資するものだったとして正当化する議論が横行したこと（「新しい歴史教科書をつくる会」に代表される）、などが反動の兆候として顕著になった。

こうした情勢の変化のなかで、日本人の左派リベラルの論壇が弱体化していき、逆に在日朝鮮人の知識人としてぶれることなく日本の植民地主義を批判し戦後民主主義の可能性を追求した徐京植さんの発言はますます重みを増していった。本書編者である戸邉秀明さんと私、早尾は、ともに九〇年代に大学生としてこうした歴史認識論争を目の当たりにしており、そうしたなかで徐さんの鋭い発言に接し、そして教えられていった世代である。なお私は、東北大学の学生時代に宮城県在住の在日朝鮮人の元「慰安婦」宋神道《ソンシンド》さんの裁判支援に長く関わり（九二年カミングアウト、九三年提訴）、そうしたなかで戦争・植民地支配・在日朝鮮人の歴史やポストコロニアリズムに関心を持つようになり、徐さんの発言を追いかけるようになった。

宋神道さんの裁判支援の傍らで、私自身も「慰安婦」問題や歴史認識論争に関して発言や執筆をするようになった大学院生の頃に、高橋哲哉さんに声をかけていただき、高橋さんと徐さんとの連続対談「断絶の世紀 証言の時代」（九八年から九九年にかけて岩波書店で実施し『世界』に連載、同題で単行本化）に若手の聞き手として同席させていただくことになり、東北地方に住まいながら幸運にも徐さんと直接の面識を得ることとなった（なお本書第I部の座談会に参加されている崔徳孝さんともそこで知り合った）。私以外はみな都内在住のなかで一人遠方から駆けつける私を、帰りの時間から交通費のことまで徐さんはいつも気遣ってくださったのがありがたかった。

この九〇年代後半の時期の徐さんは、「慰安婦」の存在を認めないあるいは「売春婦」と蔑む右派・保守派の歴史否定主義者たちと闘いながら、同時に左派・リベラル派の「頽落」とも次々闘わなければならない、ひじょうに苦しい時期でもあった。和田春樹氏が一九九五年に発足した「アジア女性基金」という民間募金によって元「慰安婦」に見舞金を支払う運動の旗振りをしたことは、国家責任・国家賠償を否定することになった（徐さんはその後、二〇一五年の「慰安婦問題に関する日韓最終合意」で再び民間基金による解決が謳われた際に、和田氏と何度か公開書簡を交わすこととなったが、完全に平行線であった）。一九九九年には、花崎皋平氏が『月刊みすず』に出した「脱植民地化と共生の課題」において、徐さんの原則的な批評を「糾弾モード」で受け入れられないと批判したのに対して、徐さんはすぐさま同誌に「あなたはどの場所に座っているのか？」（『半難民の位置から』に収録）を書き反論を試み、戦争責任や歴史認識の問題をコミュニケーション・モードの問題に矮小化する過ちを指摘したが、やはり平行線に終わってしまった。

その少し前の一九九七年には、倫理学者の川本隆史さんがやはり『月刊みすず』掲載の「自由主義者の試金石、再び」で、彼の師である鶴見俊輔氏がアジア女性基金（民間募金）を支持する無原則さおよび「慰安婦」に対する兵士の「愛」を語る一方的歪みを批判したが、即座に鶴見の盟友でもある藤田省三氏が同誌上で鶴見を支持し、川本さんに対し感情露わに「激怒」を示したことがあった。藤田氏は川本さんにとっても徐さんにとっても恩師であり、また鶴見俊輔と並んで戦後民主主義を代表する思想家である。当時東北大学で教員をされていた川本さんとは私は大学院生として親交があったので、その後に徐さんが仙台に来られた機会に私も入れて三人で会合を持ったが、その際、徐さんの「川本さん、反論しないのですか？」という問いかけに、川本さんが腕を組んだまま「うーん…」と唸ったきり言葉を発することができなかったことを鮮明に覚えている。

和田春樹、鶴見俊輔、藤田省三、花崎皋平といった戦後民主主義を代表するようなリベラル派の論客たちが九〇年代を通して次々と「頽落」していったことについては、日本の戦後思想に深刻な限界があると言わざるをえず、在日朝鮮人の徐さんは期せずしてそのことを炙り出す存在であったように思う。なおこの時期の徐さんの批評を代表する書籍は、『分断を生きる――在日を超えて』と『半難民の位置から――戦後責任論争と在日朝鮮人』の二冊だろう。

「普遍性」へのまなざし

徐京植さんの第三期に入る前に、徐さんの批評の特徴をもう一点加えておきたい。それは私が徐さんの批評に惹かれた点でもあるのだが、ヨーロッパにおけるユダヤ人迫害、そしてその煽りを受けたパレスチナ難民問題やパレスチナ解放闘争への眼差しである。

私自身、大学生から大学院生にかけて、ヨーロッパ哲学を研究し、そのなかでもとくにハンナ・アーレントやマルティン・ブーバー、ジャック・デリダといったユダヤ系の哲学者に関心を持ちつつ、ユダヤ人の特異性と哲学の普遍性とが織りなす緊張関係のことを考えていた。さらにはそうしたユダヤ系哲学者らが、ユダヤ人国家建設運動や戦後に建国されたイスラエルに、さらにその結果として生じたパレスチナ難民に、どのような距離感と姿勢を持つのかを探っていた。むしろそのことを見ないでは、哲学に「普遍」を語る資格などないと考えていた。

そうした時期に読んだのが、徐さんの『私の西洋美術巡礼』であった。それは、東アジアの植民地主義と軍事独裁の「特殊」な問題が、さらにそのなかでも「小さな」在日朝鮮人の存在が、しかし世界の〈普遍〉の問題に通じていること、近代資本主義世界の人間疎外や、国家と民族と個人の矛盾、マジョリティとマイノリティの緊張関係、権力と暴力の暗部といった、東洋でも西洋でも共通する人間性をめぐる問いであること、そしてそうした人間性を表現する絵画・芸術に徐さんが出会い、救援運動時代の閉塞や絶望から徐さんがかろうじて救われたこと、などが書かれたエッセイであった。

また、ホロコーストのサバイバーでありそのことの意義を考察し続けながら最後に自殺したイタリアの作家プリーモ・レーヴィについて、丁寧に丁寧にその足跡を辿りながら自身の経験を重ね、そして日本の戦争の記憶・証言の問題に示唆を与える『プリーモ・レーヴィへの旅』は、衝撃的であった。九〇年代の歴史認識論争の渦中に刊行された数多くの書物のなかで、静かな声で響くこの一冊は長く読み継がれるべき名著であると思う。

さらに、フランツ・ファノンや白楽晴《ペクナクチョン》など第三世界の民族抵抗運動の思想家や作家の作品読解を通して、植民地主義やアイデンティティについて論じた『「民族」を読む——20世紀のアポリア』、そのなかでもパレスチナ人作家ガッサーン・カナファーニーについて論じた章「土の記憶」や、藤田省三や日高六郎や岡部伊都子や松井やより、そして本書第II部収録のシンポジウムにも登壇いただいた鵜飼哲さんらとの対談をまとめた『新しい普遍性へ——徐京植対話集』、そのなかでもパレスチナ人映画監督ミシェル・クレイフィ氏との対談「普遍主義というひき臼にひかれて」は、ハッと気づかせられたり深く頷いたりしながら繰り返し読んだ。

徐さんは、パレスチナ問題に対して共感を寄せつつ、それが東アジアの（ポスト）植民地主義に共通していたり関係していたりする部分を見出し、そして欧米近代の普遍主義ではない、帝国に抑圧された各地のマイノリティ同士が連帯できるような別様の「新しい普遍性」をパレスチナ人の経験とともに模索していた。単行本には収録されてはいないが、『現代思想』誌上でなされたパレスチナ／イスラエル研究者の臼杵陽氏と徐さんとの対談「分断と離散を越えて」（『現代思想　特集：想像の共同体』一九九六年八月号）もまた、私には学ぶところが大きかった。

そうしたこともあり、九八年に徐さんと面識を得てからは、私は徐さんを仙台に招いて対話集会を重ね、二〇〇〇年に「断絶を見据えて――在日朝鮮人と日本人」、〇二年に「朝鮮とパレスチナ――あるいは日本とイスラエル」を開催したが、事前学習として最初のときはブックレット『皇民化政策から指紋押捺まで』を、二回めのときはクレイフィ氏との対談および臼杵氏との対談を、集会参加者にそれぞれ読んで臨んでもらった。この二度の対話集会は、徐さんが多くの質問の一つ一つに丁寧に応じてくださったことで、ひじょうに充実したものとなり、より広く読んでもらうべくすべてを文字起こしして冊子化した。そしてこの二つの冊子を両方とも、徐さんの書籍『秤にかけてはならない――日朝問題を考える座標軸』に収録していただくこととなった。単独の講演や知識人との対談ではなく、市民集会の記録が徐さんの著書に収録されるのは珍しいことだったが、私にとっても貴重な一冊である。

パレスチナ関係のことで追記すべきこととして、私が二〇〇九年に日本に招聘したガザ地区研究者でホロコースト・サバイバーであるサラ・ロイさんと、徐さんに対談していただいたことがある（「〈新しい普遍性〉を求めて――ポスト・ホロコースト世代とポスト・コロニアル世代の対話」として、サラ・ロイ『ホロコーストからガザへ』青土社に収録)。また、ガザ地区の人権活動家・弁護士のラジ・スラーニ氏や、イスラエルのユダヤ人ジャーナリストのアミラ・ハス氏らとも徐さんは対談している。

第三期＝教育者・文化運動の時代

徐さんの言論活動の第三期は、二〇〇〇年の東京経済大学での常勤教員としての就職以降と見ることができる。徐さんが大学で常勤教員をするということで、さまざまな影響を社会に、とくに若い世代に与えることとなった。第一には、「教養」教育として、戦争や差別、人権やマイノリティといったことを、日本社会の中間層をなしていく学生たちに伝えていった。第二に、「21世紀教養プログラム」やゼミを通じて、とくに「芸術」を媒介して人間や社会を考察し表現する学生たちに寄り添い、育てていった。絵画だけでなく、写真、映画、音楽、演劇など、さまざまな芸術表現による卒業論文(卒業制作)を仕上げて巣立っていった学生たちがいたが、多くが徐さんのところでなければここまで自由にはできなかったであろうし、また社会的マイノリティを自認するさまざまな学生たちが徐さんのゼミに集まっていた。徐さんが自らを「学生らのセーフティネット」と呼んでいたことが思い出されるが、本書第I部に収録の最終講義の際には多くの元ゼミ生が集まり、徐さんがいかに慕われていたかを示していた。第三に、徐さんのもとに毎年のように在日朝鮮人の学生が入学してくるようになり、徐さんの助言のもとで在日朝鮮人のアイデンティティや歴史や社会的課題に向き合い卒業論文を書いていった。本書共編者の李杏理さんもまた徐さんのもとで学んだ学生の一人であった。

この時期の教育者としての徐さんの活動を反映している書籍は、『教養の再生のために――危機の時代の想像力』や『在日朝鮮人ってどんなひと？』だろう。前者は東京経済大学で徐さんが中心となり「21世紀教養プログラム」を発足させた際の徐さんの講義に、加藤周一氏とノーマ・フィールド氏による記念講演を合わせて書籍化したものだ。また後者は、中高生から大学の新入生あたりを想定読者として連続講義をまとめた、在日朝鮮人に関する総合的な入門書である。なお、この時期の書き物について、一九九〇年代の徐さんの鋭く厳しい論調を知る人たちから、「丸くなった、甘くなった」といった批判を聞くことがあるが、それは徐さんの半面しか見ていないことからくる誤解のように思う。徐さんは教育者として、いかに日本社会の中間層をなすノンポリな若者たちに届く言葉を紡ぐかに腐心していた。私は二〇〇六年から徐さんが二年間サバティカル（研究休暇）で韓国に行くあいだの留守番として、徐さんの講義を非常勤講師として代行したが、その際に徐さんから講義の心得として、上記の腐心を伝えられた。「教室は独りよがりに先端の研究成果を披露する場所ではない。目の前の学生にいかに言葉を届けるかなのだ」ということを私に言い置いていったのを覚えている。多様な学生を育てるという経験の積み重ねが、自ずと徐さんの語りに変化を与えていったのは、当然のことだと思う。

加えてこの時期の徐さんの言論活動としては、『季刊　前夜』（全一二号、二〇〇四～〇七年）などの文化運動が挙げられる。九〇年代までは「孤高の人」という印象が強いが、二〇〇〇年代は教育者の顔に加えて、多くのアーティストや研究者や活動家をつなぎ文化的発信にも力を入れていた。〇四年に東京経済大学で開催した展示とシンポジウム「ディアスポラ・アートの現在――コリアン・ディアスポラを中心に」や、〇五年に『前夜』が行なったドキュメンタリー映画『ルート181 パレスチナ〜イスラエル 旅の断章』（ミシェル・クレイフィ、エイアル・シヴァン監督）の上映運動といくつかの関連イベント（私も映画解説などを担当した）、一二年に東京経済大学で開催した韓国の写真家、鄭周河氏の写真展と関連シンポジウム「フクシマの問いにどう応えるか――東アジア現代史のなかで」（本書編者の三人が参加した）などが挙げられる。徐さんのいろいろな意味での越境的なポジションが成し得た稀有な組織力と発信力の成果であったと思う。なお、これらの活動に関連する書籍としては、『季刊前夜 別冊 ルート181』、『ディアスポラ紀行――追放された者のまなざし』、『奪われた野にも春は来るか――鄭周河写真展の記録』（高橋哲哉との共編）であろう。

その鄭周河写真展と関連シンポジウムとは、二〇一一年三月一一日から始まった東日本大震災、なかでも東京電力福島第一原子力発電所の甚大なメルトダウン事故を背景に開催されたものであるが、この大事故は徐さんもまた深刻なものと受け止めた。とはいえ、それはたんに未曾有の大災害としてではなく、戦後日本国家の核エネルギー政策の破綻、および、東アジア冷戦体制下で隠された軍事主義と東北地方にリスクを押しつけた国内植民地主義とを暴露する出来事だったからであり、そこで覚醒した日本社会が「復興」ではなく「更生」することを徐さんは願っていた（が、そうはならなかった）。と、同時に、私自身が当時被災地宮城県に在住だったこと、そしてその翌月四月に東京経済大学に着任予定だったことから、被災避難時には徐さんには多大な心配をかけ、かつ物心ともに厚く支援をしていただいた。私の着任後も、何かと気遣ってくださり、また前記のように、原発事故関連のイベントを開催しては常に私を誘ってくださった。なかでも、二〇一二年に韓国の陜川《ハプチョン》（広島で被爆して帰国した韓国人が多く「韓国のヒロシマ」と呼ばれる）で開催された「非核・平和大会」にも誘ってくださったのは、私が自分の被災経験を「世界」につなげて考え発言する貴重な機会であった。

二〇一二年の鄭周河写真展は、さらに一三年から一四年にかけて福島県南相馬市や埼玉県の原爆の図丸木美術館、沖縄県の佐喜眞美術館など六箇所を巡回し、その都度トーク・セッションやシンポジウムが開催された。そのうちの二箇所で私も参加させていただき司会や発言もしたが、その全体を記録として書籍化したものが先にも触れた『奪われた野にも春は来るか』であった。また、同時期に徐さんは、自分の単著単行本として『フクシマを歩いて――ディアスポラの眼から』をまとめ、さらに、福島県出身でもある高橋哲哉さんと、韓国の歴史家の韓洪九さんとの連続鼎談を『フクシマ以後の思想をもとめて――日韓の原発・基地・歴史を歩く』として刊行している。徐さんにとって原発事故がいかに大きな意味をもったのかをこの三冊が物語っている。

おわりに

この序文および本書全体によって、徐京植さんの全ての言論活動を網羅できたわけではないことはやむを得ないが、それでも編者三人と徐さんご本人と関係者のみなさんの協力で可能なかぎりのことは尽くしたつもりである。振り返ってみて、戦後民主主義と東アジア冷戦とが緊張関係をもっていた七〇年代・八〇年代、ポスト冷戦とポスト「昭和」が重なる時期に歴史認識論争が激しかった九〇年代、南北朝鮮や中国との関係を悪化させた一方で〈九・一一〉以降の対テロ戦争で軍事緊張が強かった二〇〇〇年代、原発事故以降に内向きな復興ナショナリズムが高まった二〇一〇年代と、徐さんは稀有な時代の目撃者であるとともに、どの時代においても体制やマジョリティを冷徹に見通す「マイノリティの目」で発信を重ねる言論人であり続けた。そして、在日朝鮮人としての民族アイデンティティを強く肯定する「民族主義者」（この意味は本文中で説明される）であり、西洋文化（絵画・音楽・文学）の伝統に通暁しそこから最良のものを汲み取る人文主義者であり、パレスチナをはじめとする第三世界の虐げられた人びととの連帯を模索する「新しい普遍主義者」であり、そして日本の大学や社会で学生や同僚や市民をつねに啓発してくれる教育者であった。一人の人間が背負うにはあまりに重い荷物を、徐さんは負っていたように今更ながら思う。

私はその徐さんの謦咳に接することができ、最大の恩恵に与った一人である。この一冊でその恩義に報いることができるわけではないが、せめてわずかな恩返しができれば幸いである。

願わくば、本書を通じて、徐京植さんのさまざまな著書がさらに読まれんことを。

第Ⅰ部

自己形成と思索の軌跡

最終講義　人文教育としての「芸術学」

徐 京植

はじめに

本日はコロナの状況下では無理かと思いましたが、このような機会を設けていただき、身に余る名誉なことです。会場を見渡しますと、かつて私のゼミに参加してくれた方など、久しぶりに見る顔が多く、嬉しく思っております。

本題に入る前に、少し長めの前置きとして、私がどのように生まれ育ったのか、お話しします。あらためて私自身の口から、そうしたことを申しておくことが、あとの内容からも必要と思いますので。

私は一九五一年に京都で生まれた在日朝鮮人の三世です。本学（東京経済大学）での担当科目「人権とマイノリティ」では、なぜ京都に生まれたのか、在日朝鮮人とは何なのか、というような自分の出自と生育歴を説明しながら、授業に入っていくスタイルを採ってきました。

私は、この「人権とマイノリティ」という科目の担当者として、本学に二一年前に採用されましたが、客観的な事象なり教科書的な定義を教えるのではなく、マイノリティの立場から、その視線で日本社会の人権状況を語ることが、自分に与えられた使命であると考えてきました。その必要があるからこそ、私のような人間が採用されたことは肝に銘じていましたので、自分自身の話も、できるだけ包み隠さずお話をするようにしてきました。ただし、このような話は対面でないとしにくいですね。最後の一年はコロナ禍のために、その点では苦労しました。

私が一九五一年に京都で生まれたのは、祖父が一九二八年に朝鮮半島から日本に来たためです。私が三世であるのは、私の父が祖父とともに日本に来たからです。当時父は六歳ですから、一世と二世の間みたいなものですね。私はその次の世代ですから三世となりますが、事実上は二世です。

一九五一年に生まれたのはなかなか象徴的なことでして、朝鮮が植民地支配から解放されたのが一九四五年。南北に二つの政府ができて国が分断されたのが四八年。そして南北で朝鮮戦争が始まった翌年が私の生まれ年です。

まだ南北に分断していなかった朝鮮が、一つの国として独立すると思われていた時に、日本にいる在日朝鮮人は一九四七年に最後の勅令として公布された外国人登録令の対象となった。その時点では祖父も父も私も日本国籍者だったわけですが、五二年四月にサンフランシスコ平和条約が発効して日本が独立を回復するまでの間、一方的に外国人とみなされたのが、この外国人登録令です。ですから五一年生まれの私にとって、「何人《なにじん》として生まれたんですか？」というのは複雑な問いです。多くの日本人は、「日本で生まれたなら日本人でしょ？」、あるいは「朝鮮からきたなら朝鮮人でしょ？」と、一つの固定的な領域を前提として固定的な見方で国籍を考える。だからその枠組みで生きられない人間を理解できない。子どもの頃にしょっちゅう「そんなに嫌なら朝鮮に帰れ」と言われました。このごろもそういうヘイトスピーチはネット上に溢れてます。「朝鮮に帰れ」と言われるが、私はそもそもなぜ日本へ来たのか。帰れと言われてもどこへ帰るのか。しかも戦後は行き来すらできない場所。そういう状況のなかで、自分の国や民族について考えることが、人生のほぼ最初から始まっていた。それについて整理のついた理解をすることは、大人でも難しい。しかしそれをなんとか整理しないと、他者と対等に交わることはできません。

私は日本で生まれて京都市で育ち、そこで教育を受けました。比較的教育熱心な両親のもとで育ったので、それなりに美術や音楽に触れる機会も与えられました。しかし、私と同じような状況で生まれ育った在日朝鮮人のすべてにそのような機会が等しく与えられていたのではないことも、私自身が痛感しています。

高校まで京都で暮らしましたが、東京大学の入試が中止になった一九六九年に、私は早稲田大学に進みました。専攻はフランス文学科でしたが、最初の一年間は授業がまったくありませんでした。でもそういう波乱のなかで、むしろ生身の勉強ができた。当時、友人たちは大学闘争やベトナム反戦運動をやってましたが、私は、私自身がすべきことは朝鮮民族としての自分の役割を考えることだと思っていました。朝鮮民族は南北に分断されたままで、韓国には軍事独裁政権がある。では自分たちがすべきことは何か。そう考える同じ朝鮮民族の学生（韓国系）たちとサークル活動をやっていました。

二年生になった時、そのサークルの部室に行くと、先輩が笑いながら、「まさかこれお前の家族じゃないだろ？　同じ名字のやつが捕まったぞ」と新聞記事を見せました。まさにそれが私の兄たちで、彼らは当時は韓国の大学に留学していました。二人の兄は、当時の朴正煕《パクチョンヒ》軍事独裁政権に反対する学生たちの間に浸透して、背後から操縦した「北のスパイ」という容疑で、陸軍保安司令部に逮捕されたのです。このごろは連絡もないなと思っていたら、新聞に名前が出ていた。驚いて、すぐに京都の実家に帰りました。それ以来、一般的に言われるような大学生活を、私はしておりません。大学には入ったけれど、大学生活はほとんどしていません。

当時、フランス文学科で指導してくださった小林路易《こばやしるい》先生が、大学院への進学を勧めてくださいました。学業ができたからではなく、こいつはそうするしか道がないと思われたのでしょう。ありがたくご助言を聞きましたが、それは私にとって、まったく夢物語でした。兄が韓国の監獄にいる。実家の経済的な問題もありますが、もっと根本的なことに、パスポートがないんです。私は韓国国籍ですが、韓国政府は旅券を私に簡単にはくれない。兄を説得して反省させるなら旅券をやるというわけです。でも、兄の意思に反して、そうまでしてフランスに行って何になるんだと思いました。

つまり広い意味での難民状態だったわけです。今、さまざまな理由で難民といわれる人たちが日本にいます。日本は受け入れについて、非常に消極的ですが。私が教えていた学生のなかにも、そういう立場の人がいました。朝鮮民族だけではなく、アジアの人たちです。政治的理由でパスポートがなく、運動部の合宿で海外遠征に行きたくても自分だけ行けないなど、そんなことが何回かあります。

その当時、私は日本の国公立大学や高校の教員にはなれない。国籍条項の縛りがあるからです。ただし私立大学は雇用できる。一般企業でも、日立就職差別反対闘争で原告の朴鐘碩《パクチョンソク》さんが勝訴する一九七四年まで、大企業は民族差別を平気でやっておりました。戦後在日朝鮮人が弁護士になったのは、一九七七年の金敬得《キムキョンドク》さんが最初です。従来は日本国籍でないという理由で国が司法研修所への入所を拒絶していた。司法試験に優秀な成績で合格しても修習生になれない。金さんが非常に頑張って司法修習生第一号になりました。

そういう立場になって、自暴自棄になったり荒れたりもしたのですが、文学や芸術に対する執着だけはずっとありました。小さい時からありましたが、ますます自分にはそれしかないことがはっきりしてきたわけです。

一九八〇年代末頃、兄たちが生きて出獄してくることになりました。本人たちの頑張りももちろんありますが、韓国社会の民主化が進み、世界的に見ても冷戦構造が崩れ始めて、やっと兄たちが出獄できる条件ができたのです。一九八八年と九〇年のことです。

「それまで君は何してたの?」と私が問われると、返答は「兄たちの救援運動」ということになるのですが、それを言うのは精神的にとても抵抗があります。一つ目の理由は、弟である自分が救援を主たる仕事とするのはどうなのか。自分は救援されるべき人として、闘うべきではないのか。二つ目に、救援運動は当事者家族がすることではなく、第三者的な人、世界や日本の人たちが普遍的な価値観に基づいてすべきことで、家族である私がそこで取りまとめや指示みたいなことをすべきではないという感覚がある。もう一つ、そういう活動に対する国家からの監視も大変でした。想像がつかないかもしれませんが、たとえば京都などで二、三〇人が集まる小さな集会で私が獄中にいる政治犯の家族として挨拶しますと、すぐ韓国の中央情報部にその情報が上がって、弟がいついつ反国家的な行動をしたと報告書に書かれる。これは過ぎ去ったことではないでしょう。私たちにとってもそうですが、現在のミャンマーであれ、香港であれ、ベラルーシであれ、世界の人たちが同じような状況にいるのではないでしょうか。

そんな状況で長く過ごして、そろそろ四〇歳にもなる人間が、突然社会に放り出された。みなさんならどうしますか？　私は、生活のための仕事は、身内の会社でしていましたが、まったくの労働不適格者でした。朝決められた時間に店の鍵を開ける、その簡単なこともできないために叱られる。夜になると泣きながら本を読んで、「これからどうなるんだろう」と思っていました。その時、大きな支えになったのは魯迅の作品でした。そんな人間が、東京経済大学で二一年間も働いて、こうやって話しているのですから、本当に不思議です。

兄たちが出獄した当時の日本社会は現在よりも開かれた寛容な社会でした。もちろんあくまで比較の上でのことで、少数派の私たちから見れば不十分な社会でしたが、それでも多くの日本の市民が、私のような立場の者に関心を寄せ、手を差しのべてくれました。そのなかに立派な先生方がいらした。たとえば加藤周一先生、日高六郎先生、岩波書店社長の安江良介さん、哲学者の古在由重先生などです。兄たちのことだけではなく、私のことまで心配してくださった。それで少しずつ文章を書き始めました。特に安江さんには、本当に感謝しています。私の兄の書簡集を岩波新書で出すように助力して下さり、岩波ブックレットから一冊出しなさいと勧めてくださった。それに応じて書いているうちに、非常勤講師として東アジアのことを教える機会もでき、続いて立教大学や法政大学で教えるようになりました。岩波書店の『世界』など、色々なところに文章を書いていく。それが目に留まったのでしょうか。本学の藤澤房俊先生から、本学での講演のお話をいただいた。それが専任教員として採用されるきっかけになりました。それから二一年経ったわけです。まったく予想もしない人生になりました。

しかしその幸運を誇ったり、ましてや不運や理不尽な境遇のために、そのようなチャンスすらない同胞たちを、決して忘れてはならない、忘れられないというのが、この間、私が自分を律してきた基本的な原則です。私と同じ在日朝鮮人で、もっと才能があり、もっと努力家の人が、報われずに病に倒れたり、自ら命を絶ったケースは少なくありません。私は稀な例外だと思っています。しかもその幸運も、結局は兄たちが投獄されたことと引き換えの幸運です。兄から時々、冗談で「お前は運のいいやつだな」と言われると、私はうなだれるしかない。しかし、東京経済大学で過ごすことができたのは幸運でした。おそらく日本の大学のなかでも、私のような人間に対して最も寛容な大学でしょう。その幸運を自分個人のものにせず、その幸運で得た知的資産であれ思想的な教訓であれを、どうやって社会に還元するか。恵まれずに苦しんでいる人たちにいかに還元するかは、昔から変わらない思いです。それができているかどうかは、自分では判断できないことですが。

なぜ美術か?

私が幸運だったことのひとつは、生活にそれほど困らない家庭で育ったことです。多くの在日朝鮮人は食べていくのが大変で、それに追われて擦り切れてしまうことが多かった。もうひとつは、京都学芸大学附属中学（現：京都教育大学附属中学校）という国立受験校に入ったことです。

その学校に感謝していることは多くありませんが、修学旅行で岡山県倉敷市の大原美術館に行ったことは私には決定的な体験でした。この後お話する中村彝《つね》を始めとする画家の作品がありましたし、美術館入口の真正面に、ブールデルの「ベートーヴェンの胸像」があった。左を見ると、当時流行していたベルナール・ビュッフェの、「アナベル」という画家の妻の肖像画がある。針金のような神経質な線が特徴的な作品です。私は一目で魅了されました。そういう空間に足を踏み入れただけで、名状しがたい思いがしました。それは、なんとかこういう世界に関わって生きていきたいという強い憧れでした。芸術が持っている不思議な力です。中学二年生のことなので一四歳の頃です。いま私は七〇歳ですから、こんなに長い間影響を受け続けたのは、その学校に行ったおかげだったと思います。

私は本学で美術についても教えていますが、美術を細々《こまごま》と解釈したり、美術史的な議論をするよりも、私がかつて経験したような美術との出会いを、どうすれば学生に提供できるか、そこに関心があります。本当に力がある美術であれば、出会うだけで何かが始まります。もっと出会いたい、作者はどういう人なんだろう、なぜこういうものを描いたのだろう…。その出会いを提供するのが自分の仕事だと私は考えてきました。

私は本学で、「人権論」と「芸術学」という二つの科目を担当しています。まったく別々のことを講義しているのではなく、私にとってはひとつながりです。なぜならその二つは、人間に関する学問だからです。人権について講義していて、建前ばかり教えられていると学生たちが感じているのではないか、また自分は建前ばかり教えているのではないか、と自戒してきました。「人権は大切だよ」、

「はい大切です」、「それでよし」という流れではすまない。「人権」という言葉すら知らなくても、人権の重要性を自分で理解できて、そういう行動ができることが大切です。こうした理念は言語化され、教科書化された瞬間に形骸化される側面があるでしょう。「人権」を建前に終わらせないためには、美術を始めとする人間に関する学問、そこにはもちろん醜いものとか残酷なものもあるのですが、それらが同時にあることがとても大切です。それら二つの科目を担当させていただいたことは、とてもありがたいことだったと思います。

疫病と美術

それではもう少し具体的な主題に即して、作品を見ながら考えてみましょう。

コロナ禍なのであえて触れるのですが、疫病は、もちろん昔からある美術の主題です。ご覧になっているのは、フランドル（現在のベルギー）の画家、ブリューゲル（一五二五?～六九年）の「死の勝利」という一五六二年頃制作の作品です。当時流行したペストを、骸骨の姿をした死神の軍隊で表現し、その軍隊に人間たちが攻め滅ぼされる場面を描きました。これはペストの恐ろしさだけでなく、戦争そのものを描いている。当時はフランドル戦争があり、スペインのハプスブルク家の支配下にあったネーデルラント地方では、宗教戦争兼独立戦争がずっと繰り広げられていた。ここに描かれている残虐行為の場面は、現実にあったことで、寓意というよりも現実なのです。

絵の後ろの方に、柱の上に車のようなものが乗っかっているのが二、三本見えますね。その右後ろには絞首台に吊り下げられた人の姿も見えます。これは当時行われていた刑罰そのものです。犠牲者の身体を車の車輪に、骨や手足を折って絡みつけて、高い所で晒し者にする。犠牲者はすぐには死ねず、鳥が飛んできてはその目玉をついばむ、そういう極めて残虐な刑罰です。それを含めてブリューゲルは描いた。

私は韓国のハンギョレ新聞にコラムを書いていまして、コロナが流行した初期の頃に、この絵について書きました。ペストがヨーロッパ全土を席巻して、「メメント・モリ」つまり「死を記憶せよ」という警句が広く語られた。人は必ずいずれは死ぬということを忘れるなという意味です。「災害や疫病は単独で人を襲うのではない。その痛苦や悲劇を、人間そのものが倍加させる。災害には戦争が従いて来る」。「疫病や自然災害によって人間は生活や命を奪われるが、実のところは、人間は人間によって殺される」。

これが、コロナ禍で最初に文章を書いた時の考えですけれど、今もこの考えは変わりません。一般的に戦争では、人間がたくさん移動します。今回のコロナ禍も、人間が大規模に動くようになったことが、感染症の大流行と関係がありますね。しかも軍隊は、密集して集団行動をとるわけです。そして相手を侵略したり、殺したりすることは、相手の人権を圧殺し暴力を加えることですから、疫病が流行する要素が全部揃っている。百年前のいわゆる「スペイン風邪」でもそうでした。戦争と疫病とは必ず抱き合わせで起きてきました。

私たちは今やコロナという疫病を恐れると同時に、ベラルーシ、ロシア、ミャンマー、あるいは香港などで行われている、一般市民に対する剥き出しの暴力、その両方に怯えなければならない。しかもコロナによって、後者が覆い隠されたりする。あるいは、コロナに対する防疫、ワクチンを集中的に配布、提供する権限を誰が握るのかということで、権力が自らを強化するための材料になる。私たちはブリューゲルの時代から進歩していない。

なぜ疫病の惨禍の中でも、人間は芸術を必要とするのか。なぜそこから優れた芸術が生み出されるのか。ブリューゲルの作品が、とても優れた芸術である理由は、私たち人間にとって逃れ難い死の気配をひしひしと感じさせるからです。まさにメメント・モリですね。皆さんもこの間ほど「死」というものを繰り返し考えたことはなかったでしょう。私が感じるのは、学生諸君とオンラインでやりとりしていて、死というものが今までと違うリアリティをもって、彼らの脳裏に浮かんでいるという感覚です。「逃れがたい死」の気配をひしひしと感じながら、死の意味を自らに問わずにいられないからでしょう。それは取りもなおさず生の意味を問う。どうせ死ぬ、死なきゃならないとしたら、なぜ死ぬのだろう、なぜ生きているのかと、誰もが自らに問うことになる。

言葉で、それはこうだよと教えるのには限界がある。芸術とは、それをさらにはみ出る範囲、言葉には表せない、何ともいえず嫌な感じとか、あるいはうまく表現できないがとても喜ばしいことを表現する世界です。疫病の惨禍の中でも優れた芸術が生み出されるのは、そういう背景があるということです。優れた芸術家たちは、今この瞬間、そのことに取り組んでいるはずです。

私と美術の出会い

次にご紹介する中村彝《つね》（一八八七〜一九二四年）の「頭蓋骨を持てる自画像」（一九二三〜二四年）は、先ほどお話しした中学校の修学旅行で、倉敷の大原美術館で対面して以来、忘れられずにいる作品のひとつです。

中村彝「頭蓋骨を持てる自画像」（大原美術館蔵）

なぜ中学生の子どもが、こんな死のイメージに憑りつかれたのか。自分が齢七〇になっても不思議です。周囲の生徒たちは、こういうものには関心がない。だけれど私だけは惹きつけられていたのです。

このように頭蓋骨を持つ肖像は、中村の独創ではなくて、ヨーロッパにはたくさんあります。けれど日本人である中村彝が、そのような美術に触れながら、自分自身をこのように描き残した。中村彝の生涯は、結核という病魔との闘いでした。彼の生きた時代は、結核がまさに「時代病」でした。いちいち名前を挙げませんが、有名な芸術家・画家・文学者の多くが、結核に苦しみ、死んでいます。

中村彝にとって、絵を描くことだけが生の証でした。彼は水戸の出身で、土地柄もあるのか、軍人家系なのです。兄は日露戦争で戦死、本人も陸軍幼年学校に入ったけれど、結核に侵されて途中で辞めざるをえなかった。喀血を繰り返しながら生きて、キリスト教と出会った。時代は大正デモクラシーで、新思潮、新文学の類を貪るように浴びた。たった一度、身を灼く恋もしましたが、それも儚く失います。

現在も新宿に、中村屋というパン屋があります。中村屋のオーナーである相馬夫妻は芸術を応援していたため、中村彝は中村屋に出入りをして、アトリエの提供を受けたりしています。後に中村屋サロンといわれる芸術家たちの集まりができますが、彼はその中心的存在でした。

中村彝には、相馬夫妻の長女を描いた「少女」という作品があります。ルノワール風で、先ほどの自画像とはまったく違う、命の喜びが溢れているような、一五歳の女性のヌードです。彝はその少女と恋に落ちて結婚しようとしましたが、芸術愛好家であった相馬夫妻も、さすがにそれには反対した。結核を病み、しかも生活もままならないのですから。その時、彝は珍しく荒れて刀を振り回したと伝わっています。

その中村彝が、人生の終わりに描いたのが、この髑髏を抱いている自画像なんです。私が人生で最初に、少年時代にインパクトを受けた絵です。

もうひとつ、セガンティーニ（Giovanni Segantini、一八五八〜九九年）の「アルプスの真昼」（一八九二年）も大原美術館にあります。アルプスの明るい光が溢れるのんびりした牧場。そこで帽子をかぶった女性の顔が、陽に隠れている。そういう絵ですけれど、妙に惹かれました。

原民喜という被爆小説家をご存知でしょうか。広島の出身で、帰省していて被爆しましたが、かろうじて生き残り、被爆直後の惨状を「夏の花」という小説に書いた人です。「夏の花」は私にとって大切な作品で、ゼミで何度か取り上げましたし、本年度も遠隔授業で「夏の花」を読んできました。

原民喜はその後、精神に異常をきたして、最後は中央線で鉄道自殺をします。「頭蓋骨後頭部割レ／片脚切レテ／人在リヌ」という追悼の詩が、佐藤春夫によって書かれています。なぜそんなことになったのか、ということまで含めて、死者の声を聞かなければならず、作品はそこまで見なければならない。原民喜が被爆小説家で、広島の惨状を訴えたという説明だけでは、まったく足りないのです。

原民喜は、被爆後二年ほど経って東京に戻ってきます。もともととても内向的な人で、親しい人にも食べる物がないと言えず、腹を空かしたまま我慢してるような人だったようです。食うや食わずの生活をしている時に、小説「風立ちぬ」を書いた堀辰雄の「絵はがき」という小品を読んだ。その小品に、先ほどのセガンティーニの絵の話が出てきます。原民喜は以前、大原美術館でその絵を見たことがあり、矢も盾もたまらず、「年末の殺人列車」に飛び乗って倉敷まで行き、実物と再会します。原は「アルプスの真昼」というエッセイで、その時、その絵に「ギリギリの針のようなものを感じた」と書いています。のどかだ、平和だ、美しい、ではすまないのです。万人が原のように感じなければいけないわけではないけれど、原民喜はそう感じるのです。

芸術とは、ある作品が単独に芸術として完成して存在しているのではなくて、それを見る者との間に生まれるものです。作品を見る者によって、その芸術は作られていくし、変容もする。だから原民喜のその言葉によって、この絵は、また新しく変容したと言えます。「ギリギリの針のようなもの」を感じさせる絵になったわけです。

原民喜の「アルプスの真昼」という文章を通じて、私は大人になってから、自分が子供の頃に大原美術館で見た絵がそれだったのだと知りました。さらに三〇歳を過ぎた頃、スイスのエンガディン地方に、セガンティーニの美術館を訪ねて、彼の作品を観ました。それは、後ほどお話する西洋美術巡礼の重要な足跡のひとつです。

次は荻原碌山《おぎわらろくざん》（本名・守衛《もりえ》、一八七九〜一九一〇年）の彫刻「坑夫」（一九〇七年）です。個人的に最も好きな彫刻作品です。この像を見ていると、若い日の憧れ、気負い、野心、挫折感などの感情が、当時のままに蘇ってきます。当時、北フランスや南ベルギーの鉱山には、多くの外国人労働者が流れてきていた。東欧ならポーランド人、南欧からはイタリア人やポルトガル人が多かった。作品の実際のモデルは美術学校のイタリア人男性だったようですが。

荻原碌山は、現在、安曇野《あずみの》と言われている長野県の中部の山岳地帯、常念岳《じょうねんだけ》という高い山の裾野の生まれです。気候が冷涼で米が採れませんから、昔はとても貧しい。農家の五人兄弟の真ん中に生まれて、子どもの頃から馬を使って農作業に従事する生活をしていた。ところが一六歳の春に心臓病で倒れて、それ以降、故郷の風景を写生するようになった。絵は好きだったんです。そこに珍しくパラソルをさした美しい女性が現れた。その女性が相馬愛蔵《そうまあいぞう》と結婚した良《りょう》、ペンネームは黒光《こっこう》。先ほど言いましたパン屋中村屋の女主人です。

運命的な出会いでした。荻原にとって相馬黒光は、歳上であり、生活は豊か、利発で開明的な女性で、本をたくさん読んでいて、美術に詳しい。憧れの人ですね。その人にいろいろなことを教えられ、その人を慕い、その人の応援を受けて、結局、アメリカに渡って苦学することになります。

かつての日本の美術界から芸術家が洋行する場合、主な行き先はフランスです。たいてい恵まれた人たちです。実家が豊かだとか、画廊と契約しているとか、高い奨学金を得たとか。他方、アメリカに渡る人たちは、たいていは労働移民です。厳しい仕事をして生活費を稼ぎながら美術の勉強をする。荻原は後者で、白人家庭の家に住み込みの家事手伝い（ハウスボーイ）に入り、資金を貯めて美術を勉強しました。

荻原が七年間の留学生活から帰って制作したのが、この「デスペア（絶望）」です。当時としてはとても大胆なポーズの女性ヌードで、先ほどの「坑夫」とこの「デスペア」、そして「文覚」という三点を、文展に出品したのですが、「文覚」以外は落選しました。女性の裸体はダメだというので、文展とは別の展覧会では特別室を作って、美術関係者だけ見ることが許されたそうです。いずれにせよ、この作品は明らかに憧れの人、相馬黒光を表したもの、しかし恩人の妻であるがため、実らぬ恋の苦しみを描いたものと、多くの人が見ています。

碌山は一九一〇年に三〇歳で亡くなりました。やはり結核です。アトリエの畳や壁が吐血で真っ赤に染まったという、壮絶な死です。アトリエに相馬黒光が駆けつけてみると、この「女」という彫像があった。これは自分をモデルにしたのだろうと黒光は書いています。実際のモデルは別にいますけけれど、黒光からはそう見えた。

碌山美術館は安曇野市にあって、かわいい教会のような形をしているので若いカップルが訪ねる観光地になっていますが、その入口には「苦闘は美だ STRUGGLE IS BEAUTY.」という荻原碌山の座右銘が刻まれています。苦闘の生涯ですね。

次に佐伯祐三（一八九八〜一九二八年）の話をします。このごろは、ご存知の方はあまりいないかもしれません。逆に、私たちが学生の頃は知らない人がいないヒーローでした。大阪生まれで、東京美術学校（現：東京藝術大学美術学部）を出てフランスに留学、これから自分の画家としてのキャリアが本格的に始まるのだと、フォービズムのヴラマンクという有名な画家に意気揚々と自分の作品を見せたら、ヴラマンクに「アカデミズム！」と一喝されショックを受けます。悩んだあげくに書いた自画像がこれです。佐伯が、描いては消し、描いては消し、日本を出るまでに身に染みついたアカデミズムを克服するための苦闘の跡です。

ところが、日本に帰ってきてパリ滞在中の作品を二科展に出品したら、安井曾太郎の支持を受け賞もとって大センセーションが起きた。佐伯の同窓生で評論家の阪本勝は、「画壇震撼す」と評しています。そう言われるぐらいの衝撃で、展覧会に行くと佐伯の絵の前で女性たちが感激のあまり泣いているほどだったそうです。

佐伯は、日本で絵を描こうとしますが、結局、「あかん。ぼくは日本では描けん。日本の風景は僕の絵にならん。パリに帰ろうか思てんねん……」と友人に心情を吐露します。木や紙で作られている日本の風景と、石で造られて質感があるパリの風景では根本的に違う。それに空気の乾燥・湿潤の具合も、東京とパリではまったく違う。日本では、自分が描きたいものが描けない。結核に侵されて、「どうせ長生きはできん」。「パリで死んだ方がマシや」と言い残して、帰国後わずか一年でパリに戻りました。

佐伯は一九二八年、結核と神経衰弱のため、精神病院で世を去ります。妻の米子さんと、小さな女の子が残されましたが、その子も結核に感染して、パリの安宿で命を失っています。佐伯とその娘は、パリのペール・ラシェーズ墓地で火葬されています。

以前、私は美術史家の若桑みどりさんにインタビューをしたことがあります。若桑さんは自分自身、美大で絵画の勉強をした人で、日本美術界の男性中心主義と徹底的に闘った方です。その若桑さんにとって最高の画家は誰ですかとたずねると、「それはあなた、佐伯祐三に決まっているわよ」と、一言のもとに答えられた。絵を描いたことがある者なら佐伯の素晴らしさは必ずわかるはずだと言われたことが、忘れられません。

ここまでをまとめますと、みんな結核で苦しんで亡くなった人たちです。実際には、もっと多くの人たちが、たとえば関根正二なども結核で亡くなっています。そのうちの限られた人々が、素晴らしい作品を残した。死によってくっきりと輪郭をつけられたような作品を我々に残した。

私は、なぜか一二、三歳の頃から、そういうものに惹かれ、親しんできました。そのことと、冒頭にお話した私の民族的出自とは、どこか深いところで関係があると思います。朝鮮戦争、軍事独裁政権、多くの人が投獄されたり殺されたりした。民間人虐殺が繰り広げられた済州島《チェジュド》から命からがら密航して日本に来た人たちが、幼い頃から私の周りにいた。死とはなんだろう。人間にとって死はどういう意味があるのだろう。そんなことを、子どもの頃から考えていたのでしょう。

西洋美術巡礼

一九八三年一〇月、私は初めてヨーロッパに行きました。

先ほどお話したように、大学でも籍を置いたのはフランス文学科ですし、日本で大原美術館などにも行っていたので、早くヨーロッパで実物を見たいという気持ちは誰にも負けずありました。大学時代の友人たちがフランス留学に旅立つのを複雑な心で見送っておりました。

韓国の政権が旅券を出してくれない。「兄は獄中にいるのに、お前はヨーロッパで美術三昧か、いったい何様だ」というような声も聞こえてくる。だから行けなかったのですが、母と父が、兄たちがまだ獄中にいる間に相次いで亡くなった後、「もう、したいことをしよう」と思ったのです。一種の自暴自棄的な心境ですね。人生一度でいい、これが最後でいいから、ヨーロッパに行こうと決めました。本を書くとか、研究するとか、そういう気持ちはまったくありません。自分がそういうことのできる人間だとも思っていませんでした。

約三カ月間、無数と言っていいぐらい、美術館や寺院を回りました。当時の日記を見ると、「疲れた、しんどい、これは苦役だ」と書いています。楽しみじゃなくて苦役。だから巡礼というタイトルにしたのです。

まさに苦役のような凄まじい絵をお見せしましょう。カラヴァッジオの「メデューサ」（一五九八〜九九年）という作品です。カラヴァッジオ（Michelangelo Merisi da Caravaggio、一五七一〜一六一〇年）は一六〇〇年頃にイタリアで活躍した、保守派と言っていいのか、カトリシズムの画家です。近年ますます評価が高まり、展覧会も繰り返し行われていますが、当時、日本ではあまり知られていない画家でした。

カラヴァッジオ「メデューサ」（Wikimedia Commonsより）

カラヴァッジオはローマやミラノで活躍しましたが、この絵はフィレンツェのウフィッツィ美術館にあります。私は観光客の列に並んで、ラファエロやボッティチェリを観るつもりでしたが、惹きつけられたのは、廊下の片隅にあった、この絵でした。馬上槍試合のための楯に描かれたものです。メデューサはギリシャ神話上の怪物ですが、目を合わせると、見た者が石になって死んでしまうというのです。私は目を合わすどころか、何時間も絵の前に立っていました。何だこれは、こういうものを描くヨーロッパ人とはどういう人たちなのかと思いながら。

美しいとか優しいとか人を慰めるとかいう美術にお決まりのイメージとは全然違うものが、ここにはある。魅力的でないかというとそうではない。私を惹きつけて離さない。頭の髪の毛がヘビになっていて、神話上のメデューサは女性なのですけれど、顔は男性です。カラヴァッジオの自画像とも言われています。首を切られた瞬間が描かれている。目を見開いて、自分が首を切られたことがわかっている顔ですね。血がほとばしっている。こんなことを描ける人、描ける美術とは何なのだと、驚きました。

モンテーニュの旅日記などを見ますと、一六世紀頃のイタリアは、とても残酷な社会でした。中世のヨーロッパにおいて、穏やかで美しい絵は、実際の社会が残酷だからこそ描かれたと言えるぐらいです。異端審問や火刑は日常茶飯事。ローマでは公開処刑が、民衆にとっての大きな娯楽となっており、カラヴァッジオ自身そういう場面を何回も見たことが推測できるわけです。

その後、今度はスペインのマドリードでプラド美術館を訪ねた際、ゴヤの「一八〇八年五月三日、プリンシペ・ピオの丘の銃殺」(一八一四年)という作品を見ました。この絵から私は、近代とはどのように始まるのかを考えさせられました。ゴヤ(Francisco José de Goya y Lucientes、一七四六〜一八二八年)はスペインの宮廷画家でしたが自由主義者で、宮廷の固陋な風習には飽き飽きしていた。彼が「裸のマハ」(一七九七〜一八〇〇年)を描いた時も、女性のヌードですから、異端審問を恐れて隠さなければならなかった。フランス革命が起きて自由が到来すると期待したら、ナポレオンはスペインを侵略し、自分の兄弟をスペイン王に就かせて、抵抗する民衆を虐殺した。その光景が、このプリンシペ・ピオの銃殺です。

ほかにも銅版画の「戦争の惨禍」というシリーズがあります。これは銅版画ですから、たくさん刷ることを前提に制作したのだろうけれど、誰にも見せずに隠していたそうです。つまりゴヤは、前近代の宮廷画家だけれど、すでに近代人の意識を持った存在です。

その後また王政が復古して、ゴヤはちょっと曖昧な、転向声明ともとれる絵を描いて王室に忠誠を誓ったりするのだけれど、最後にはフランスのボルドーに亡命して、そこで亡くなります。

彼が晩年に住んだマドリードの家には、今日「黒い絵」の名で知られる一連の絵が壁に描かれていました。絵はすべてプラド美術館の一室に移されていて、影響を受ける画家がとても多いですね。日本では鴨居玲という素晴らしい絵描きがいますが、彼はプラド美術館の「黒い絵」の部屋に、何日も通ったといいます。

私は、先ほど言ったような事情で、私自身がどういうふうに生きるか、自分の未来はどうなるのか、少しも見通せず、地下室に投げ入れられたような気分でした。その地下室は湿っていて、空気がだんだん薄くなっていき、しかも、それが長く長く続く。しかし、上の方に窓がひとつだけ開いていて、窓からは、自分が逃げ出すことができないくらい小さくではあるけれど、外が見える。この部屋には外があることがわかる。その向こうに行けば光があったり、風が吹いていたりすることがわかる。私にとって、美術はそういうものだと書いたことがあります。『青春の死神——記憶のなかの20世紀絵画』

（毎日新聞社、二〇〇一年）という拙著の「まえがき」です。その同じ文章に私は、ゴヤのように生き、ゴヤのように死にたいと書きました。ゴヤのように生きたとは言えないだろうし、ゴヤのように死ねるかどうかもわかりませんけれど。

次は、ゴッホ（Vincent Willem van Gogh、一八五三〜九〇年）の「荒れ模様の空と麦畑」（一八九〇年）です。芸術学の授業ではたいていこの絵を使います。説明は何もなしで、まず「この絵だけ見てどう思いますか」とたずねます。手元の紙に書いてもらうのですが、多くの学生は、広々としていて清々するとか、空が青くて開放的な気持ちになるとか、前向きな明るいことを書きます。どうです、そう思われますか。これはゴッホが自殺する寸前に、オーベル・シュル・オワーズ村で描いた絵です。弟への手紙では、極度の孤独と悲哀を青い色で表現してみたと書いています。

もちろん、絵を見ての答えはひとつでなくていいし、これを見て明るいメッセージを受け取ることは少しも間違っていない。けれどもゴッホ自身は孤独と悲哀を意識して描いたのです。

一生絵を描いてきて一点しか売れず、しかも弟の脛をかじるように、ずっと弟に金銭的に面倒を見てもらって生きてきた。精神病院から苦労して出てきても、弟は結婚していて、子どもも生まれていて、出来ればアメリカへ移住してアメリカで画商をやりたいと言い始める。当時、アメリカはフランス美術の一大市場ですから、アメリカで商売するというのは、画商として決して間違った感覚ではない。ゴッホはそれに表立って反対はしないけれど、とても悲しい。自分を支えてくれた唯一の存在が自分から去っていってしまうと感じていたはずです。

同じゴッホの「星月夜」（一八八九年）は、ニューヨーク近代美術館にあります。これは、サンレミの精神病院の窓から見た風景だと言われています。空に月とか星がグルグル渦を巻いて描かれている。ゴッホには、本当にこのように見えたのでしょう。

次は、ドラクロワが描いた「ピエタ」という絵を、ゴッホが一八八九年、精神病院で模写したものです。模写ではありますが、私が非常に好む作品の一つです。死を連想させるこの深い青と、夕焼け空の色彩。ここに、本当にゴッホのオリジナリティが出ています。

ゴッホ「悲しみ」（Wikimedia Commons より）

ゴッホに関する映画は、一九五〇年代にカーク・ダグラスが主演した「炎の人ゴッホ」というアメリカ映画に始まって、今までたくさん作られています。なかでも、最近では「永遠の門――ゴッホの見た未来」（ジュリアン・シュナーベル監督、英仏米合作、二〇一八年）が良かった。精神病者であるゴッホの目から描いている映画です。いわゆる健常者の視線で、精神病者であるゴッホを、分析的・客観的に見るのではない。だから映像も奇妙に歪んでいたり、揺れていたりして、見ているものの気分がざわつく。わざとそうしている。ゴッホは狂気の人だから、あいう作品が描けるのだという、俗な言い方がありますね。だけれど健常と異常を隔てる線は明確に引けるのか。自分は健常であると、なぜ括れるのか。健常の側に自分を括って、何をそんなに安心しているのか。そういう問いがどんどん出てきます。ウィレム・デフォーというオランダ出身のアメリカの俳優の演技も素晴らしいものでした。機会があれば、ぜひご覧ください。

それから、これはゴッホの、今までお見せした作品よりも初期の、「悲しみ」（一八八二年）というデッサンです。これも授業では作者やタイトルは伏せて、印象をたずねます。教員に正直な気持ちを書く人はそんなにいないのだと思うけれど、醜いとか怖いとか汚いなどと書く人も結構います。確かに醜いといえば醜い。だけれど、だからどうなんだというところまで書いてくれる人は、あまりいませんね。

これを、同じ時代にフランスで大流行していたアカデミズムの画家の絵と比べてみましょう。これはブーグローの「水浴する人」という女性ヌード像です。当時、フランスに留学した日本人が美術アカデミーで絵を学ぶ際の先生が、このブーグローやラファエル・コランでした。こういうヌードが優れた作品とされ、市場でも高い値段がついた。そういう時代に、ゴッホはこの「悲しみ」を描いたのです。私は、それが素晴らしいと思う。ここにあるのは真実ですね。真実を描き抜くという魂です。

この絵の背景にある物語もすごいのです。簡単に言うと、描かれた女性は、いわゆる街頭で客を引く売春婦で、お腹には誰か知らない客の子どもが宿っている。ゴッホはこの人と出会う二年ぐらい前に、大きな失恋をしています。いとこのケーという女性と結婚しようとしますが、その父親、つまりゴッホのおじさんは、「お前のその執拗さには反吐が出る」と言い、「帰れ」と言い放つ。ゴッホは、「会わせてくれるまで帰りません」と言って、蝋燭の炎に手を入れて、じりじりと焼けるに任せていたそうです。要するに「異常」な人です。もちろんカッコ付きですけれど。

その彼が、自分もやっと「結婚できる相手に出会った」と言って、この女性と同棲をして、弟に紹介すると言います。ゴッホ自身、一円も稼げない。しかも誰かも知らない人の子どもを宿している「売春婦」と結婚すると言い出す。弟や父親は当然「それはやめろ」と言います。しかもゴッホのすごいところは、それを素晴らしいことだろうと言う。「君たちのような俗物にはできないだろう。こういう不幸せな女性と一緒に住むぐらい立派なことがあるだろうか」と。さらに、「ところで四〇〇フラン送ってくれ」と書くわけです。すごいなって思う。

たとえば異性、人間というものを見る時、どうでしょう、美しい、キレイ、あるいはこの頃ならカワイイ、そういう言葉でみんなと声を合わせることが、本当に美と出会っている、人間と出会っていることになるのだろうか、そこを考えてほしいのです。それが、人文学としての芸術教育という意味なんです。

統一ドイツ美術紀行

フランスを中心にヨーロッパの絵を見ていた私が、やがてドイツを旅し、ドイツ語圏の絵を見ることになります。

これはドイツのケーテ・コルヴィッツ（Käthe Schmidt Kollwitz、一八六七〜一九四五年）という女性美術家の「死んだ子を抱く母」（一九〇三年）という作品です。沖縄の佐喜眞美術館は、コルヴィッツの作品をたくさん所蔵している、良い美術館です。死んだ子どもを抱きかかえる母は、夜叉か悪鬼のようです。ヨーロッパで伝統的に描かれてきた、優しく豊満で肉付きの良い聖母マリアみたいではありません。子どもを失う悲しさは、それぐらい深いということですね。コルヴィッツはその後、実際に息子を第一次世界大戦で失います。それを予見しているかのような作品です。息子は、当時としては標準的なドイツの若者として、第一次世界大戦が起きると志願して出征する。コルヴィッツは必死に止めましたが、息子は愛国的な風潮に同調して、親を振り切って戦いに出る。そしてひと月ぐらいのうちに死んでしまいます。

ケーテ・コルヴィッツは、今日のお話で初めて挙げた女性アーティストですけれど、これは社会の変化と深い関係があります。当時のプロイセン・ドイツは、非常に反動的で権威主義的な国家でした。コルヴィッツはセツルメント、つまり貧困者のための福祉医療施設を運営する医者と結婚しています。絵を描くのが好きでも、コルヴィッツの時代には、女性は美術学校に入れない。でも努力もした

ケーテ・コルヴィッツ「死んだ子を抱く母」（佐喜眞美術館蔵）

し、実力もあったので、段々認められようになった。現在の多くの女性アーティストたちの先駆者と言えます。

先ほどの絵から三〇年後ぐらいに描かれたコルヴィッツの絵に、「死は女性をつかむ」（一九三四年）があります。死神が、後ろから、子どもを抱えている母親をつかんでいる。死の世界へ連れていこうとしているわけです。

二つのことが言えます。一つは、骸骨の形をした死神が女性を連れ去ろうとするこの図像は、ヨーロッパの伝統的な像で、先ほどお話した、「メメント・モリ」の時代からたくさん描かれてきました。生きている間は、健康だったり、美しかったり、豊かだったりするけれど、結局はみんな死ぬ。死神が連れていくことを忘れまいという、そういう絵がたくさん描かれました。

伝統的なものをふまえつつも、コルヴィッツは現代的な解釈を施しています。この絵は、ナチスが政権を取った翌年、一九三四年に描かれています。コルヴィッツは激動の時代を生き抜きながら、芸術活動を続けていた。最後にはナチスによって脅かされ、強制収容所送りのリストにまで名が挙げられていた。かなり老齢であったことと、すでに相当有名な画家であったため、収容所送りは免れましたが、ナチス敗北のわずかひと月ほど前、ナチス敗北の日を見ることなく、亡くなりました。

現在、ベルリン市街の中心部に、中央追悼所という、ドイツの国家行為のために命を落としたすべての人を追悼するという名目の追悼所があります。その真ん中には、コルヴィッツ制作の、母親が子どもを抱く像が置かれています。これについては、ドイツで大きな論争がありました。反対論の一つは、コルヴィッツが、左派の女性芸術家として生涯闘ったのに、この作品を設置した西ドイツ（当時）のコール首相の保守党政権が、あたかも自分たちの手柄のようにしていいのかという議論です。

もう一つ、もう少し複雑な問題として、コルヴィッツの時代には「大きな物語のために子どもを犠牲にする母」という崇高な母親像が生きていて、あのコルヴィッツといえども、それから自由ではなかった。たとえば労働者階級解放の大義のために生命を捧げることと、祖国の戦争のために愛国主義によって生命を捧げることと、区別できないというか、区別していないのではないかという批判でした。フェミニストたちからの批判です。コルヴィッツ個人への批判にはあまり意味がないと思うけれど、コルヴィッツの作品を今どう読むか、考えてみるべき課題があると思いますね。

コルヴィッツの作品には、「犠牲」という、女性が赤ちゃんを差し出している版画があります。これは日本の歴史家である石母《いしも》田《だ》正《ただし》さんの『歴史と民族の発見』（東京大学出版会、一九五二年）という名著の装丁に使われています。一九五〇年代までの日本の左翼にも、母性神話的な発想が根強くあったとも解釈できる。あるいは、石母田さんは時代の制約の中で、最大限、他者を発見して頑張った人だとも言えるでしょう。

次にお見せするのはオットー・ディックス（Otto Dix、一八九一～一九六九年）というドイツの男性画家の「戦争祭壇画」と通称されている絵です。オットー・ディックスは、私が非常に執着している画家の一人です。

ここで戦争とは第一次世界大戦を指します。世界最初の総力戦でした。ベルギーや北部フランスの西部戦線では、塹壕を掘って英仏軍とドイツ軍が対峙しました。四年間ぐらいの戦闘中、塹壕の中は雨でびしょびしょで、兵士の足がいつも濡れているために足が腐る「塹壕足」という症状が出る。その無残な塹壕戦の様子を描いています。

オットー・ディックス自身も、この戦争に兵士として従軍しています。高い所から戦争を見たのではなく、自分が直接体験した。彼は、非常に特異な人で、「ご存知のように私はレアリストであり、それがそうであったことを確かめるために、すべてを自分の目で見る必要があるのです。…あらゆる人生の浅薄さを自分で体験しなくてはならない。それゆえ私は戦争に出かけ、しかもそれゆえ自ら志願までして出かけたのです。」と語っています。

戦場で数々の無残な体験をして、彼は反戦の思想に到達します。ところが第一次世界大戦後のドイツでは、雨後の筍のように極右勢力が現れる。ナチ党もその一つですが、その極右勢力が、大戦に負けた責任は卑怯なユダヤ人や共産主義者にあると言いふらし、もう一度戦争をやったら我々が勝つと大言壮語する。それに対して、そのような危険な風潮と戦おうという美術展、「戦争に対する戦争展」が一九二四年に開かれます。オットー・ディックスは、その展覧会に「戦争」という銅版画のシリーズを出品しています。そのこともあってナチスから目をつけられて、圧迫を受けます。ドレスデンの美術大学の教授でしたが、ナチスが政権を掌握した後は、失職・追放されることになります。

「戦争祭壇画」は、一九二九年から三二年、つまり世界恐慌の年からナチスが政権を掌握する直前まで、三年かけて描き上げた巨大な絵です。NHK教育テレビの「新日曜美術館」で彼を取り上げた番組には、ドレスデンの州立美術館に、私がこの絵を見に行く場面が収録されています(「私は戦争を見た!——ナチスに抗した画家ディックス」二〇〇三年一二月七日放送)。

同じ画家が描いたのが、「女性半身像」(一九二六年)です。みなさんはどうご覧になりますか。私は、女性をこういう風に描いた人は稀有だと思っています。ゴッホの「悲しみ」の継承者ですね。男性の目で理想化された人形か女優のような女性を描いて、おアシをいただくのが絵描きの仕事だとすれば、それに正面から反旗を翻している。

この女性はこれからどうなるのだろうか、憂慮を掻き立てられます(「汝の目を信じよ!——オットー・ディックスとその時代」、『汝の目を信じよ!——統一ドイツ美術紀行』みすず書房、二〇一〇年)。これはまったく私個人の想像ですけれど、この女性は、銃を突きつけられて、今からレイプされるのではないか。もうあまり若くない人ですから、この人の後ろには彼女の娘がいるのではないか。そういう想像を掻き立てる力が、この絵にはある。実際、第一次大戦でも第二次大戦でも、女性たちに対する性暴力は実に凄まじいものがあって、ドイツの場合はそれが明らかになるまで長い年月がかかっていて、なお解明は不十分です。

また一九九〇年代前半には、旧ユーゴスラビア内戦がありました。民兵組織による女性への性暴力が横行したことで知られています。そういう場面を絵描きはどう描くのだろうかと思っていたら、私の目の前にこのディックスの作品が現れたわけです。私のこの想像は当たっていないかもしれないけれど、芸術や美術の教育はそれでいいと思うのです。唯一の正解を答えたら合格点をつけるというものではない。自分が広げた想像を最大限肉付けして語ることが素晴らしいのです。

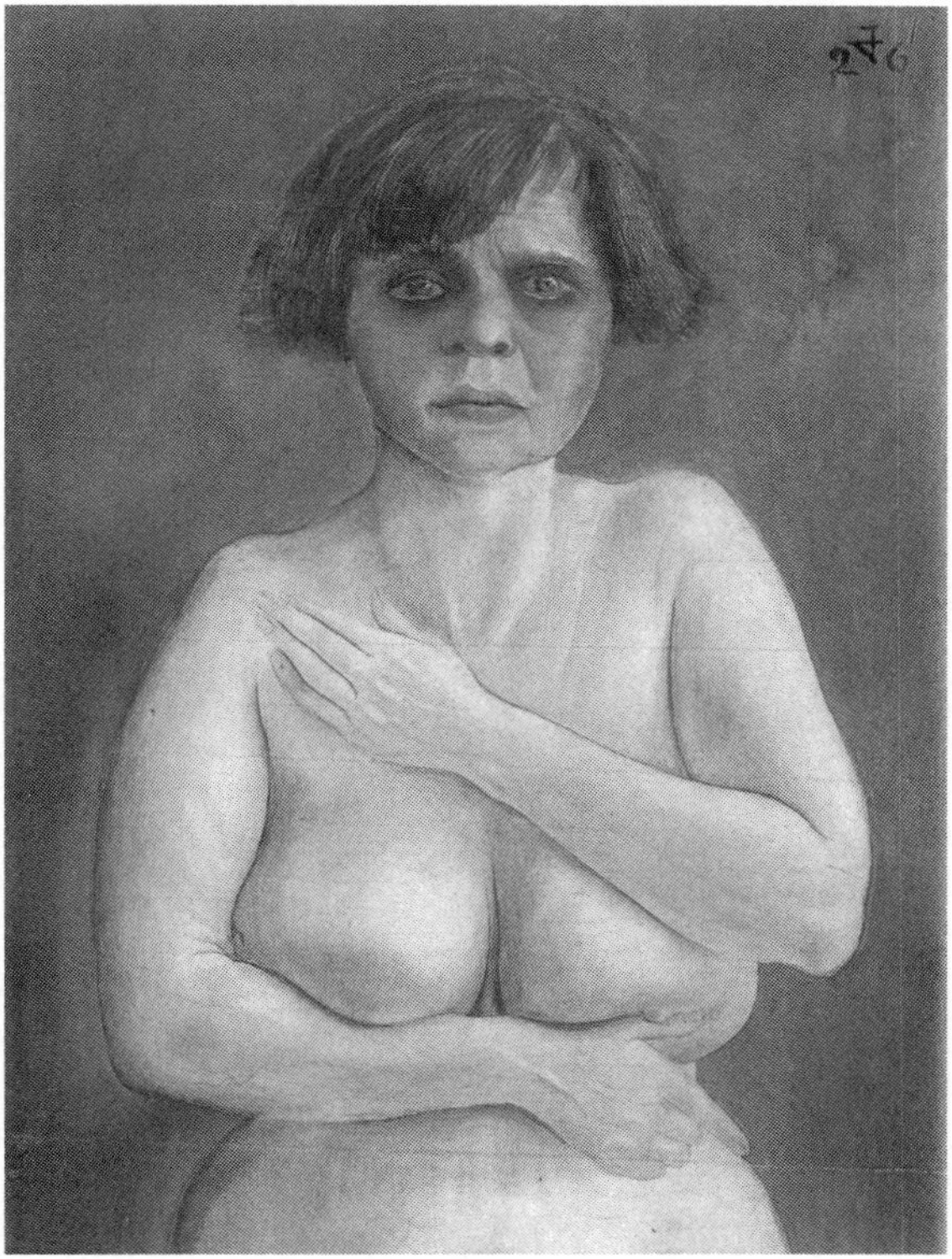

オットー・ディックス「女性半身像」(© VG BILD-KUNST,Bonn&JASPAR,Tokyo,2021 G2744)

次は、フェリックス・ヌスバウム（Felix Nussbaum、一九〇四～四四年）というユダヤ人画家の作品「ユダヤ人証明書を持つ自画像」（一九四三年）です。この人はドイツ北部の町オスナブリュックの裕福な金物商の息子でしたが、妻とローマに留学中にナチスが政権を取ったために帰れず、それっきり亡命生活になった。当時、彼らユダヤ人難民を例外的に受け入れる国がベルギーでした。ベルギーにしても、ベルギー人の雇用を奪ってはいけないという政策のために、難民は働けない。お金のある者だけ制限付きで受け入れる。冷酷な話です。ヌスバウムはロンドンにいる親族に送金してもらい、その口座残高証明書によって滞在を許されたのです。そんな亡命生活をしながらも、屋根裏部屋で絵を描き続けていた。そのうちの一点がこれです。

この絵を誰かが買ってくれるとか、どこかで展示するということは、まったく期待できません。いわば純粋な証言として描くわけです。彼の知人のベルギー人歯科医に絵を預けて、僕に何かあっても絵は死なせないでくれと言ったそうで、この絵は残りました。今はオスナブリュックの美術館に所蔵されています。

ナチス占領下のベルギーでは、夜九時以降、ユダヤ人は外を歩いてはいけなかった。歩いていると、ゲシュタポに誰何される。実際に経験したわけではないけれど、その誰何された瞬間を描いた。自分の身分証明書を見せているのだけれど、その身分証明書にはユダヤ人という赤いハンコが押してある。本物の身分証明書にはそういうハンコは押してないそうです。ヌスバウムが絵に、あえてそれを描きこんだのですね。

彼の目は、怯えているというよりも、自分を呼び止めた人間を見つめ返している。そういうお前は誰なのだ、と。ヨーロッパ絵画の歴史では自画像が長年描かれてきました。その最初と言われているのが、「一五〇〇年」の描き込みがある、アルブレヒト・デューラーがキリストを模した「自画像」です。それから約五〇〇年後に、このような自画像が書かれた。お前は誰だと問われて、ドイツ人でもベルギー人でもなく、自分はユダヤ人だと言っている。その自画像を、私は、自画像の極致、自画像の極北であると述べています（「あるユダヤ人画家の軌跡」、NHK教育テレビ「新日曜美術館」、二〇〇二年六月二三日放送）。

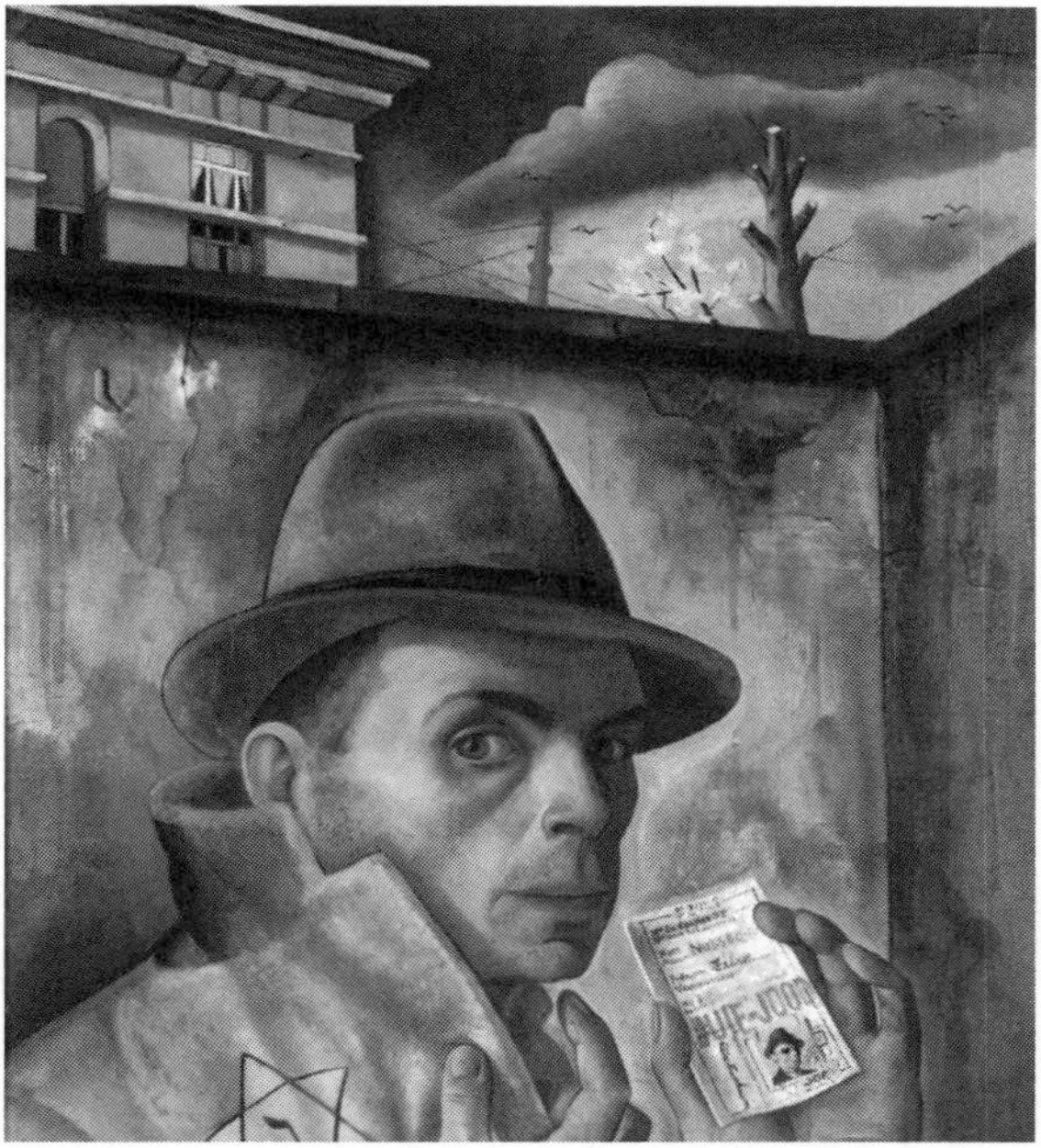
フェリックス・ヌスバウム「ユダヤ人証明書を持つ自画像」
（Wikimedia Commons より）

それは、自分が誰であるかというアイデンティティを、権力が暴力的に左右する理不尽さへの抵抗でもあります。実は私も日本において、思春期からずっと外国人登録証の携帯を義務づけられている人間です。現在は在留カードと名称は変わりました。オスナブリュックの美術館で、テレビ番組撮影のためこの絵の横に立った時、私はカメラに向かって、自分の外国人登録証を見せ、私のこの姿を取りなさい、その画面とこの絵とを並べて写しなさいと言ったのですが、番組ではその場面は編集の段階でカットされました。

ちなみにヌスバウムとその妻は密告によって逮捕され、アウシュヴィッツに移送されました。ベルギーからの最後の移送列車で、アウシュヴィッツに到着した直後にガス室で殺されました。彼が生きてこの世に存在した痕跡は、ベルギーの外国人登録リストでしか確認できない。そのリストには、何年何月に死亡したとして、姓名が横線で消してある。その後、ドイツのオスナブリュックで彼を記念しようという動きがあり、美術館も建てられました。私はそこを訪問できたのですが、ユダヤ人迫害がどんなにひどかったか、言葉だけでは伝わらないものがあります。ただ暴力的というだけでなく、想像を絶するほど執拗な憎悪です。

ディアスポラ・アート

最後のパートです。ご覧になっている画面は、デヴィッド・カン (David Kang) というカナダ在住のコリアンによるアート・パフォーマンスです。場所は東京経済大学の六号館の一階です。一階の床を這いながら前進して、ずーっと外に出て、中庭の時計塔のあたりまで行って、またUターンして戻る。その間、ずっと這いながら口にくわえているのは、牛の舌です。その先端に墨汁とモーターオイルとケチャップをつけて、紙に痕跡を残しながら匍匐するというアートでした。二〇〇四年に、本学で「ディアスポラ・アートの現在」という展示とシンポジウムを開催した時のことです。

なぜ、こんなことをしているのか。彼は自分の口では説明しませんけれど、韓国で生まれて、一〇歳ぐらいの幼い頃に家族とともにカナダに移民しました。自分にとって母語ではない言語の世界に投げ込まれたわけです。そこでは、発話やコミュニケーションということが、彼にとっては非常な苦しみだったわけです。牛の舌をくわえて這いまわるというのは、まさにわかりやすい暗喩ですね。

しかも、成長して韓国に帰って、弘益《ホンイク》大学という美術大学で書芸（日本でいう書道）を勉強しますが、彼が言うには、その時、「君のような外国育ちの人間に、韓国書芸の真髄は分からない。君が育った世界は、余白の美が分かる世界ではない」と言われて、壁にぶち当たった。そこからコンテンポラリー・アートに転じて、牛の舌を使って、モーターオイルとケチャップで書芸をやるようになったわけです。

そういうアーティストが東経大に来てくれた。しかもこの紙に痕跡が残る。それは本当に抽象的な書道作品みたいで、それを切ってみんなに配ってくれました。私の家に一枚、額に入れて飾ってありますけれど、協力してくれた学生諸君にも一枚、一枚配ってくれました。

次は、インカ・ショニバレ（Yinka Shonibare、一九六二年〜）、アフリカ系イギリス人で、親はナイジェリアの出身です。この作品は彼の「ヴィクトリアン・ダンディーの日記」というタイトルのシリーズで、中央に立っているのがインカ・ショニバレ。しかし、ヴィクトリア朝の時代にダンディーという上流富裕層市民がアフリカ人であることはありえない。したがってこの作品は、ありえない世界を、あえてバーチャルに作っているわけです。しかも周囲にいるメイドの白人女性たちは、ご主人様を憧れの目で見ているわけです。これもありえない。

というわけで、この作品を見て、見慣れた風景だけれど、どこか違和感があるなと感じる。そのことによって、結局、イギリスという国がどのようにできたか、さらにヴィクトリア朝というイギリス人の多くが誇りにしている時代が、どれぐらい海外植民地を拡大した時代であったか、その結果として、イギリスに今もアフリカやアジア系の人たちが大勢いるのだということを、観る者に想起させる作品なのです。彼はこの作品シリーズをロンドンの地下鉄駅百ヶ所に掲示した。ロンドン市民は朝夕通勤のたびに否応なくこの作品と出会うわけです。

デヴィッド・カンとインカ・ショニバレ、その他の人たちのことも含めて、『ディアスポラ紀行――追放された者のまなざし』(岩波新書、二〇〇五年)という本に、簡単ですがまとめてあります。二〇世紀後半、第二次世界大戦以降のアートは、それまでのアートの正典《カノン》というか、決まりごとを覆す。ただ覆すだけではなく、この二人が特にそうであるように、資本主義や帝国主義や植民地支配が残した傷跡、今でも残っているその傷を、アート的に表現する、そうした表現世界が、すでに始まっています。

難しい問題は、アート界も一つの制度ですから、この度、「あいちトリエンナーレ」でも明らかになりましたが、行政やスポンサーがお金を出すと政治が介入する。そんななかでディアスポラという、国家や企業の後ろ盾のない人たちが自分を表現するわけですから、大変困難です。ショニバレはその中で例外的な成功者ですけれど、多くのディアスポラ・アーティストは経済的にも困窮しています。

ただ、美術界の少し面白いところは、横浜トリエンナーレや、ドイツのドクメンタという国際美術展では、キュレーターなり、アートディレクターが冒険的な作品を意欲的に取り上げて世に問うということをやる。それがアートというものの面白さかもしれないと思います。

萱浜（撮影・浅野康治郎）

　さて、次が最後の映像になりますが、これをどうご覧になりますか。これは実は、人間が作った作品ではありません。東日本大震災の直後、その年の六月に私は福島を訪ねました。ＮＨＫディレクターの鎌倉英也さんと番組の取材のために、いろいろな場所を訪ねました。そこで最後に、これは萱浜《かいばま》と読むらしいけれど、その海岸に行ったのです（福島県南相馬市原町区萱浜）。海流の関係でしょうか、そこは押し寄せた津波の引き潮が通る狭い水路の跡で、廃棄物のようなものがものすごく集まって残っていた場所なのです。

　そのドキュメンタリー番組（「フクシマを歩いて　作家・徐京植〈シリーズ　私にとっての3・11〉」、ＮＨＫ教育テレビ「こころの時代」、二〇一一年八月一四日放送）でも紹介しましたけれど、萱浜の海岸を歩いていて偶然見つけたものです。これを必ず写真に撮って、番組でも紹介してよと言いました。私の目から見ると、これは極めて立派なアート作品ですね。誰かが人工的に作ろうとするとここまではできないだろう。自然に出来ちゃった。あるいは津波が作ったのです。

　そのことの中に、アートというものの不可思議さがあります。つまり、アートは基本的にいつも自然を対象にして、それを再現しようとするのだけれど、自然によってまた絶えず凌駕されてしまう。私たちは、そのアートの前で、謙虚になりながら、たとえ実際に福島の萱浜の海岸まで行かなくても、このオブジェが私に伝えたようなメッセージを、自分自身の手で再現できる。あるいは自分は再現しなくとも、誰かが再現したアートからそれを感じ取ることができる。そういうものである、そうありたい、ということです。

アートとは芸術家が作る作品のことではなくて、見る者と作品の間にあるものだから、見ている人が作者になるわけです。普通にあるものの中に、アートを見出すことができるということです。

むすびに

以上、美術を手がかりとして、私の人生と私の人文教育について、お話をしました。最後に、「美術館へ行こう。絵葉書を二枚買おう」と申し上げたいのです。これはいつも学生諸君に言っていること、そして自分も実践していることです。まず美術館に行ってほしい。美術館の敷居は、学生にとって非常に高いらしい。値段は安くとも、敷居は高い。それは結局、日本の中では、美術館はハイカルチャーを扱う場所だという間違った固定観念が作られていて、おそらく小中学校の教育からそんな感じなのだろうと思います。でもそうではない。自由に美術に会いに行けばいい。

美術館ではだいたい絵葉書を売っています。二枚買うというのは、一枚は自分自身の思い出に。私は今でも、半世紀以上も前に買った、あの大原美術館の中村彝の絵葉書を持っています。それから、もう一枚は大切な人に。自分の友人でも、家族でも、恋人でも、こんな所に行ってきたよと手渡してみてほしい。

なぜかというと、美術は、味覚や音楽と似ているけれど、その人の感覚を、言葉で表せない部分まで表すものだからです。この人、こういうのを好むとは知らなかったけれど、それって素敵だなぁとか。そういう世界です。そんなに難しいことでない。

なぜそれをやってほしいかというと、何を美しいとするかしないかは、完全に皆さんの主観のもとにあるからです。美術は最も主観的であることが許されるはずの世界なのです。人がキレイと言おうと、こんなの汚いと言おうと関係ないのです。それで良いのです。そういうふうにして、自分を自由にできる人が、人権についても、政治についても、経済についても、自分の考えを持って諸問題に立ち向かうことができるのです。

自分を解放することの基本は、自分の美意識を解放すること。美意識は、国家に支配されやすいものです。あるいは資本に。国家や資本は絶えずそれを狙っています。みんながカワイイと言っているから可愛い？　でもそれは本当なのか？　国が推奨している国宝だから素晴らしい？　本当なのか？　絵葉書を二枚買おうとすると、自分が本当にいいと思っているのはこれなのかと、必ず自分に問うことになります。そして、それを自分の大切な人に表明することになる。これはぜひやってもらいたい。それが私の本学における芸術学教育の結びの言葉です。

本日は長時間にわたり、ご静聴ありがとうございました。

（東京経済大学　二〇二一年三月二四日）

interview

徐京植、著作を語る

聞き手：早尾 貴紀・戸邉 秀明・李 杏理・本橋 哲也・高津 秀之

なぜ「作家」を?

――徐さんは「作家」という肩書きを使われています。大学教員ではあっても「研究者」ではないということだと思いますが、他方で、日本語で「作家」というと創作作家をイメージしがちです。研究者でもなく批評家でもなく「作家」を自任されるのは、どうしてでしょうか? またどの著作のあたりから「作家」つまり文筆業を天職と考えるようになったのでしょうか?

お前はなぜ「研究者」ではなく「作家」と名乗っているのかということですが、私が東京経済大学で働くことになったのは、多くの研究者がそうであるような、大学の教職とか研究職というものを目標として研究業績とか履歴を積み重ねてきた結果ということではないのです。そういう道は自分で早い段階に放棄していました。

藤田省三先生（政治思想史家、一九二七〜二〇〇三年）が法政大学で非常勤講師をやらないかと提案してくださったのが一九九〇年代に入ってからですけれど、それでとても助かりました。兄たちの救援運動が私の日常的な優先的仕事だったのですが、兄たちが釈放されたので、今後どうしたらいいかわからないという時でしたので。それで大学の教職とか研究職とかの選択肢もあるかなと、かすかに思いましたが、早くに諦めました。

藤田先生が「とにかく論文らしく見えるものを紀要に一、二回書きなさい。そうすれば何とかなるから」とおっしゃって、その気になった瞬間もありましたけれど、どう考えても自分はそういう人間ではないし、ずっと研究をやってきたわけでもない人間が、そういう辻褄合わせみたいに形式だけ研究的なことを書くのにも嘘があるという気がして。もちろん非常勤で教えるということは、私なりの経験とか見識を学生に教えるわけですから、やりがいと意義のある仕事ですけれど、「自分は研究者ではないのだ、自分はやはりもの書きになるのだ」ということに、九〇年代半ばまでにターゲットを定めていたわけです。

それでもの書きとしてたしかにたくさん書きました。大学の研究者・学者たちの主流の考え方だと思うけれど、「定年までにこれだと思えるライフワークの研究書を一冊書ければいいし、それを目標にして生きればいいんだよ」（笑）とよく言いますね。そういう世界で自分は他者であると思いました。また、大学で「ご専門はなんですか？」ってすぐ訊かれて、「いや専門はないのです、もの書きですよ」って答えると、それ以上対話が発展しないような感じになります。しかし私はそういう役割を自分に命じてきたので、あえて意図して「作家だ」と言っているわけです。

そうなった背景には、大きな状況と私個人の事情とがあります。大きな状況はやはり自分が在日朝鮮人だということだと思います。在日朝鮮人はアカデミズムの制度の中で安定的に職を得ていくということが、不可能ではないにせよ極めて困難な状況にあります。私の時代は今よりもさらに困難だったかもしれない。そのために在日朝鮮人のもの書きは、有名無名を問わず、人口比でいうと日本人より多いと思いますよ。その人たちは在日朝鮮人であるということで、明瞭なテーマを持っているわけです。「在日朝鮮人であれば誰でも一冊の小説が書ける」と冗談混じりに言い合うような状況ですからね。たとえば研究職とか大企業の会社員とかそういうものになる機会は少なくて、結果的に「自由業」になるわけです。比喩的に言うと、芸能界やスポーツ界に在日朝鮮人が多いのも同じ理由からでしょう。


私はおそらくみなさんが想像するよりかなり早くから、中学一年生頃からもの書きになることを考えていましたし、書きたいという衝動はもっと小さい頃からありました。私の書いたものを見ていただくと気づかれると思いますが、たくさん読んでいるわけではないけれど、読んだものの表現のディテイルに関心があって、面白く書いてあるものが好きなのです。だから自分もそういうふうに書きたいという気持ちが子どもの時からありました。

そういう私が、兄たちが投獄されるという経験をしたわけです。岩波新書で出した『徐兄弟　獄中からの手紙——徐勝、徐俊植の10年』(一九八一年)と、追悼委員会で出した亡くなった母の追悼文集『朝を見ることなく』(一九八〇年、社会思想社現代教養文庫版・一九八一年)が、かれこれ四〇年前のことですが、私の人生にとって決定的でした。いま読み返してみると、兄の投獄とか母の死とか、その時の自分自身の痛覚というか、正直にいうと悲哀とか孤立とか絶望とか、そういう感情もひじょうに生々しく蘇ってきます。なので、今でも読むと眠れなくなったりします。

しかしあれから時間が経ったいま、年齢が七〇歳になろうとするときに自分がかつて書いたものを振り返ってみると、たんに事実を記録するとか情報を伝達するとか以上の、ある種の「もの書き根性」らしきものを感じます。自分自身でもはっきりとつかめない感情をなんとか人に伝えたいと思っていたということも蘇ってきました。『朝を見ることなく』には、主治医の先生とか古在由重先生（哲学者、一九〇一～九〇年）とかも追悼文を書いてくださって、その当時の感謝の気持ちが蘇りますが、私自身も「死者の重荷を解くために」という文章を書いていて、私はこれを書くことに相当気持ちを注いだと思います。つまり事実を淡々と書くとか、遺族だから控えめに書くとか、そういうことも思わないわけではなかったのですが、やはり思いの丈を可能なかぎり書いたのです。

その当時、未來社におられた編集者の松本昌次さん（後に影書房を創業、一九二七～二〇一九年）、それから藤田省三先生、岩波書店の安江良介さん、中央公論社の編集者の宮田毬栄さん（一九三六年～）といった方々の目に触れて、ものを書いてみることへの励ましをいただきました。

母とか兄とかの犠牲の上に立ってもの書きになったとも言えるわけで、そのことに、かなり複雑な思いがあります。自分が現場に身を投入していないことへの引け目というかコンプレックスが強く、そのコンプレックスはもちろん今もなくなっていないのです。まさに現場中の現場である監獄にいた兄たちから見れば、私は安全地帯に身を置いて、その兄たちが言ってくることを仲介しながら本を出し、その本が読まれて、いま挙げたような方々に応援してもらう立場になったのですから。

現場というと、私たち世代の在日朝鮮人から見れば、まず「北朝鮮に帰還する」という道がありました。その道は私の世代には非常にリアルで、近所の人が帰国すると、「あの人は帰ったのにお前はなぜ帰らないんだ」というようなことが日常的に言い交わされて、家族の中でも言い争いになった、そういう時代です。「民族分断」という過程が、想像上のことではなく、在日朝鮮人の各家庭を文字どおり「分断」していったのですね。

そのとき私は小学校五、六年、まだ幼くて、「祖国」という現場に帰るべきだという気持ちもありつつ、そこに帰っていったい自分に何ができるんだという疑問とがせめぎ合っていました。もっと言うと、わからないまま帰国していく人たちになんとなく疎遠感というか不信感みたいなものもありました。当時「北朝鮮は楽園だ」という話と、「楽園の夢破れて」という話とが交錯する、民族分断そのもののような対立のなかに私は子どもの時からいたのですが、自分はそのどちらでもないという思いがありました。「祖国」が楽園だから帰るのではなく、楽園じゃないからこそその現場に帰るという選択があってもいいじゃないとか思う一方で、だけどそこへ行って自分にできる役割が何かあるのかということも考えました。まだ十二、三歳の子どもが考えることだから大したことはないのだけれど、それが私の「現場」イメージでした。決して日本という場所を自分が意図的に選択したわけではないけれど、そこで生まれて育ってしまって、言語も日本語であり、教育も日本で受けたものであり、それがどんどん既成事実化していく過程をどうしていいかわからないという感じでしたね。

その後、私が中学三年か高校一年くらいの頃、一九六五年に日韓条約が締結されて、今度は「韓国に帰る」という選択肢が出てきました。在日朝鮮人の大部分はそれまで韓国と往来するような関係は断たれていて、一般的には韓国と気楽に行き来するとか向こうで就職するとかは想像もできない状況だったわけです。ところが、日韓条約以後、徐勝が東京教育大在学中に初めて韓国に行きました。家族・親族を代理して向こうの親戚などに会ってきたわけです。私も六六年夏のひと月間ほど、徐勝とともに、「在日僑胞夏期学校」という韓国政府主催の教育プログラムで韓国を訪ねました。それが人生で初めての韓国訪問でした。その時の印象を「八月」という詩集にまとめ、高校三年の時に自費出版しました。高校生の時のことだから今思えば気恥ずかしいけれど、一つの記録と考えて『詩の力』(高文研、二〇一四年)という自著に全文収録しました。

一九六七年にすぐ上の兄の徐俊植が高校卒業と同時に韓国に「母国留学」し(一年間の韓国語教育を受けたのちソウル大学法学部に入学)、翌六八年には、徐勝が東京教育大学を出て韓国に留学した(ソウル大学大学院社会学専攻)ので、そのような過程を通じて、韓国はどういう社会であり、そこにはどういう人たちがいるのかということが私にも少しずつわかってきました。

日本の知人から「やっぱりあなたは祖国に帰っていくのですね」と言われたこともありましたけれど、そういう言い方に対して、私はそれは単純すぎると思っていました。「祖国に帰る」という考えはあえて否定はしないけれど、「祖国だから帰る」とか「祖国に行けばあたたかく抱きとめてくれる人たちが居るはずだ」という考え方には疑問を持っていました。祖先の出身地を訪ねて自分のルーツを確認したいという気持ちはありつつも、「祖国」という言葉が持つ情緒的な愛情の対象として現存する大韓民国にそれを重ねることが、難しかったのですね。そこはあくまで「祖国」の南半分に過ぎない、自分にとっての「祖国」は統一された朝鮮であるはずだ、という考えもありました。

そうこうしているうちに、一九七一年に兄たちが韓国でいわゆる「スパイ」として拘束されたわけです。徐勝は取り調べ中に焼身自殺を図って、辛うじて一命は取りとめましたが無残な大火傷を負った姿で法廷に現れました。裁判で徐勝は最初は死刑、のちに無期懲役を宣告され、徐俊植の方も、懲役七年の宣告を受けました。その裁判の模様は日本でもかなり大きく報道され、人々の関心を集めました。

そうすると日本社会に兄たちや私たち家族を助けてくれようとする人たちがいろいろ出てくるわけです。そうした過程で、私自身も日本の知識人と出会い交流を持つことになりましたが、それは、私にとって非常に大きな経験だったと思います。

でも、一方では、「なぜ韓国なんかに行ったんですか?」という人たちも結構いたのです。そのまま日本に居ればよかったのにとか、日本に生まれて育ったんだから日本に居るのが自然でしょとか、そういう感想を漏らす人たちも少なくなかった。日本社会の当時の進歩的な人たちの中に、「なぜ北でなく南なのだ、李承晩の国であり朴正熙の軍事独裁国家に何を好き好んで行くのか」とか、あるいは、「韓国に行ったら出世できるのか、いい暮らしができるのか」などと言う人もいました。日本の進歩派自身が非常に図式的に「北」を支持すると同時に「南」をたんなる暗黒地帯のように考えていたからです。とてももどかしいことでした。

「韓国への祖国愛から祖国に帰った」という言い方と、「日本での厳しい差別を逃れて祖国に帰った」という言い方とが典型的にあったのですが、実情はもう少し複雑です。

差別についていうと、たとえば、当時は日本国籍がないともちろん公務員になれないし、高校の教員にも弁護士にもなれない、目の前が八方塞がりという状況のなかで、医者とか理科系の技術者になるしか、高い教育を受けてもそれを生かす道がないというのが現実であり、私たちの常識でした。私も子どものときから周りでそういう実情を見ているから、理系に進もうとして数学とか物理に挑みましたが、やはり自分に合っていなくて挫折したんですね。

そういう状況のなかで、韓国に行ったら優良企業への就職とか大学教員になるとかいう道があるのではないかと在日朝鮮人の若者が思ったとしても、自然な成り行きでしょう。だが、現実はそんなに簡単ではない。当時の韓国社会は日本よりもずっと貧しいわけですから就職など容易ではない。研究職に限っていうと韓国での学閥の壁は牢固としたものですから、脇から入ってきたものがそこで席を得るというのは日本とは別の意味で難しい。それから在日朝鮮人という存在に対する韓国のマジョリティの偏見というのもあります。「日本でいい暮らししているのに、何のために来たのだ」という冷ややかな反応もあるし、「自国の歴史も知らず、言葉もできないやつが何の役に立つのだ」という批判もある。また韓国の人々のもつ「日本的」なものに対する理由のある反感が、在日朝鮮人に向けて噴出することもある。韓国に行った在日朝鮮人の多くは一回は泣かされるような状況でした。しかし、そんな状況を知りつつ、それでも兄たちは困難を承知で韓国に帰った。そこを自分の熾烈な生の現場と思い定めて、身を投じたわけですね。

ですから、「日本では差別されるから祖国に憧れて韓国に行ったんだ、それなのに捕まってかわいそう」という言説は、やはり違う、と私は思っていました。韓国へ行ってその現場で自分を発揮するということが本当に生きることなのだと思い、たとえ若くて稚拙でも、現場を選んでいくということを兄たちはしたのだし、兄たちはそこで苦労もしたけれど、素晴らしい人たちとも出会って、ほんとうに喜んでいました。

私は子どもだったけれど、その兄たちとある程度は志をともにしていたのです。私は、兄たちのような道を自分も辿るのだろう、苦労することになってもそれが自分の現場なのだと思っていました。日本で大学を出たら、自分も兄たちのように韓国に留学することになるだろうと予想していたのです。

そのタイミングで、兄たちが逮捕されました。自分は韓国に行く道は断たれたと思いました。要するに国事犯、政治犯の家族になったわけですから。韓国旅券がないと日本の外にも出られない、自分の国にも帰れない。そして旅券を発給する際にかならず尋問されたり、誓約書を求められたりする。私のような政治犯家族は、兄を説得して転向させろと必ず要求される。旅券が欲しければ「維新体制支持集会」に参加してその証明を持って来い、などとも。そういうところでいったい何ができるのか、と悩みました。フランスに留学したいと思った時もありましたけれど、海外留学するにも韓国のパスポートがないとできないわけだから、完全なる籠の鳥状態です。それがいつ終わるのかなと思っていました。人間の若さというのは恐ろしいもので、この年齢になるとわかりますけど、客観的に見て楽観的材料がなにもなくても、若いというだけでなんとなく先の方に行けば問題は軽減しているのではないかと思ってしまう。そう思おうとする。だけど三年経とうが五年経とうが状況はまったく変わらない、それがその当時の私の状況です。私は安定的な職業もないまったくの社会不適応者でしたが、とにかく「もの書き」になりたいという気持ちだけは持ち続けていました。

兄たちが出獄した時私はすでに四〇歳近い年齢ですから、韓国に「現場」を求めるのも手遅れという感がありました。結局、縁があって日本の複数の大学で非常勤講師として講義するようになり、日本の若い人たちと対話するようになって、好むと好まざるにかかわらずここが「自分の現場」なんだ、ここで自分は何かを実現しなければならないんだ、と思い定めることになりました。その時期がちょうど世界的な東西冷戦構造の崩壊の時期と軌を一にしていますね。

自分の現場は日本の大学なのだ、と腹を決めたわけですが、しかしすでに研究者になるにはスタートが遅れていて、能力も蓄積もないということを考えると、もの書きとして、なんとか自分の志を実現していくしかないと思うようになったのです。そうしていろいろとやっているうちに、この東京経済大学に来ないかというありがたい声がかかり、この大学に正規に採用されて二〇年あまり経とうとしているわけです。就職した当時はまったく想像できませんでした。

在日朝鮮人の多くは国家というものもそんなに安定的なものだと思っていないのです。日本のマジョリティは国家というのを安定的なもの、永続的なものと思っていますよね。ところが在日朝鮮人にとっては、植民地時代には国家がなく、その時代が終わった途端に南北に分断されて、その南北が互いに相克しているわけですから。自分にとって国家とは何かを考えるのと、職場とか職業というものも同じようなことなのでしょう、安定的で永続的なものとは思えない。定年まで働くということに実感がなかった。

私が自分の職業を通じて社会変革に何か役立ちたいというようなことを言うと、一九六〇年代の終わり頃は共感してくれる日本の学友も多かったのですが、近頃は変わり者のように見られる。誰もそういう大袈裟なことは考えないというか、自分は与えられた場で人生をまっとうできればそれで満足だと思っている感じですね。これがきわめて「日本的」な現実なのかどうか、在日朝鮮人である私の方が特殊例外的なのか、そんなことをいろいろ考えて、「ディアスポラ」という言葉を使って考えたり、海外のとくに第三世界出身の知識人たちと対話したりしながら、自分のそういう感覚を確かめようとしているわけです。どこかに、その人たちと共有できる理念というか普遍性があるはずだ、そういうことを仮説として定めて、「もの書き」としてさまざまな活動をやってきたと言えます。

「西洋」との出会いの意味

――徐さんに初期から現在にいたるまで一貫している大きなテーマが「西洋美術」ですね。『私の西洋美術巡礼』(みすず書房)が一九九一年、『青春の死神――記憶のなかの20世紀絵画』(毎日新聞社)が二〇〇一年、『汝の目を信じよ!――統一ドイツ美術紀行』(みすず書房)が二〇一〇年、『メドゥーサの首――私のイタリア人文紀行』(論創社)が二〇二〇年と、一〇年おきぐらいに西洋美術に関する書籍をまとめられている印象です。「西洋」との出会いの経緯と、徐さんにとっての「西洋」とは何か、あるいは西洋にあって東アジアにはないものとは何か、そしてさまざまな表現活動のなかでどうして、どのような点で絵画にこだわるのかを教えてください。

私たちのような在日朝鮮人の一般的な家庭に西洋美術に関する「文化的資源」は皆無だったと言え

ます。ちょっと安定した暮らしをしている日本人の友達の家にいくと、複製だけどルノアールが掛かっていたり、さらに少ないけど家族で美術館に行ってきたというようなことがあるでしょう。そういうことが在日朝鮮人の家庭にはないという状況です。だけど私の中にはそういう「西洋文化」への憧れがいつか芽生えていました。「お前は朝鮮人であるのになぜ西洋がそんなに好きなんだ？」という問いに対しては、つねに緊張感を覚えます。そういう問いというか批判を直接ぶつけてくる人もいますね。酒はワインが好きだというと批判的に見られたりしてね。ワインはフランスとかイタリアでは労働者も飲むものなのにと思うのですが。

これはアンビヴァレントな感情で、子どもの頃に憧れた世界——言ってみれば「ブルジョア的」な世界への憧れが一方にありますが、他方では、たとえば映画などを通じて私が「これがヨーロッパだ」と思い憧れたのは、ハリウッド映画ではなく、たとえばデ・シーカ監督「自転車泥棒」（一九四八年）やピエトロ・ジェルミ監督「鉄道員」（一九五六年）といったイタリアのネオリアリスモ映画でした。その登場人物たちは、ワインを飲んでいてもたいへん貧しく、家の中ではいつも喧嘩がたえないという世界、まあ私たちにとって親近感のある世界ですからね。

ちょっとエピソードみたいな話をしますと、一九八三年に初めてヨーロッパに行った時は、両親ともに亡くなっていて、自分自身は無職でした。わずかですが親が残してくれた金があって、これからまったく未知の人生後半に入っていくのだが、その前に何をしたいのか考えました。その時、卒然とヨーロッパに行こうと思ったのです（本書四〇頁参照）。

当時はまだＥＵはなく、ヨーロッパ各地をいくつもの国境を越えて列車で移動しました。フランスからイタリアへ行くとき、スイスを通過してアルプスのトンネルを抜け、平地に向けて降りていくと、地中海の明るい光が差してきて、鉄道の機関区ごとに翩翻《へんぽん》と赤旗がはためいていました。当時のイタリア共産党は西ヨーロッパにおける社会主義、ユーロ・コミュニズムの拠点で、エンリコ・ベルリングエルという書記長が指導していました。

ああ、これは私が子どもの時に京都市内の西陣キネマという安い映画館で見ていたあの景色だ、と思いましたね。私のヨーロッパへの憧れの中には、ヨーロッパだからブルジョア的だとか、アジアだから労働者的だと割り切れないもう一つの線が多分あるということです。もちろん当時のヨーロッパ左翼に対してはたくさん批判もありましたし、私も批判しなければならない点はあると思いますけれど、それでも、フランスのヴェルコールやルイ・アラゴンなどのレジスタンス文学が日本でもさかんに読まれていて、それが小学校とか中学校時代の私の周りに存在していた教養でした。つまりヨーロッパの左翼に対する漠然とした憧れがあったということです。

それからもう一つ、私は、中学校から荒れた地域の公立学校ではなく、当時は京都学芸大学といった、今日の教育大学の附属中学校に行ったのです。兄から見れば、子どもの時から修道院や軍隊のようなところに放り込んでエリートに育てあげようという狙いだったのかもしれませんが、私はそれがとても嫌でした。もちろん、兄の望んだ「エリート」は高級官僚や企業家という意味ではなく、漠然としていますが、「民族の幸福な将来のために貢献できる人材」という意味で、私もその意図はわかっていました。

それで京都教育大学の附属中学に行ったのです。生徒たちは主に京都のいわゆる富裕層の子女たちでした。在日朝鮮人は私一人です。そこには小学校までにはなかったいろいろな文化があって、まずヴァイオリンケースをもって学校へ来るような子が何人かいましたね。小学校までなら石でも投げてやろうとしたところだけれど（笑）、石を投げたいという反感と、あのヴァイオリンどんな音が出るか弾いてほしいな、さわらせてもらいたいなという憧憬とが、私の中にアンビヴァレントに混在しているわけです。

その中学校の修学旅行で岡山県倉敷市の大原美術館に行きました。これはいま思うとかなり決定的な経験でした。そこで見た美術作品の印象は五〇年以上経ったいまも私の根底にありますね。たとえば中村彝の「頭蓋骨を持てる自画像」とか関根正二の「信仰の悲しみ」、ヨーロッパの絵画ではエル・グレコの「受胎告知」とか、ルオーもありました。「うわー、こういう世界があるんだ」と驚き、心をうたれました。

一緒に行った生徒たちは私みたいに大袈裟なことは思っていないでしょうが、私はその情景や自分の感情を今も憶えています。最近も中村彝のことをエッセイに書きました。

韓国では歴史的に理由のあることですが、日本近代美術の有名な画家たちを紹介することがあまりなかったので、佐伯裕三とか中村彝は少数の研究者や学生を除いて、ほとんど知られていません。その韓国でわざわざ日本近代美術について書くとなると、何のためにそんなことをするのかという批判を受けかねない。日本と朝鮮の美術のどちらが優れているかなどという話がしたいわけではありません。ただ、両民族の関係を考えると、美術や音楽といった感性のレベルにまで染み込んだ影響を考えないではいられない。ある民族の美術や音楽を、それが形成されてきた歴史的文脈にまで分け入って考察するということですね。いよいよ腹を括ってそれを「日本近代美術散策」という連載でやることになり、第一回に中村彝を取り上げました。続いて佐伯祐三、次に関根正二です。その原体験にあるのは中学校のときの大原美術館訪問なんですね。

大原美術館にセガンティーニという、イタリア語圏スイスの絵描きによる「アルプスの真昼」という絵があります。ものすごく明るい牧場、羊がいて女性がいるというだけの絵だけれど、実は広島の原爆で被爆した原民喜がこの絵を題材に「アルプスの真昼」というエッセイを書いています。彼が被爆後東京に出てきて、そして食べるものにも困るほど、大変な苦労をし、最後には原爆という決定的な経験を忘れようとする日本社会に（人類そのものに）絶望して、中央線で鉄道自殺してしまいます。ちょうど朝鮮戦争の最中で、アメリカのトルーマン大統領が戦局転換のため核兵器の使用をほのめかした後でした。

その原民喜が「年末の殺人列車」に跳び乗ってわざわざ大原美術館に「アルプスの真昼」を見に行くというエッセイです。岡山は広島のすぐ隣ですから、彼は以前からこの絵を見ていたわけですね。「天窓から射してくる光線が、外側の雲の加減で絶えず変化してゐたが、それがまた眼の前にある『アルプスの真昼』の画面に鋭く反映するので、私は羊飼の婦人とともにギリギリの針のようなものを感じてゐた。」というくだりがあって、つまりこの明るさが、原民喜のような経験をした人にとっては針のように神経に突き刺さるものなのですね。それは、彼自身が浴びた原爆の閃光の記憶にもきっと結びついている。

セガンティーニはなぜそういう描写ができたのだろうか、なぜそういうふうに描こうとしたのだろうか、そういう別の意味での憧れが私に芽生えて、三〇代半ばくらいになってから、スイスのサンモリッツにあるセガンティーニ美術館に行ったのです。だからその動機は、中学校の時に私に埋め込まれた「針のような光」であるわけですね。

セガンティーニはフランス印象派とは違うかたちで独自に、明るい光をどうやって捉えるかという技法的な挑戦に命を懸けた人です。それでだんだん高地にアトリエを移し、最も高いところまで移って胃潰瘍になり、医者がいないから胃に穴が空いて死んでしまう。いわば明るい光を捉えるために命を賭けた人なのです。そうだからこそ原民喜の心に刺さったのでしょうね。

そのように私には中学時代から美術に対する憧れというか関心はずっとあって、とくに京都には京都国立近代美術館と京都市美術館という良い美術館が二つあり、展覧会にはよく行きました。大学に入って東京に出てきて嬉しかったことは、上野が近くて国立西洋美術館や東京都美術館に行けるということです。先ほど言った事情で、現実の作品をヨーロッパに出かけて見ることはできない状況でしたからね。

美術作品を見たい、そのためにヨーロッパに行きたいなどと言ったところで、それが何の役に立つんだ、何のためにそんなことがしたいんだ、という問いにぶつかるわけです。私は稼ぎもないフリーターでしたから、自分自身に「それでもそれがしたいということの意味は何だ」と問うことになる。経済的なことだけではなくて、祖国の民主化闘争とか祖国統一運動が忙しいときになぜ美術なのか、そういうことを私は常に意識していたわけです。

これもエピソードですが、私はただ欧米に行くだけではなく各地の人権団体を訪ねて実情を訴えることが旅の公式の目的になることもありました。しかし私の中ではその公式の目的の影には美術館に行きたいという望みがある。私は韓国の著名な政治犯の家族ですから、向こうに行くと運動団体の人たちが迎えにきて親切にエスコートしてくれるわけです。アメリカでは必ずどの飛行場に降りても誰かが待っている。ある意味で、とても居心地が悪いし心配でもある。敵か味方かも分からないのに、その人の車に乗らないとどこへもいけないから身を預けるしかない。話をしてとても疲れます。自分にとっての母語ではない言葉で、しかも語っている内容は、拷問はどのように行われているかなどという話ですからね。

頭の中がそういうことで充満してしまうと、私は美術館に行きたいなと思う。たとえばシカゴ美術館とかワシントンのナショナルギャラリーとか、アメリカにも良い美術館がありますからね。「明日、私は一人になりたい」とエスコートしてくれる人に言うと、「なぜですか？　何か気に障りましたか？ご案内しますよ」。「いや、ちょっと一人になりたいから」と答えると、「どこへ行くんですか？」、「美術館に行きたい」と言うと、「え!?　本当ですか」と疑わしそうに笑われる。そんな状況でした。

日本でもこういうことがありました。ある時、仙台の市民団体が呼んでくれて兄たちのことで講演をしたことがあり、講演終了後は宮城県立美術館に一人で行きたいと言うと、「えっ、何しに？」と。とてもいい美術館でしてね、そこで曺良奎《チョヤンギュ》（画家、一九二八年～？）の「マンホール」も見たし、三岸好太郎（画家、一九〇三～三四年）などのいい作品を見たんですけれど、これは日本社会の特徴かもしれませんが、美術館を「高級趣味」の世界と捉えるという傾向があるようです。

大人になっていろいろ考えてみてわかることですけれど、美術とは美術館にあるものだけではなくて、知らない間に周りにいろいろと美的断片がある。日本の家庭だとたとえば掛け軸とか、花を活ける陶器とか、食器などもそうですね。生活のなかに浸透した美術でしょ。ところが、私たち在日朝鮮人にはそれはほとんどない。では朝鮮の伝統美術が身近にあるかというと、それもない。私が育ったのは京都ですから寺がいっぱいあって、狩野派とか琳派とかよく知られている日本美術の名作は身近にある。いま見ると結構いいなと思うのですけれど、当時の私はそういう気持ちになれなかった。むしろ反発をしていましたね。自分が反発すべき「日本的な美」がここにある、という感じです。

「日本的な美」というステレオタイプを懐疑し、それに反発しつつ、でも朝鮮的なものからも断絶されている。どうして西洋なのか。それは、中学校のときに芽生えた「西洋文化」への憧れという面と、そこに内在している批評的精神への憧れです。この両者は、子どもの時はまだきちんとは分節化されていなくて、肯定と否定とがないまぜになったままでした。

西洋美術を長年にわたってたくさん見てきた自分にとって大切な作品は何かと問われると、結局はカラヴァッジオ、ゴヤ、ゴッホ、ケーテ・コルヴィッツ、オットー・ディックスというような系譜になってきます。それらは「西洋美術」であることは間違いないけれど、補助線を一本引いて考えてみたときに、抵抗や反抗も見えてくる。そういう芸術家たちに私の心が動かされてきたということです。個人が、個人として立ち上がって抵抗する。それは、典型的な啓蒙主義的な発想かもしれませんが、ルネッサンス以降の美術がそうだろうと私は思っています。カラヴァッジオの作品を見て「これは対抗宗教改革のイデオロギーだ」と説明したとして、それは間違ってないけど、何も大切なことを説明したことになっていない。

精神的にくたびれたとき、美術館に行きたくなりますが、それはたんに「癒し」とか「慰め」を得るためではなく、普段の生活のなかで感じられないような刺激とか別の見方を私は求めているのです。感性のレベルを刺激される経験ということです。その刺激によって、自分の感性までグッと広げられるような感じがする。逆にいうと、言葉でだけは自分の中にわだかまってるものを十分には説明できない。なにか違うという思いがつねに残っている。こういうことを思うようになったのは、「ディアスポラ・アート」について考えたからでもありますね。アートは言語を超えた表現世界であり、ロゴス的世界を逸脱したものに表現を与えるわけですよね。ディアスポラ・アーティストには移民とか難民といった人たちが多く、女性もたくさんいますね。「国民」の枠からはみ出た人たちは、ロゴス中心世界の外部にはみ出た人たちでもあります。その人たちが、それでも自己表現をしようとするときに、「ディアスポラ・アート」が生まれるのです。

たとえば在日朝鮮人とは何かとか、政治犯とは何か、民主主義とは何か、といった議論に対して、その限りにおいて言語で応答することはできるし、そうすべきであり、私も最大限そうしますけれど、その説明からはみ出している、言葉にならない感情を表現するアートに私は惹かれているのだと思います。一九九〇年代、私が大学で教えるようになった頃から「ディアスポラ・アート」とか「ポストモダン」ということがさかんに言われるようになった。人間の思想信条が、たんに言語的にだけではなく、一種の構造として現れるとすると、それはどういう構造なのか、その構造が桎梏ならばそれを脱構築すべきだ、というような観点が出てきます。そこで美術が担っている役割は大きいと私は思っています。

ただ、大学でそれを教えるというのはたいへん難しいことです。学生の方もいわば教科書的に、この画家は美術史的にいうと何派ですかとか、そういう説明的知識を知りたがる。そうではなく作品そのものと対話してほしい、あなたがまったくこの画家を知らなかったとしても、その作品にどういう感情を抱くのかということが大切なのだ、と強調してきました。私の母は教育のない人ですし、京都で小さい頃から子守奉公などの労働に明け暮れたため、字が読めない書けないっていう人でしたけれど、モディリアーニ（イタリアの画家・彫刻家、一八八四〜一九二〇年）の絵が好きでした。モディリアーニが誰かという知識があった上で好きなのではない。モディリアーニが誰かを知らずに、ただ複製でその絵を見て、「あれはええなぁ」と、感じ入ったように眺めたりしていた。私の母という無学な在日朝鮮人女性とユダヤ系イタリア人モディリアーニとの間に対話が成り立っている。言語では互いに疎通できないものがアートで疎通するのだとしたら、それはすごいことではないですか。

著作のほうでは、これは自分らしいなと私が思うのは『私の西洋美術巡礼』（みすず書房、一九九一年）です。たんに美術のことを語っている紀行文というよりも、美術作品と私が対話し、コラボしているというか、場合によっては衝突したりするようなかたちで書きました。そういう書き方に行き着いた時にはじめて、自分の思いを書くことができると感じたのです。ある意味で美術家たちの作品の力を借りて、かろうじて自分を表現することができたということかもしれません。

在日朝鮮人である私のロゴス的世界は日本語的世界であり、その限界性も私は感じます。日本語ではこうとしか言えないとか、日本語話者にはこのようにしか聞こえない、でも自分が言いたいことはそれとはちょっと違う、というような。つまり自分の感性と自分の表現言語との間にズレがある。そのズレが私には苦痛で、最初は自分が日本で日本語を使ってもの書きになろうとすることは間違っていると考えていました。それでも表現への欲望が抑えられなかった。

『詩の力』に高校生のときに書いた詩を再録しましたけれど、その詩集の序文に、これは自分にとって人生最後の詩集になるだろうと書いています。つまり「自分は日本語で書くことの限界に気づいているのだ」と、高校生である私が言っている。自分に表現能力があるかないかということはさて措くとしても、自分が身を置いている（あるいは包摂されている）言語圏とか、言説の市場とか、アカデミズムの構造とかに自分が拘束されているという感覚です。だからと言って、もの書きへの希望を捨てて商売をするとか活動家になるというふうに思い切ることもできなかった。そんなときに両親が他界して、ヨーロッパを旅し、長い間憧れの対象だったゴッホとかゴヤを直接見たらいろいろな思いが湧きましたね。それを日本語で言語化することには当然に限界がある。それにそれを読んでくれる読者がどこにいるのかも分からない。まずは日本語使用者しか私の書いたものを受け取らないわけですから。

だからゴッホなりゴヤなりの絵があって、その前に私がいて、両者の間にいろいろと想像が動いているという状態のまま、とりあえず書いてみることにしました。幸にして面白いと言ってくれる人がいて『私の西洋美術巡礼』という本になりました。ところが、こういう本が出ると日本の図書館にしろ書店にしろ、「この本はどういうジャンルですか？」というのです。小説ですか、紀行文ですか、美術評論ですか、何ですかと。私の書いたものは、そうしたジャンル分けに馴染まないのです。

西洋における普遍性の問題

──『私の西洋美術巡礼』と『汝の目を信じよ！』において、一九八〇〜九〇年代のヨーロッパを訪ねていらっしゃって、徐さんは結局ご自身がそこからやってきたところの日本と、何より朝鮮半島を連想させる事柄に惹きつけられる、あるいは惹きつけられてしまうように思います。たとえば『私の西洋美術巡礼』の旅で訪れたアンダーユ駅において、徐さんはフランスとスペインに引き裂かれたバスク地方の人々を前にしながら、朝鮮半島の「分断国家」に対する思いを述べています。こうした経験は、徐さんのヨーロッパに対する見方にどのような影響を与えたでしょうか。それは「失望」、あるいはある種の「得心」、あるいは帝国主義的な「世界秩序」発祥の地への「怒り」などをもたらしたのでしょうか。

一方徐さんは、『汝の目を信じよ！』において、統一したばかりのドイツを旅しながら、いまだそれが実現されていない朝鮮半島の将来に思いをはせています。このとき徐さんはドイツあるいはヨーロッパについてどのように考えていらしたのでしょうか。西洋美術作品を選ばれたということの中には、東アジアにおける在日朝鮮人としてのたんなる憧れということではなくて、西洋の中に含まれている非西洋に開かれた可能性のようなものと大きく共振するものがあったのではないかと思うのですが、いかがでしょうか。

ここに『「民族」を読む――20世紀のアポリア』（日本エディタースクール出版部、一九九四年）という私のかなり初期の本を持ってきました。私が日本のアカデミズムの片隅に身を置いてまだあまり日が経ってない時期で、とても身構えて書いたと思います。この本の「はじめに」に、フランツ・ファノンの言葉を引いています。

「ヨーロッパはそのあらゆる街角で、世界のいたるところで、人間に出会うたびごとに人間を殺戮しながら、しかも人間について語ることをやめようとしない。このヨーロッパに訣別しよう」『地に呪われたる者』の一節です。ここでの「ヨーロッパ」は一定の注釈つきで「日本」に置きかえうる。しかし日本は満足に語ることすらしない。……そういう前置きを書きました。ここにおいて「ヨーロッパ」が私の中でポレミックな問題として浮上しているわけですね。四〇歳前後で兄たちの救援運動から大学に身を移してまもなく、緊張感の中で、ヨーロッパを問題にすることを自分の一つのテーマとし、そのことをフランツ・ファノンの言葉を引いて語っているのです。

一九六八年にみすず書房から『フランツ・ファノン集』が出て、ファノンはかなり広く読まれました。私は同時代に在日朝鮮人の先輩から勧められました。つまり在日朝鮮人のなかに、たくさんではないけど、すごく真摯に関心を持った人たちがいた。その先輩はファノンの言葉を借りて「ヨーロッパと訣別しよう」と私に言いたかったのかもしれない。私がまだヨーロッパへのぼんやりとした憧れを持っていた時でしたから。

私はその先輩からのポレミックな挑戦を深刻に受け取ったけれども、結果的にヨーロッパとの訣別とはならなかった。それは私がヨーロッパ好きだったからというようなことではなく、ファノンがこういうふうに訣別を語るのも、それが「ヨーロッパ」だからだと私は思ったのです。「ヨーロッパ」という枠組みとか基盤があるからファノンはこう語った。ファノンのこういう語りはフランスで生まれて、サルトルがそれを紹介した。もちろんファノンはサルトルとの間にも緊張関係があります。それを「普遍性」と言ってしまってよいかどうかわかりませんが、ファノンという形をとって、もう少し広い枠組みの「ヨーロッパ」が現れているという感覚ですね。

「ファノンもヨーロッパなのだ」というと間違っているかもしれないけれど、「ヨーロッパ」というのは一つの「場」だと、空間的にも時間的にも普遍性を目指す論争が交錯する「場」であると考えることはできる。たとえばユダヤ人は「ヨーロッパの外部」だと言いうるのは、ヨーロッパの中心が彼らを外部化しているからだけれど、ユダヤ人という外部が存在しないヨーロッパはあり得ない。私にとってのヨーロッパは、ユダヤ人を欠くことができないヨーロッパです。ユダヤ人であるベンヤミンやアーレントのいないヨーロッパ思想がはたしてありうるのか。ベンヤミンやアーレントはヨーロッパという場で活動し発言してそれなりに多くの人たちに読まれた。普遍性への通路が与えられたのです。私が大雑把に「ヨーロッパ」と言っている中にこういうことが含まれています。

白楽晴《ペクナクチョン》という韓国でとても尊敬されている先生がいます。朴正熙の独裁時代に『創作と批評』という雑誌を創刊して民主化運動をリードした人たちの一人です。その人が一九六六年だったか、朴正熙独裁体制が形成されていく時に、その雑誌の巻頭言で「普遍性への通路」ということを言っています。自分たちの雑誌には、フランスの『Les Temps Modernes（現代）』というサルトルたちが出した雑誌のような役割がある、東アジアの片隅で「普遍性への通路」を塞がれた自分たちがその通路を切り拓くのだ、と言っています。

私は東アジアの片隅どころか日本の片隅にいるわけです。第三世界諸国にはそれなりの活発な文化や闘争があったけれど、長い間それらは断片化されていたし、近代化に立ち遅れた部分とされ、ヨーロッパから見て利用物にすぎなかったという歴史があります。たとえば私がヨーロッパでなく、インドやアフリカに出かけて「美術巡礼」をすることもあり得たけれど、でもそれは、ファノンが批判しているような、過去の黒人文明に回帰することによって自らのアイデンティティを支えようとする行為に似ているかもしれない。「私たち在日朝鮮人には過去にこんな優れた文化があったのだ」というような。私が高校生の頃に金達寿《キムダルス》さん（在日朝鮮人の作家、一九二〇〜九七年）たちが主導した雑誌『日本のなかの朝鮮文化』（全五〇号、朝鮮文化社、一九六九〜八一年）に対しても、私は複雑な思いを持っていました。「過去の優れた黒人文明を鼻先に突き付けたところで白人植民地主義者たちは恥入ったりはしない」というファノンの言葉に、私は多いに同感していたからです。

私が言う「ヨーロッパ」は、非ヨーロッパ（ヨーロッパによって奪われ抑圧された部分）も含めたヨーロッパです。ヨーロッパ中心主義的なヨーロッパなんてとても滑稽ですよ。たとえばイギリス的なものと言うと、すぐにイギリスの王室とかを表象するじゃないですか。それは全くつまらない。でも、ナイジェリアにルーツを持つイギリスのアフリカ人芸術家のインカ・ショニバレは、ある意味でまったくイギリス的な人ですよ。アフリカだけしか知らなければインカ・ショニバレの芸術は生まれていなかった。彼が白人イギリス人の真似をしていたら彼は生まれなかった。越境的で混淆しているものこそが「イギリス」なんです。イギリス文学でも、たとえばジャマイカのあたりのプランテーションから入ってくる地代収入で暮らしている富裕層などが出てきますね。それなしには「イギリス」はない。「イギリス」はイギリスだけではない。それこそがショニバレが表現していることです。それこそが「ヨーロッパ」ですね。つまり大航海時代に世界を侵略したヨーロッパの、侵略してしまったその歴史の中で出来上がった対立と交渉。それによって開かれるかもしれない新しい普遍性への期待です。

エドワード・サイード（パレスチナ出身の比較文学者・思想家、一九三五〜二〇〇三年）の「新しい普遍性」という言葉に、私は「へ」を付けて、自著に『新しい普遍性へ』（影書房、一九九九年）と名付けました。ヨーロッパでこれこそが普遍性だという観念が築かれた。それは絶えず挑戦をうけ、変容したり脱構築されたりしていく。それが新しい普遍性へと向かう知的な活動です。サイードが主として取り上げているのは第三世界の民族解放運動ですけれど、他にも女性解放運動とかいろいろな「はみ出たもの」からの挑戦によってそれは起こるでしょう。一八世紀啓蒙主義哲学で築かれた「普遍性」という概念を固定的なものと見て、それに憧れているということではない。普遍性に向けて場が開かれていくのです。

とくにヨーロッパに出て初めて強く感じたことですが、日本にいると人は境界線をほとんど意識しないで暮らしています。ただし、在日朝鮮人は、とくにある世代より上になると、自分自身が命がけで境界線を越えてきたとか、またさらに越えて行くとかいうことが現実的に話されている世界ですが、大半の日本マジョリティはそうではない。だけどヨーロッパに行って、実際に境界線とはこういうふうにあるのだということを経験すると、境界線のまったくない世界などはないのだということ、「世界はやっぱりこうなっているのだ」という得心がありました。

たとえば、パスポートなどないままに移動する人々、フランス語でいう「サン・パピエ」が世界中にいるけれど、在日朝鮮人もその一員なのだ、という得心です。そのために、「朝鮮籍」の私の年下の友人は、当時はEU成立前でしたが、ヨーロッパ内の国境で出入国管理当局に怪しまれて、一晩足止めされたりしました。空港の出入国審査では、「EU市民」や「日本国旅券保持者」はスイスイと通過していくのに、第三世界人は不当なほど長い列に並ばなければならない。在日朝鮮人もその一員である、という得心ですね。ヨーロッパに対して幻想を抱いていたら失望するでしょうけれど、そういうことではない。

「日曜日には鼠を殺せ」という一九六四年のフレッド・ジンネマン監督のアメリカ映画があります。バスク解放運動を背景にした作品です。バスク地方はフランスとスペインのあいだにあるから、同じバスク人でもフランス側とスペイン側の両方にいて、フランコ政権下でのバスクの解放運動がフランス側を拠点にしている。その人たちをモデルにしたとても優れた劇映画で、その中で生じる裏切りの話です。私がまだ若い時に封切られて映画館で見た記憶があります。

私の中では必見の映画の一つで、その経験はバスクのものだけれど在日朝鮮人の経験と瓜二つなんですよ。分断が恣意的に行われて、日本側と朝鮮半島側があって、どちらかを拠点にしてどちらかで闘争することになり、しかもそこに裏切りがある。そういう過酷な現実というものに対して、私はあらためて失望したということはない。というより、本当に失望するほどの経験を私はしていない。ただ、「そうか世界はそうなってるのか」という得心がある。ただ、それがヨーロッパでは文学になり映画になっているということには羨望や憧れを感じます。

そのなかで私のヨーロッパの美術へのこだわり、言葉を用いる表象行為である映画でも文学でもなく美術にこだわったことについては、こういうことを言い添えておきたいと思います。アブデルワハブ・メデブという人物がいます。チュニジア出身のパリ大学の先生だった人です。鵜飼哲さんたちと知り合いで、私は紹介されて、親しくはなれなかったというか、あまり親しくなるようなタイプの人ではないんだけれど、そのメデブ氏が日本に来て立命館大学でワークショップをやりました。私もコメンテーターとして参席し、いろいろな話をしたときに、見えてきたものがありました。

彼はチュニジアの人で、思春期までチュニジアで過ごした。父親はたいへん厳格なイスラーム法学者です。イスラーム世界での美術というのは西洋キリスト教世界とは大きく違う。偶像崇拝が禁じられているから具象的なものを描かないという世界です。息子であるメデブ氏は、チュニジアで通ったリセ（フランス系の高等学校）で初めて西洋美術に出会う。彼はともかくそれに魅了されてしまうわけです。大原美術館での私の経験と似てるかもしれないと思いました。彼はその後いろんな苦労をしながら地中海を南から北に越境して、最後はパリに定住するのだけれど、その過程でイタリアにあるルネサンス期を含むさまざまな宗教美術を見てまわるわけです。ジョットのスクロヴェーニ礼拝堂の壁画とかですね。彼がそのワークショップでさかんに熱弁していましたが、「あのキリスト教図像のなかにイスラーム的なものとかユダヤ的なものがすでにあって、西洋人がそれに気づいてないだけなのだ」と。それがどこまで本当か私にはわからないけれど、ただ彼はキリスト教的なもののなかにイスラーム的なものや自分自身の出自の痕跡を探してるのだなということは分かる。西洋美術との出会い方でいうと、彼が地中海を南から北へ渡ったように、私は日本という場所では普遍的なものに出会えないという気持ちでいたものだから、ユーラシア大陸を東から西へ動いたわけです。

そうやって相対化して見ると、ヨーロッパのキリスト教美術というのは、美術全体のごく限られた一部であって、しかもそこにイデオロギーの痕跡がはっきりと読み取れるわかりやすい世界なのです。あれはキリスト教のプロパガンダですから、何のために描いているのかということがよくわかる。中国やインドや朝鮮のものは私にはもう少しわかりにくい。そういう中で、私はヨーロッパ芸術の中に朝鮮の痕跡を探るのではなく、いわゆるヨーロッパの普遍性のなかに自分や朝鮮も含まれうるのかということを問うている、あるいはその普遍的な言説とか美学の闘争の世界に自分も参与したいという願望とも言えます。なぜ美術なのか。美術は、その世界に触れて、私のようなヨーロッパ語も自由に駆使できない人間が、「そうか、一六世紀のイタリア人はこういうふうに考えていたのだな」という想像を刺激されるメディアであるということです。

その中に「個人」が浮かび上がってきますね。カラヴァッジオは対抗宗教改革のイデオロギーを体現してるように見せながら、実は個人の欲望をそこで主張していたのだなというふうに、個人が見えてきます。それが美術というものが持っている特性だと思うのです。美術で世の中の人の全部が対等にコミュニケーションできるようになるなどと甘いことは考えないけれど、ロゴス的なものがとくに支配的に機能するヨーロッパ世界では、やはり抵抗する者にとって美術は重要なツールなのです。でも、私は初めからそういうふうに考えたからヨーロッパに行ったのではなくて、ヨーロッパに行きながらそういうことをだんだん考えてきたということです。

こういうふうに言っていると、時には、「あなたは美術に慰められたのですね、癒されたのですね」

という回路に導かれて納得されてしまいがちですが、そういうことではありません。美術の世界には、目を背けたいほど残酷なものとか過酷な想像が充満している。それでも、それを知らないより知ったほうがいい。そのことを私は「地下室の窓」と表現してきました。地下室の窓は、そこから逃げ出すことができない高いところにある。だけどその窓があるとないとでは違う。この世界には外部がある。外にはちがう空間がある。そこには風が吹いているとか陽が照っている、そういうことがわかる。その窓があるかないかで生きるか死ぬかが決まってくる。アウシュヴィッツの地下牢とか立ち牢とかは物凄く過酷なところで、そうした窓がなく、外部がないのですよ。手の届かない上の方にでも小さな窓があると違う。そういう役割が美術にはあると思っています。

難民とディアスポラをめぐって

──西洋へのご関心は、その最初からユダヤ人をはじめとする民族的マイノリティや迫害・暴力を受けた受苦者へのご関心と密接に結びついていたと思います。『過ぎ去らない人々──難民の世紀の墓碑銘』（影書房、二〇〇一年）や『半難民の位置から──戦後責任論争と在日朝鮮人』（影書房、二〇〇二年）では、「難民」という言葉を明確にテーマ化されています。他方で、『ディアスポラ紀行──追放された者のまなざし』（岩波書店、二〇〇五年）や『フクシマを歩いて──ディアスポラの眼から』（毎日新聞社、二〇一二年）では、「ディアスポラ」という用語を積極的に使われていたり、あるいは『越境画廊──私の朝鮮美術巡礼』（論創社、二〇一五年）もまたディアスポラ・アート論と言えますが、「難民」から「ディアスポラ」へ、言葉の使い方に意識的な変化はあるのでしょうか？　あるとすれば、どのようなきっかけがそこにあったのでしょうか。また対象も西洋、ユダヤ人から、アジアや中東の出自のアーティストに対象が広がっていったように思いますが、そのことも関係するのでしょうか？

実は、これは未解決な課題であり、私自身が批判に晒されていることでもあります。少し歴史的な経緯を振り返ると、私はたとえば一九九四年のこの『「民族」を読む』では「ディアスポラ」という言葉を使っていません。当時は私自身がまだその言葉に馴染んでなかった。これは九〇年代後半に日本で流通した言葉ですね。そこにはもちろん両義性があって、在日朝鮮人の中から、あるいは韓国でも私に向けられる批判の要諦は、基本は日本との関係の中で植民地支配とどう闘うか、民族の統一をどう成し遂げるかっていう課題であるのに、「ディアスポラ」というような普遍的なというか一般的な概念に移し変えてしまうと、実践的な焦点がボケてしまう、というような批判です。あるいは「徐京植は兄弟が政治犯であるように、もっとオーソドックスな民族解放論者だったはずなのに、流行のポストモダン的概念に身を移すのか」というような批判が、韓国でもあります。

一方、『ディアスポラ紀行』は、韓国で翻訳され、私自身の期待を大きく上回って読まれている。若い世代、四〇歳くらいまでの人たちが読んで、共感し支持してくれているということがあります。上の世代が「民族」という語彙を主語とする民族主義的言説で語って来たのに比して、新鮮な感じを与えてくれた、息苦しい感じが解けたという反応があります。この本の読者と韓国で出会う機会が多いのですけれど、アンビヴァレントなことに、三〇歳とかそれより年下の女性で、とても韓国社会で生き辛く、たとえばタバコを吸ってるのを見られたら知らないアジョシ（おじさん）がどなりつけて来て、場合によってはぶん殴られることもあるというようなことがある、日本に行って成田空港に降りて女性がタバコを吸ってる姿を見るとホッとする、そういう感覚をもつ人たちがこの本の支持者のなかにいるわけです。ほかにもたとえば性的少数者とか、ですね。つまり今までの民族主義的言説の枠の中ではいつも後景に退いてるっていうか、あまり焦点が当たらなかった人たちが、私の本はそういうところにも目が届いてると思ってくれてるようなんですね。

この本には、たとえばミヒ＝ナタリー・ルモワンヌさんっていう国際養子として赤ん坊のときにベルギーに送られてディアスポラになった女性の話と、光州の民主化闘争の弾圧の話と両方書いてあるんです。それもただ並列してるんじゃなくて、できるだけ内在的に繋げるように書いてある。私があえてそういうふうにしたのです。これまでは、その一方を論じる人たちはもう一方を論じる手がかりがなかった。だからディアスポラっていう言葉を与えられると、自分自身が抱えてる問題がもう少し広い視野で見えてくるという効果はあったのかなと、思います。つまり、荒っぽく言ってしまうと、階級解放や民族解放の論理や心情と、少数者解放のそれとを大きく包み込むような構図を描きたいということですね。

私自身も含めて在日朝鮮人は、理由のある話ですけれど、民族言説の世界にいるわけですよね。民族的主体性を持てるのかどうか、それをどうやって打ち立てるのかという課題意識にずっと貫かれてきたわけです。私も若いときからそうでした。

「主体性」という言葉が在日朝鮮人の間で盛んに用いられたのは一九六〇年前後からでした。今にして思えば、それは世界的な問題とつながっていて、世界で民族独立運動や民族解放運動が大きな潮流であった時代です。朝鮮に関しては、朝鮮戦争が停戦となって、朝鮮民主主義人民共和国がある意味で第三世界の中の有力な指導的主体の一つとして浮き上がってきた、在日朝鮮人たちも帰国する人たちが出てきたという時代の「民族的主体性」論です。日本の中でこのまま埋没するのではなく、民族的主体性を持とう、そのためには祖国と一体化することだと叫ばれていた時代です。そういう時代、私はまだ子どもだったけれど、私より少し年長の人たちは実際に北へ帰るのか、帰らないまでもその思想を実践するのかが問われた。そこから見ると、ディアスポラ言説は国家の樹立という思想とは馴染まないわけです。国家がないという状態は不自由・不便かもしれないけど、その中で国家に囚われない人間らしい生を探ろうという発想ですからね。もちろん、私自身は、そこから、うまくいけば国家の否定、国家の廃絶に向かう展望を開けはしないかと考えているのですが、そういう民族主体性論の人たちからすると、私が「ディアスポラ」を云々することは不可解なこと、時流への妥協と見えたのかもしれません。

一九九〇年代半ばから日本社会でディアスポラという言葉が、かなり普及したとまでは言えないけれど、主にアカデミズムの一隅で普及しました。その時に私は二重の感情を味わいました。一方では、ディアスポラという言葉で語られてるパレスチナ人など、あるいはヨーロッパ・ユダヤ人とか、そういう人たちに対する私の共感、それは今までは「国際連帯」という言葉で表されていたわけですけれど、ディアスポラという言葉で表すと、国際という国と国、国民と国民という主体同士が連帯するという話ではなく、もうちょっと感情に内在したような、あの人たちともっと繋がれるかもしれないっていう感覚があるのです。たとえば私は、アウシュヴィッツの生存者であるユダヤ系イタリア人作家、プリーモ・レーヴィ（一九一九～八七年）にも共感を覚えてきましたが、この感情は朝鮮民族とイタリア民族（これは奇妙な表現ですね）との連帯では説明できないし、朝鮮（ないし韓国）という国とイタリアという国との国際連帯でもない。それを深く捉え、表現するための概念として、「ディアスポラ」を使い始めました。

他方、日本では「ディアスポラ」という用語は九〇年代にある意味で流行しましたが、それはアカデミズムの一隅での話でしてね。もしそれが国家や社会を一つの抑圧的な組織と考えて、そこから自由でありたいという思いから出てきたのであれば十分に理解できるまっとうな欲求なんだけれど、この用語を好んで使っているその人たちは、自らが身を置いている日本社会そのものを問題にしているのだろうかという大きな疑問がありましたね。この人たちにとって最も身近にいるディアスポラは在日朝鮮人であるのに、そして、そこには日本そのものの植民地支配責任が解決されないまま残されているのに、そのことがわかっているのだろうかと。

「エグザイル」なんて名前のポップグループが皇室の行事に呼ばれて歌い踊るようなことに無批判な日本社会では、ディアスポラということも多くの人たちにとって他人事であって、自己批判的ではないということです。だから私は、先ほど言ったようなより広い視野をもたらす新しい視点という肯定的な意味でディアスポラという言葉を使いつつ、同時に、いま言ったような落とし穴に落ちないことが必要だということにいつも気をつけてきたつもりです。

「ポストモダン」との関係で言うと、一九九〇年代になってすぐに冷戦構造が崩壊した後、先ほど名前をあげた白楽晴さんが、「先進諸国のはぐらかし」ということを言いました。彼は、私たち朝鮮民族は「先進国を模倣してその後を追うのではなく」「第三世界人的自己認識」を確固とすべきだと強調しつつ、自分たちはかつて先進国（帝国主義国）によって民族独立や国家独立という目標を奪われただけではなく、いまそれを目指して闘っているときに、「民族」という概念自体が過去のものであるとか抑圧的なものだということを勝手に先進国のポストモダン知識人たちが言い始め、それが流行になっている。それは要するに「はぐらかし」なのだ、と。私なりに要約すると、白楽晴さんはそう言っているわけです。

私たちへの問いとして重要なことは、これを（民族かディアスポラかの）二者択一的にどちらが正しいかを決めろということではなくて、そういう世界全体の変容とともに言説も変容しており、変容した議論を今日の視点でどのようにもう一度再構成するかが問われているということではないかと私は思っています。私も無力ながらその言説の戦線に参与したかったので、不慣れな言葉も使って書きました。朝鮮民族に限っていうと、海外離散者を中心とするコリアン・ディアスポラを視野の外においていては「民族主体性」を論じることもできないであろうと思います。

振り返って今の日本を見ると、あの九〇年代の議論全体は何だったんだろうと思わざるをえません。私はその時、「天皇制とはプレモダンとポストモダンの結託だ、癒着だ」と言いました。天皇制は近代以前のものだが、民主制を超えたものだ、ということを都合よく言ってしまうと、それは近代以降の天皇制の責任、日本国家の責任を無化する「はぐらかし」にしかならない。しかし、まさに今、天皇制を問題にする日本人はますます少なくなっており、たとえばリベラル派の論客として知られる内田樹氏は、自分は「立憲デモクラシーと天皇制は両立しない」と考えていた時期があったが、いまでは「天皇主義者に変わった」と宣言しました（『朝日新聞』二〇一七年六月二〇日）。国家には「政治指導者などの世俗的中心」とは別に、天皇のような「超越的で霊的な」中心がある方がよい、と公言しています。それに、ほとんど誰も異を唱えないようになってしまいましたね。言うまでもなくこの議論は、第一に、フランス革命を経て人類社会が積み上げてきた普遍的価値に対する破壊行為であり、第二に、天皇制によって犠牲を強いられた人々（とくにアジアの戦争被害者）の視点をまったく欠いた、「他者不在」の修辞です。

このような意味において、日本はポストモダンがプレモダン（天皇制）を超えることができなかったというか、プレモダンがモダンも経由しないままポストモダンの姿を借りて延命していると感じます。

「ポストコロニアル」という言葉については、その時代が過ぎ去ったというわけではないということを明確にしておきたいですね。いまもコロニアルなものは生きている、形を変えてむしろ蔓延している、ポストコロニアルっていう現象そのものは決して終わってない、そう私は思っています。ただその現実を「ポストコロニアル」という言葉で概念定義することが良いかどうか、有効かどうかは別のことです。現在起きている現象をそのような次々に変わる知的なモードにはしないほうがいい。だから私は日本の問題は天皇制と植民地主義だと分かりやすく話をしているつもりです。

戦後日本の普遍主義への問い

——徐さんが評論活動を展開された一九八〇年代以降は、思想界ではポストモダンが席捲する状況がありました。それに対して徐さんは、サイードなどに言及されるものの、おおむね一定の距離をとってきたように思われます。むしろ「新しい普遍性」に関する問題提起をされています。このような批評のスタンスを取ろうと考えた背景について、具体的なきっかけをまじえて、あらためてお話ください。その際、日本の「戦後民主主義」が懐《いだ》いていた普遍主義への志向に対して、徐さんのなかでどのように評価が変わったのかを、これも具体的なきっかけを含めてお話くださ い。

私は一九九七年の歴史学研究会の全体会で報告するように依頼されました。「近代日本における〝マイノリティ〟」というテーマでした。鹿野政直さんと西川祐子さんと私の三人が、沖縄と女性と在日ということで報告者になったのです。

ひじょうに驚いたことに、報告準備の過程で、ある人から「あなたの言ってることは古い。いつまで国家などにこだわってるのか」と言われましたね(苦笑)。「ポストモダン」というものがそういうことだとしたら、私は抵抗しなければならないと考え、警戒心を強くしてそうした研究者の世界と接してきたわけです。端的に言うと、その世界は植民地主義批判とポストモダンということが、まったく両立してない言説世界なのです。しかも自国の植民地主義というものに対する批判が欠けている。さすがに沖縄を問題にするとそれを回避することができないから、議論の端緒というか共有点はあるけれど、そのような植民地主義批判言説の人たちも日本の中では少数化・周辺化されているんだろうと思います。ですから、そういう場に私を呼んで報告せよというのはどういう意図なのだろうかと疑問に思いつつ、だけどこの依頼は断るべきではない、そこに身を晒して問題提起をしなければならないと自分に命じました。

日本でポストモダンということを問題にしようとしたら、日本という国がどういうモダンをつくってきて、それをどういうふうに変えていこうとするのかという課題意識と不可分なはずですよね。西洋で流行っているとか、「民族」という概念はすでに古いとか、そういう話ではない。「抵抗の民族主義も民族主義だ」という批判的言い方が、ちょっと流行していました。今ではもう流行を超えて定着しちゃっているかもしれないけれど、「抵抗の民族主義」をそういうふうに話題にするということは「抵抗」を無化しているのであって、「民族主義」を批判的に克服することには役立っていない、というのが私の考えです。「民族」という用語や概念を忌避しさえすれば民族主義が超えられるわけではないからです。人々を「民族」へと結集させる植民地主義の構造的な力を克服しなければ、「民族主義」も超えられないのではないでしょうか。

これは日本の知識界に固有の問題なのか、もっと幅広い歴史的・社会的な問題なのか、そこは難しいけれど、やはりいつも私が感じてきた壁です。その後私は研究留学の機会を得て、二〇〇六年から二年間韓国に滞在しました。その機会に韓国の進歩的哲学者である金相奉《キムサンボン》さんと長い対談をやり、それは韓国で『マンナム（出会い）』（二〇〇七年）という本になっています。金相奉さんはカント、ヘーゲルを学んだオーソドックスな哲学者ですよ。それでドイツにたしか八年ぐらい留学されて、韓国では「街路の哲学者」と呼ばれているような人です。つまり、いつでもデモや集会の先頭にいて、活動家としても尊敬を集めている人なのです。その金さんに、私が今述べたような日本の知識界で感じるフラストレーションについて話すと、話がうまく通じなかった。ただし日本でと同じような意味で通じなかったわけではない。たとえばエドワード・サイードについての理解が食い違う。韓国の進歩派知識人の多くは反イスラエルですが、私の感じでは、少なくとも当時は、反イスラエルと反ユダヤとの区別があまりついてない点がありました。

もちろんそのような面だけではなくて、学ぶべきことはいっぱいあるのです。韓国の労働現場の話とかね。労働者の権利回復のために抗議の焼身自殺をした全泰壱《チョンテイル》さんという人の話とか。軍事独裁時代からのそういう闘争の粘り強い積み重ねが、韓国の民主化の根底にあったことを、今更のように学びました。それは日本にいた私には距離感のあったことです。そこでも同じように「得心」ですよね。日本とは裏腹だけれど、世界はそうなってるんだ、と。

だから言説を中心に、言説にのみ依拠して、「あなたはポストモダンが分かってない」とか、逆に「ポストモダンから見てあなたの言説は古くて近代主義的だ」というようなレッテル貼りに終始しても、議論の深化にはなんの役にも立たないということを痛感しました。韓国の金相奉さんとの場合は、忍耐強く対話しているうちにいろいろな点で話が分かり合えるようになってきました。私にとって、重要な学びの機会でした。しかし、日本の場合は、一つの傾向として、もうその話は過ぎたと片付けられてしまうことになる。日本が天皇制であり植民地主義の国であるという現実は少しも過ぎ去ってないのにね。これはやはりきわめて特殊日本的な問題なのだろうと思います。

先ほど、ヨーロッパは我々にとっての出来上がったモデルではなくて「窓」であるといったように、日本は歪んではいるけれど、私たち朝鮮民族にとって近代に向かって開いた「窓」だった。全体的な構図を見ても、朝鮮は他ならぬ日本によって植民地化されたわけだけれど、いわゆる近代的な思潮とか技術とかはやはり日本経由で入ってくるわけです。だからその日本という通路を批判することと、入ってくるものを批判することとは別なのです。それは、美術の世界でも同じですね。相手（ここでは日本）を対象化しながら、それに対する構えを持つことが求められているわけです。

これは、場合によって妥協的な言説のようにとられかねないのだけれども、イギリスでインカ・ショニバレと対話した時、彼は自分はもうアフリカに回帰することはできないし、そうするつもりもない、自分はイギリスでこういうふうに生きてる、それが自分なのだから、という話をしていました。それは彼が既成事実に屈服しているという意味ではないと私は思う。私・徐京植がここでこのように生きるということと、朝鮮の民族解放という自分の課題を放棄することとはまったく違うということです。私たちはどこにいようと、すでにして「朝鮮民族」の一員であり、そうである限り、朝鮮の民族解放という課題とは無縁ではあり得ないのです。

日本の戦後民主主義には、あらためて考えても普遍主義というのはそれほど強固に内在していたわけではないですね。渡辺一夫（フランス文学者、一九〇一〜七五年）が終戦わずか三年後の一九四八年に書いた『狂気について』で、普遍的精神は早くも元の「野蛮」「機械的な反復」の世界に戻るのか、と書いているように、残念ながら浅薄な一時的流行のようなものだった。その後、現在まで七〇年あまりの歴史を見ても、普遍的精神が根付いてきたとはとても言えないですね。

その中の圧倒的少数者としての「戦後知識人」、たとえば藤田省三や日高六郎（社会学者、一九一七〜二〇一八年）などは、その現実を身に受けとめて日本社会を変革しようと、孤独な奮闘をした人たちです。私は幸い、直接そういう少数の尊敬すべき人たちの謦咳に接することができましたが、それだけに余計に、日本の戦後民主主義に普遍的精神が深く内在していたとは思わないのです。

「戦後知識人」の一人、石母田正さん（日本史家、一九一二〜八六年）が出版社の小さな冊子にエッセイを時々載せておられて、その中の一つに「戦後日本の知識人たちは頭ばっかりあって胴体がない」と書かれたことがありました。歴史学者の大門正克さんとも私は一時期いろいろな議論をしたことがあって、この件も話題の一つでした。いま思えば、石母田さんは言葉が足りなくて、「胴体」とは何かという疑問が残ることになる。だけれど、この、こなれない比喩によって、借り物でない切実な思念を表そうとされたことは確かでしょう。石母田さんの『歴史と民族の発見』（一九五二年）は簡単に言ってしまうと、変革の主体が形成される源泉を民衆闘争の歴史の中に「発見」しようとする問題提起ですね。この論考では、在日朝鮮人詩人・許南麒《ホナムギ》（一九一八〜八八年）の叙事詩「火縄銃のうた」を持ってきて論じています。在日朝鮮人にとって石母田さんはたいへんに重要な人であり、『歴史と民族の発見』は私たち在日朝鮮人にとってはある時期まで必読書でした。

その上で、難しい問題であることを承知で言いますが、石母田さんの発想の中にも、日本知識人がアジア被抑圧民族の視点を借りて自己を肯定しようとする心理的回路が潜んではいないかと、私は疑問に思っているわけです。だから石母田さんに対する評価とは別のこととして、あれを日本そのものの中に「発見」することはできなかったのだろうか、日本の民衆闘争の歴史からそういう源泉を探るということができなかったのだろうか、と思います。それは現在でも取り組まれていることですけれど、日本知識人の中では、一方では「それはできない」という諦めというか、暗黙の合意があるような気がします。逆に「それはできる」と確信をもって言う人は民俗研究の方に行ったり、国粋主義みたいになったりして、複雑なのですけれども。この難問を解く力は、私にはありません。ただかりに示唆することができるとすれば、一つは借り物のテクニカルタームに当てはめてことたれりとするような姿勢を克服して、実践に照らして、他者（この場合はアジアの被害者たち）との絶えざる批判・反批判の経験を積み重ねること。そのことによって、自前の思想、自前の論理を鍛えるべきであろう、ということです。

戦後知識人との交流

――徐さんは美術論・美術批評を継続される傍らで、たくさん政治や歴史に関わる批評も数多く書かれていますが、そうした中で、戦後日本を代表する知識人たちと交流や議論を重ねて深められました。本学でも21世紀教養プログラムの発足に当たっては加藤周一氏が招かれ、その記録が『教養の再生のために――危機の時代の想像力』（影書房、二〇〇五年）にまとめられました。安江良介氏や日高六郎氏との親交がありました。藤田省三氏とも長い親交がありました。花崎皋平氏らとは複雑な論争もありました。その辺りが『日本リベラル派の頽落』（高文研、二〇一七年）に収録されています。戦後知識人とくくられる日本の知識人との交流は総じて徐さんにとってどのようなものだったと言えるでしょうか？

私が日本の「戦後知識人」という括りで語ったり書いたりし始めたのはここ四、五年ぐらいのことです。たとえば韓国で、加藤周一さん（評論家、一九一九〜二〇〇八年）の『言葉と戦車を見すえて』（筑摩書房〈ちくま学芸文庫〉、二〇〇九年）の翻訳本が出たときに、その解題を書いてほしいという依頼があって、日本の戦後知識人とは一体何かということを改めて考えました。それから韓国で韓国日本学会総会（二〇一七年）の基調講演を依頼されて、そこでは「あいまいな日本と私」という、大江健三郎のノーベル賞受賞講演「あいまいな日本の私」（一九九四年）をもじったようなタイトルで、この日本のあいまいさというものが何に起因するのかという話をしました。それ以前からも、私は日本の「リベラル派」の人たちを批判してきました。誰にもわかる右派や極右派を批判することは当然だけれど、私の言うところの「リベラル派」に対する批判です。しかしそれについて、「要するに彼は反日だから」とか、あるいは「それらの知識人一人一人はとてもいい人なのにそれがわからないのか」とか、そういう薄っぺらいレベルの反発がこの日本社会からも、また在日朝鮮人社会の一部からもありました。だからこれはやはり正面から問題化しなければならないという気持ちになり、『日本リベラル派の頽落』という仕事をしたのです。

私が今から述べる人たちは、日本の戦後知識人の中でも少数派です。私のような人間がなぜその人たちと知り合ったか。とくに私が取り上げるのは自分自身が謦咳に触れた人たちに限られてきます。それはやはり兄たちの事件があったからです。そのときに私に対して援助の手を差し伸べてくれた方々が結構いました。署名とかカンパとかだけではなく、もっと個人的に一人の人間として私や私の家族に近づいてきてくださって親交関係を結んだような人たちです。

ちょっと心理的なことを説明をすると、私は在日朝鮮人であり、しかも在日朝鮮人としても孤立した存在ですね。つまり、日本には大きく民団系と総連系という二つの在日朝鮮人の団体がありますが、私はそのどちらでもない。国籍は大韓民国ですけれど、大韓民国は私の家族を弾圧している国家です。その傘下団体である民団は韓国の国家政策に追随する立場ですから、そこに行って支援を求めたり理解を求めたりするのは難しい。それから朝鮮民主主義人民共和国の側を支持する総連については、これは一つの証言として言っておきますが、いわば「政治利用」のような面がある。こちらは韓国の監獄に兄たちがいて、母親がそこに訪問して面会しているのですから、総連系の運動と表立って結びつくことは兄たちにも何か悪い影響があるのではないかと心配しました。そのため距離を保ちましたが、このような「距離感」は、広く言えば日本における党派的な運動体に対しても私は持っていましたね。

さて、そういう時代に、今から名前を挙げるような人たちは、むしろ個人的な動機から私たちに連絡を取って近づいてこられました。私自身は若かったし、政治情勢も深刻だったので、とても警戒心が強く、かつ、人に言わせると小心者で、誰かが近づいてきても容易には心を開かない人間でしたが、そんな私の心が開いた人たちです。党派とか政治的立場ということではなく、それぞれ独立的な個人です。古在由重、日高六郎、安江良介、茨木のり子（詩人、一九二六〜二〇〇六年）といった人たち、それから藤田省三の名前は当然入れなければいけないけれども、藤田先生については別に話したいと思います。

最初に古在由重先生についてですが、この方は私にとっては有名すぎる偉い先生なのですが、私の母にごく気軽に電話をくださって、「今度京都行くんだけれど、どうですか。お会いしましょう!」という感じで大きな声で話してくださる。向こうは哲学者で、うちの母は民衆だけれど、でも全然分け隔てがない。母も、「古在さんや! 古在さんから電話あった!」と、子どものように言う。しかし、この古在さんと私たちへの関わりには考察に値する歴史的背景があると思います。まず古在さん自身が治安維持法による弾圧の被害者です。投獄された朝鮮人と拘置所の同房で過ごしたということを、丸山眞男さんとの対談などでも具体的に話しておられる。同じ取り調べを受けても朝鮮人は自分たちの三倍も四倍も酷い目にあっていたということを話しておられます。そういうご経験がある。

それから戦争の末期に古在先生の弟さんが南方で戦死するわけですが、それ以前から弟が戦死するんじゃないかという悪い予感に襲われていて、それでも「勇気凛々と生きねばならぬ」という古在先生らしい表現が『戦中日記』に出てきます。その日記の記述に、崔奏天《チエジユチヨン》という朝鮮人と同房になって、「その烈々たる民族意識にひじょうに感銘を受けた」と書いてあります。「烈々たる民族意識」というものに注目し感銘を受けるような日本の知識人は、今はあまりいませんね。民族意識というものは知識人から見ればネガティヴな、あるいは後進的なものとして片付けられがちですから。しかし朝鮮の独立運動と解放運動には、共産主義者によるものも民族主義者によるものもあったわけで、何々主義者だからいいとか悪いとかということではなく、その人間の内面というか人間性に着目して、それに対して敬意を払っていることを、後の時代からではなく同時代に書き留められています。簡単に言うと偏見のない人ということです。

それから古在先生は、ゾルゲ事件の尾崎秀実《おざきほつみ》の救援活動も、何とか死刑を免れさせるために一生懸命やっておられた。これもその当時の尾崎の友人や家族の手記などに出てきます。尾崎秀実は残念ながら処刑されてしまいましたけれども、そういうご経験が私の兄の事件に反映しているということだと思います。

この主題からはちょっと逸脱するかもしれないけれど、古在さんは戦後、日本共産党に復帰されて、共産党の中では国際平和運動の分野、とくに反核運動の分野でずいぶんと努力なさいました。ところが日本の原水爆禁止運動が社会党系と共産党系で対立しますね、原水協と原水禁とに別れて。古在先生は共産党ですから原水協の側にいたのですが、その対立を超えて原水爆反対運動を統一するために尽力されたのです。実はそのために晩年になって共産党を除名されました。

ちょうど兄の徐勝が釈放された後で、私は徐勝と一緒にアメリカの救援運動関係者への報告ツアーをしていた最中に、古在先生が亡くなったという連絡を受けました。九段会館での追悼の集い（一九九〇年九月一四日）にアメリカから駆けつけて、私も追悼の辞を述べました（「勇気凛々の人――古在由重先生を送る」『分断を生きる』影書房、一九九七年、所収）。その追悼会に集まった人たちを中心に新しい政治的運動を作ろうというようなことが一時期語り合われました。古在先生は社共の対立を止揚する立場にいたわけだし、個人的に彼を尊敬していた人も多いですから。藤田省三先生も、その一人でした。それぐらい戦後の日本の左翼運動の中の重要な存在だったということなのですが、でもご本人は全然そういう感じの人ではなかった。難しい話は何もしないし、苦労話とか手柄話もまったくしない。むしろ「何のために来られたのかな？」と思ってしまうくらいで、わが家で母とお茶を飲んで帰っていくだけのこともあって、それはうちの家族とくに母や妹にもありがたい存在でした。私たちの方も鷺宮（東京都中野区）のお宅によく伺いました。古在先生のような存在がいたのだということをきちんと言っておかなければならないと思っています。

もう一つ加えておくべき重要なエピソードは、徐俊植が韓国で非常に激しい拷問を受けていた時期、一九七四年五月三日に西村関一さん（一九〇〇〜七九年）という参議院議員が韓国の監獄まで面会に行ってくれて、そこで兄が自分が受けている拷問について暴露したことがあります。これは偶然にあったことではない。数ヶ月前から、私たちは拷問のことを兄と面会した母を通じて聞いてたのです。しかも兄個人に対してだけでなくて、その時点で朝鮮戦争からおよそ二〇年を経て、その間ずっと非転向のまま獄中にとどまってる人間たちを一掃しようと朴正熙政権は考えた。「一掃する」ということは、全員転向させるか、そうでなかったらその人たちを抹殺してもいい、ということです。転向工作専担班というプロジェクトチームを作って、そういう政策的目的に基づいて、刑務所にいる非転向政治犯、いわゆる彼らから見れば「アカ」を集中的に数ヶ月間攻撃し続けたのです。そのピークの時期でした。

だから私の兄も自分が苦しいから助けてほしいということはもちろんあっただろうけれど、それだけではなく、転向強要のための拷問政策を何とか阻止しなければならないということを、母親を通じて伝えてきたわけです。それを知った私たちは、どうしたらいいか分かりませんから、非常に困りましたね。それをそのまま暴露して「拷問やめろ」と叫ぶと、その段階で私の兄の安全についてはもっと危険になるとか、あるいは母や家族が誰も面会できなくなり一切の情報が伝わらなくなる、という懸念があったからです。どうにかできないかということを非常に悩み、そのことを周りの人たちと相談しました。その相談の過程で、「名前の通った日本人に何とか面会をしてもらおう。そしてその人たちの証言として日本で記者会見をすれば効果があるのではないか」ということで、いろいろな方々に韓国に行って面会してくれないかと頼んだのです。だけど、多くの人はやはり躊躇しました。それに対して私には批判的な気持ちはありません。彼らから見れば、そんな重責が担えるだろうかという気持ちがあったのでしょう。それから私にはよくわからない日本の内部での政治的な配慮があったのでしょう。

ところが、たった一人、「私が行きます！」と、あっさり言われたのが古在先生でした。古在先生は共産党員だから、正直言って逆効果じゃないのかと心配しました。ご老齢ということも気がかりでした。古在先生自身は行く気満々でしたが、当時の日本共産党は、党の所属者が韓国に行くことを許可しなかったので、実現しませんでした。だけど古在先生の偉いところは、「無理だ」と言って終わるのではなく、何とかしようということで、いろいろな人たちに働きかけてくださって、その働きかけの対象が西村関一さんだったのですね。

西村さんは社会党の参議院議員でキリスト教の牧師さんでした。古在さんは、立場が違う西村さんとどうして親しかったのか。ベトナム反戦の国際運動で、ローマで行われた国際会議に、日本から二人とも参加して肝胆相照らした。西村さんはすでに亡くなっていますが立派な人でしたね。キリスト教議員連盟とかいう団体の指導的な立場で、牧師だけれど任侠系のような人です（笑）。実際、清水次郎長に縁のある侠客の家系だと伺いました。西村さんが「じゃあ自分が行こう」と承諾してくれて、そういう事情を知らない韓国政府がキリスト教の牧師だから大丈夫だろうということで招待した。それで当時の金鍾泌《キムジョンピル》首相と晩餐会かなにかで会った機会に、その場でズバリと、「光州矯導所にいる徐俊植君は、日本にも知人がいてみんなが心配している。私が顔を見て慰問したいので、お願いする」と言ったら、金鍾泌が事情をよく知らなかったのか「ああいいですよ」と、取り計らってあげろと部下に命じたわけです。

それで西村さんが面会できたのですが、その場で、うちの兄は洗いざらい、自分を含む政治犯がどういう目に遭っているか話したのです。兄も当然命がけでやったことです。西村さんは日本に帰ってこられて、議員会館で記者会見をしてそれを公表されたんです。もちろんその報復として兄はさらにひどい目に遭いましたが、ただ後から聞くと、やはりそれをピークに拷問はだんだんと弱まっていったそうです。

この事件について救援運動の歴史という観点から正確に話すべきことはさておきますが、古在由重さんのすごいところは、党派を超えて自分個人として、相手が社会党の人であろうと分け隔てなく、率直に語り掛ける、そういう人だったということです。その後、共産党から除名されてしまいますが、一切それについて個人的な恨みごとは言わずに亡くなりました。亡くなった時には、その古在先生を一つの手がかりにもう一度日本の左翼運動を立ち直らせようという人たちも少なからずいた。その企ては実りませんでしたけれども。

古在先生が左翼運動に戦前関係を持った契機は、ご自身も書いておられることですが、若い頃、東京女子大学で哲学の講師でおられたんですね。当時はマルクス主義哲学じゃなくて、カント哲学などをやってらしたんだけれど、当時治安維持法犠牲者・被害者を救援するための「赤色救援会（モップル）」という団体がありました。ある時、先生のところに東京女子大学の学生が訪ねてきて、「自分たちは実はモップルの活動をしているのですが協力してください」と頼んできたと。一般的には迷惑な話ですよね。でも古在先生は「ちょっと考えさせてほしい」と答え、一晩考えたけれども「断る理由がない」と、翌日その学生に会って、そう言って引き受けたのです。断る理由がないというのはなんとなく曖昧な言葉のように聞こえるけれど、そうではなくて、古在さんは哲学者として論理的に断る理由の有無を厳密に吟味して、結論として、やるしかないというふうに考える人なんですね。実践運動との最初の関わりがそもそも赤色救援会だったということもあるので、それから遥かに三〇年以上の時間が経った私の兄の事件にも、そういう実践的関心の経験が現れたのだと思います。

次は安江良介さんのお話をします。安江さんは、社会党系の美濃部亮吉都政の時に岩波書店から出向して美濃部知事の特別秘書を務めていました。当時の美濃部革新都政に、岩波書店は協力をしていたということです。その中でも美濃部さんが指名して特別秘書を務めるくらい安江さんは有能な人だった。この人はもちろん共産主義者というタイプではありません。本人は否定するかもしれないけれど、どちらかというとナショナリスト的な人でした。その彼が特別秘書の任期が終わって岩波書店に復帰し、雑誌『世界』の編集長になった。その時にちょうど私と知り合ったのです。私の方から『世界』で、兄たちの救援に役立つ記事を載せてもらえないかとお願いに行ったわけですね。

ちょうどその時『世界』はT・K生の「韓国からの通信」を連載していて、韓国の民主化運動に連帯していた時期です。いろいろな話をしましたが、安江さんは編集者と原稿持ち込んできた人間とか、一知識人と一在日朝鮮人というような立場を超えて、親身に話を聞いてくださった。しかも上から目線じゃないんですよ。そう見られがちな人でしたが、私に対しても私の母に対しても必ず敬語でお話になる。兄たちの獄中書簡を出版したいと相談し原稿を見てもらったところ、「やりましょう」ということになって、『世界』に何回か連載した後に岩波新書（『徐兄弟　獄中からの手紙』）になりました。初版だけでも四万部も出ました。当時の岩波新書としては別に驚くような数字ではなく、数十万売れるのも珍しくない時代でしたが、でも私から見れば、やはり兄たちの獄中書簡集が四万部も出て、そして今でも「むかし読んだことがある」という人たちにあちこちで会いますからね。そういう出来事だったわけです。こういう本を出すことについて当然、いま考えると、売れないんじゃないかという懸念がありますね。だけど尾崎秀実の『愛情はふる星のごとく』という獄中書簡は一〇〇万部ぐらい売れた。だから日本社会全体としては、そういうものに対する感度が当時はまだあったのです。

出版社が二の足を踏むとすれば、こういうものを出すことによって、韓国とか北朝鮮との関係はどうなるのかという配慮は当然ある。現在の編集者なら心配するようなことがたくさんある。安江さんも多分そういう配慮をするでしょうけれど、すごく実践家でもあって「それでもやろう」と決断された。

ちょっと余談になりますが、安江さんは、一方では河野洋平とか自民党の政治家とも関係を築いて、その人たちのもっともポジティヴな部分を引き出そうとし、『世界』でもインタビュー記事を載せたりしますけれど、他方では共和国の金日成《キムイルソン》主席にインタビューしたりという、そういう幅の広さの中で行動した人です。「ナショナリスト」という形容は安江さんにふさわしいかどうか、わかりません。とくに現在ではナショナリズムはネガティヴにしか取られないかもしれないけれど、当時はたとえばインドネシアのバンドンで開かれたアジア・アフリカ会議とか、あるいはアジアのナショナリズム運動というものに対するリスペクトと共感が日本社会の中にあった。対アジア侵略戦争に敗北した日本が本当の意味で過去を克服して立ち直るためにも、そういうものを安江さんはやはり重視している、そう私は思いました。

安江さんは、うちの母がもう助からない癌で京都の病院で闘病している時、母にとっては苛酷だったかもしれないけれど、生きている間にできるだけいろいろな人に会って、母の思いを話してもらって、できればそれを記事にしてもらおうと私は考えたのです。実際、いくつか新聞記事になったのですが、安江さんもその時に京都までわざわざ私の母に会いに来てくださって、病室でにこやかに母と小一時間話していかれました。そういう人たちは、古在さんとも共通してるけれど、やはり全然上から目線じゃなくて、親戚の人が来てくれた感じでしたね。

だけどそこで極めて厳しいこともおっしゃってね。それが一九八〇年五月の光州事件の寸前でしたが、「韓国では軍事政権がクーデタをやるようだ。まだ苦労しなきゃならない。だけどこれは長く続かないでしょう」という話を母にされました。そういった情報は、私にも安江さんにも入ってきていたのだけど、私の方がむしろ上から目線で「今は母にそんな話をしないでほしい」などと思うのだけれど、安江さんは、病床でいま死んでいこうとしている朝鮮人女性に対してであろうと、自分の思っていることを端的な言葉で伝えるのです。ある種のジャーナリズム根性というのかな。私は安江さんへの追悼文（「鮮やかな日本人——安江良介氏を悼む」『半難民の位置から』所収）にそのことを書いたことがあります。

安江さんは野球に例えると絶体絶命のピンチのときのキャッチャーみたいな人だと思います。キャッチャーは、ピンチでも冷静に計算して、「これはどうも一点取られるな、負けるな」ということを誰よりも早く分析しなきゃならないけれど、一方で「ドンマイ、ドンマイ」と味方を勇気づけなきゃならないでしょ。熱い心と冷徹な頭脳をあわせ持っていなければならない。安江さんはそういう人です。

安江さんの著書に『孤立する日本――多層危機のなかで』(影書房、一九八八年) がありますが、そこに、「日本のナショナリズムを正しいものにするために」といったことが書かれていて、私の理解では、それは日本というネイションを真に民主主義的なネイションとして形成しなければならない、その筋道はどうあるべきか、主体としての国民はどうあるべきかという問題意識です。国粋主義ではもちろんなく、また、ポストモダン的相対主義でもない。安江さんはそういうスタンスから、正路を求め続けた方でした。

その安江さんが、私にとって大事なことですが、「一冊ブックレット書きませんか」と連絡をくださいました。私はその時、早稲田大学をごまかしで卒業した、無職のプータローだった。獄中の兄たちのことならわかるけれど、「日本と朝鮮の歴史についてブックレットを書け」とは、私のような人間に向かって責任がある人が言うのは大変なことです。私は疑り深い小心者だから、「政治犯の家族である私を哀れんでこういうことを言ってるのかな」と考えがちなのですが、安江さんの態度はそういうことを歯牙にもかけないもので、終始敬語で「書いていただけませんか」と言われた。私個人にとって大きな励ましにもなりました。迷いましたが、これはやはり引き受けなければと覚悟を決めて、京都の嵐山の自宅で資料を読んで『皇民化政策から指紋押捺まで――在日朝鮮人の「昭和史」』(一九八九年)を書きました。それがその領域における私自身の著作としてのデビュー作と言えます。

次に、日高六郎先生についてです。個人的にもいろいろお付き合いがありましたけれども、先般(二〇一八年に)亡くなりましたね。兄たちが韓国で拘束された当時は京都の法然院のそばに住まわれていて京都精華大学の先生でいらっしゃいました。安保闘争の後、東大を辞職されて、しばらくフランスで暮らされていたのでフランスにご自宅があったんですが、ハーグ事件で日本赤軍の被疑者をそこに泊めたという容疑がかけられ、ご自身はのちにフランスに入国できなくなってしまった。ベトナム戦争の脱走米兵たちが北海道からソ連、フィンランドを経由して逃げてくると、そのフランスのお宅がアジール(避難所)になった。私や妹は政治犯の家族ということもあって、とても親切にしていただきました。

日高先生と対談をしたことがあります(「『国民』をめぐって」『新しい普遍性へ』所収)。私からは面と向かってかなり思い切ったお話をしました。「国民文化会議」(二〇〇一年に解散)という運動をなさっていて、毎年八月一五日にやっている集会で話してくれませんかと日高先生から頼まれたとき、私は『国民文化会議』の『国民』という用語に私は抵抗がある。それを捉え返すことができないとこの運動も駄目なんじゃないでしょうか」と、不遜を顧みず申し上げたのです。こういう指摘を、日本のリベラル派の多くが真剣に受け止めるわけではないのですが、日高先生はかなり真剣に受け止めてくださいました。

日高先生は中国の青島《チンタオ》の出身で、非常に特権的な植民者「コロン」として育った。青島は当時はドイツの租界だったから、ヨーロッパ的生活を楽しんでおられた。そして青島から東京に来るのにパスポートも要らず国内旅行のように連絡船に乗って来ることができた。東京の本郷に来てみた感想は、「遅れたところだなぁ。便所もまだ汲み取りだ」だったそうです。だけどそういうコロンとしての生活を懐かしむ一方で、でも「あの頃はよかった」というようなことはおっしゃらず、その時に現地中国人たちがどういうひどい目にあっていたとか、どんな苦労をしていたか、どんな辱めを受けていたかということを胸に刻んでいる人でした。だから戦後に中国に再訪した時には泣いてしまったそうです。「社会主義の中国ではそれでもきちんと飯が食えるようになって、身綺麗にするようになったけれど、昔はこんなんじゃなかった」ということですよね。もちろんそのことに対する日本の責任も踏まえてです。だから、アジアに植民地をもった帝国主義国家日本の知識人として、しかもご自分の実体験を踏まえながら、このようなスタンスで活動された日高先生はたいへん重要な人だったと思います。

当時、七〇年代から八〇年代の私は、無職で、兄二人が刑務所にいて、親が相次いで癌で死んだという状態で、京都にいました。真っ暗ですよね。そんな時に夫人の暢子さんは、「京植君、また地べたに穴を掘って覗いてるんでしょ。穴ばかり覗いちゃだめよ」と、独特な表現で慰めてくださった。その後も時々フランスから国際電話をかけてきて、「また穴覗いてるの?」。とても懐かしく、ありがたいことです。

次に茨木のり子さん。もちろん有名な詩人で、私はご本人に会う前から彼女の詩のファンでした。自分の『子どもの涙――ある在日朝鮮人の読書遍歴』（柏書房、一九九五年）という本にも書きましたけれど、私が中学校の時に影響を受けた女性詩人三人の一人でした。「六月」というたいへん良い詩があります。兄が獄中にいた時に、何か本を差し入れようにも、社会科学書は「左翼本」と疑われるのと、検閲官が日本語だと詳しく見ることができないという二重の理由で許可されない。それで検閲を通りやすい本を探し、茨木さんの詩集なら詩人で女性だから認められやすいのではないかと思って、『茨木のり子詩集』を差し入れたところ、認められた。そこにあった「六月」という詩に兄が感銘を受け、それを朝鮮語に翻訳して、私への手紙に「こういう翻訳をしてみた」と送ってきたのです。そのとき茨木さんとは面識もなかったし、私から見れば仰ぎ見るような遠い存在だったけれど、その経緯をお知らせしたのです。そしたら、茨木さんから「あなたに会いに京都に行く」と連絡が来て、そこでいろいろなお話をして親しくなりました。

彼女の詩はどれも好きですが、その中で一点あげるとすれば、「ジャン・ポウル・サルトルに――ユダヤ人を読んで」です。戦後すぐの日本の女性が洗濯をして、日向に洗濯物を干す喜びと、長い間の封建的で軍国主義的な抑圧から解放された喜びをサルトルに託して謳っている、戦後の解放空間の空気をよく伝えている詩です。お会いしてみると、ご本人は基本的に専業主婦で、政治的な見識はしっかりしているけれどそういうことはあまり表に出さない人だった。当時の私は浅はかだったから、そのことに拍子抜けしたような感じがあったけれど、よくよく付き合ってみると、本当に奥の深い人で、のちに尹東柱《ユンドンジュ》の詩を紹介したり、自分自身で韓国語を学んで『ハングルへの旅』（朝日新聞社、一九八六年）

というエッセイを書いたりされましたけれど、私がお会いしたのはそれよりもだいぶ前の話です。
茨木さんはお一人で亡くなりましたけど、亡くなった後に手紙が来て、本文はすでに準備されていて宛名の欄だけが手書きになっていました。「私、茨木のり子は何年何月、何々で死にました。皆さんありがとうございました」というご自身の死亡通知を用意して、それでそれを甥御さんが、「この人たちに送って」というリストに従って私にも送ってくださったのです。そういう方です。颯爽としていました。私は茨木さんについて韓国で紹介もし、韓国でもかなり読まれるようになりました(「【詩】6月/茨木のり子」『ハンギョレ』二〇一六年一月二二日)。

最後に加藤周一先生ですが、ここまで挙げた人たちの中で最後に会った方です。先生の代表作『羊の歌――わが回想』(岩波書店〈岩波新書〉、一九六八年)は私が高校三年のときに出されて、よく読まれ、多くの友人たちが読んでいました。『朝日ジャーナル』(朝日新聞社)という雑誌に、当時はカナダにいらした加藤さんが連載されていました。高校生だった私がその「加藤周一」ご本人と知り合うことになったわけです。

東京経済大学に就職した頃、『プリーモ・レーヴィへの旅』(朝日新聞社、一九九九年)という著書でイタリア文化会館のマルコ・ポーロ賞をいただいたとき、その賞の選考委員会に加藤さんがいらした。とても筋の通った、まさに人文主義者という人だと感じました。本学の藤澤房俊先生も加藤さんと親しかったので、相談して21世紀教養プログラムの立ち上げに際し、シカゴ大学のノーマ・フィールドさんとともに講演に来ていただき、私が進行役をつとめました。その内容が『教養の再生のために』

という書物にまとめられています。

「人間」への関心

——徐さんは人間嫌いを自称されながら、実に多くの対談・鼎談に参加されてきました。論争を厭わない一方で、国内外の作家・知識人との豊かな対話的関係を築いてこられました。これは日本語話者の世界では決して一般的な対応ではありません。少なくともある段階から、徐さんは意識的に取り組まれてきたと思います。そこで、そこに至る経緯、編集者や映像制作者との出会いや対話において意識してきたことがあればお話を聞かせてください。

私が「人間嫌い」だというのはイエスでありノーです。私は先ほど言ったようなことで、二〇代のときはひじょうに人間嫌いでした。人間嫌いだから西洋美術巡礼にも行ったんですね、三〇歳くらいで。つまりそこは人間と会わなくてもいい場所ということで、その頃初めて海外旅行したのだけれど飛行機が離陸するとちょっと清々してね、もうどこにも着陸しなければいいのにっていつも思っていたくらいの人間嫌いでした。

ちょっと想像していただければと思うけれど、それも無理もない状況に私自身いたと思いますね。先ほど例外的に好きになれた人たちのお話をしましたが、大抵はそうではない。右派的な人とか、まったく無理解な人は論外ですけれど、理解しているように見えながら、とてもこちらを消耗させるような人たちがたくさんいました。「日本に帰化して楽になったら良いじゃないか」など、「善意」から真顔で言う人たちとかね。しかし私には人間に対する渇望というか、人間に会いたいという気持ちが一方に強くあるのでしょうね、いま思うと。だから少し優しくされると心が弱っちゃうところがあるようです（苦笑）。

少なからぬ知識人たちとインタビューや対談をやってきましたが、余談をたくさん交えながら対話するのが私のスタイルです。先ほど古在さんや安江さんについて政治的党派でどういう人か分けることができないと言ったように、その人がどういう人かを自分で確かめるということですね。つまり言説でこう言っているからこの人はいい人に違いないとはならない。対談をやっていると、いわゆる政治的とは見られていない人たちがどれぐらい素晴らしいのかということも気がつきます。たとえば随筆家の岡部伊都子さんと対談したら、とても素晴らしい人でしたね。学問研究者が対談する目的は、相互批判を通じて真実に至ることでしょう。それはもちろん大事なことですけど、私はそこでいろいろな手触りも含めて相手の人間を確かめている。そういう直接的な確かめに基づいてその人と語ると、自分としては納得できる。立派な人の学説でも全く心に入ってこないこともありますが、逆に社会的に見るとあまり正しいと見なされてない人に心が動くこともあります。

座談会を回避してるわけではありません。むしろ私が回避されてるのではないかと思う（苦笑）。ただ私はこういう人間ですから、やはり一対一とかせいぜい一対二ならともかく、四人とか五人になると、いま言ったような対話はやりにくいでしょう。だから自分から進んで座談会は提案しないんです。ただし『前夜』という雑誌で、中野敏男さん、高橋哲哉さん、中西新太郎さんとした座談会（「『戦後』とは何だったのか」、『季刊前夜』第三号）は、内容としてはかなり充実していると思います。

戦後民主主義と植民地主義

――『日本リベラル派の頽落』では、日本国憲法の平和主義や民主主義といった普遍的価値からの周縁化が起こっているという現実を、鋭い感性に基づいて、李相和《イサンファ》の詩を引きながら巧みに表現されています。人権の範疇そのものからの排除や周縁化に目を向けていく試みであると言えます。西洋と比較した場合、日本の戦後民主主義や普遍主義はどのような問題と、旧宗主国に共通する課題を抱えているでしょうか？

先ほど名前を挙げた先生方は日本社会の中で当時でも少数派でしたが、今ではもっともっと忘れられようとしています。しかし、そのような人たちにこそ、本当の意味で戦後の日本で主体的に民主社会を作っていこうという萌芽があった。それがひじょうに早い時期に潰されたり捻じ曲げられたりしたのはどういう経緯だったのかを解明することは歴史の課題だし、そういう過去を今日の視点から省察して学ぶべきものを学ぶという姿勢が日本社会にあるのかという問いも重要だと思います。

これに関連して言うと、先ほどの加藤周一さんは戦後すぐ一九四六年、東大医学部の助手のときに大学新聞に「荒井作之助」というペンネームで「天皇制を論ず」という文章を発表しています。日本国憲法が制定されようとする前夜、天皇制と訣別しなければ駄目だということを明確に述べておられます。そういう方々がいたということ。それが周縁化されるのは、日本の戦後民主主義の質がひじょうに早い時期に歪曲されたことと軌を一にしているんですね。戦後日本が民主主義国家として発展していこうとする時、そこに他者の眼差し、他者の意見がある程度でも反映されていれば今日のようなことはなかった。だから民主主義というものが、実質はともかくとしても、本来は理念として持っているべき「他者」という観念が、徹底して排除された形で日本はあると私は思います。

朝鮮について言えば、旧植民地出身者は戦前から日本に住んでいて、当時までよかれあしかれ日本国籍保持者であり、限定的だけど参政権もあったのが、全部ゼロになる。そういうとんでもないプロセスが、当事者との相談もなく日本社会で大きな問題となることもなく進行したのが戦後憲法の制定過程です。女性参政権などを強調して「新しい民主国家の夜明け」とか言っている傍で他者の否定が進行した。他者を否定しない形で戦後日本が出発していれば現在のようではなかったと私は思います。

典型的には、憲法一〇条の「日本国民の要件」と、一一条の「すべて国民は、基本的人権の享有を妨げられない」に現れている。「国民」は原文で「people」ですから、それを「国民」とし、その国民は「国籍保持者」であると限定的解釈をして、換骨奪胎を図っていく。こういう言葉に対するシニシズムっていうのは、ある意味では日本の奥深い伝統で、ロゴス（言語的理性）に対する冒涜でもある。恣意的に違う解釈をしてそれを押し通すというところは、歴代の日本政府が論理的な説明もしないとか、勝手な解釈を押し通すということにも通じていると私は思います。

民主主義や普遍主義は、旧宗主国に共通する課題として考えると、旧宗主国はもちろん立派なものではありませんが、イギリスの例は、大きな問題を当時も現在も抱えていながらも、その脱植民地化の過程でカリブ海諸国出身者とか南アジア出身者とかがイギリス社会の中に入って、表面上は多文化的な形で戦後の社会構成をしていきました。そうせざるを得ないぐらい植民地にされた側からの圧力も強かったということです。フランスは明らかにそうですね。とくにアルジェリアとの戦争でフランスが敗戦を受け入れた結果としてアルジェリアが独立した。ベトナムとの関係でもそうだから、そういう意味では、一つの決着はついた。その結果としてフランス国内に住んでいる、アルジェリア出身者とかベトナム出身者は、もちろん差別はあるけれど、法的な建前としてはフランスの市民権を得ている。翻っていうと、私たち朝鮮人の力が足りなかったのかという苦い反省にもなるけれど。

ヨーロッパ中心主義との訣別の問題についてですが、建前であれ普遍的な理念というものを考え出し、それを全世界に対して発信した場所はヨーロッパですよね。それはどこまでも建前に過ぎないと言えばその通りなのだけれど、そういうものが全くない時代、比喩的に言えば法治ではなく人治のような時代から一歩抜け出ることができたわけでしょ。それが一八世紀、一九世紀を通じて、ヨーロッパにおける血みどろの闘いを重ねた結果がだんだん出てきて、ナチズム・ファシズムの経験をしながら、一九四八年に世界人権宣言に至った。世界人権宣言は実力の裏付けがないから、どこまでも呼びかけにとどまっているとしても、そういうことを呼びかけた最初の事件ですよね。あれがなかったら日本国は戦後憲法もなく、戦中のままだった。日本の戦後憲法の導入過程もそうですね。戦後直後の調査会は戦前の天皇中心主義を引き継ぐという案を作っていた。そういうことを考えると、私たちのこの問題に対する態度は当然二重的ですが、この二重的であるということは欺瞞的だということではなく、そういう理念を肯定し、それを励ましながら、その理念を裏切っているシニカルな現実を批判していくことが基本的態度でなければならないと思う。

在日朝鮮人として言うと、日本国民の多くが他者を植民地支配したという歴史をきちんと認識して、それを自分たちの民主主義の中に生かしていくという発想を持てないままでいる。そのような発想が根付くかもしれないという瞬間は、一九六〇年代、七〇年代にはありました。たとえば「過去の贖罪論を超えて加害の歴史を見つめる」とか、「汚辱の近代史を自己否定する」とか、あるいは魯迅の言葉を借りて、「血債は血でしか贖えない」とか、そういうことが日本社会の一部では口癖のように言われていましたね。それはどこに行ったのか。そういうことを思うと、他者である在日朝鮮人やその他の少数者が負っている役割は大きい。それはある意味では不当な負担です。つまり、少数者の側が「自分たちはこんな目に遭っていて、こんなふうに辛い」ということを絶えず説明するよう求められ、その説明が悪いとか不十分だとか、「そんなこと言ったってお前の国はどうなんだ」とか反発される。普遍的な理念の話をしているのに、国対国の構図に落とし込む発想を、いわゆる右翼的な市民だけではなく、知識人たちの多くも持っていると私は思っています。

フェミニズムの問いかけが持つ可能性

――徐さんは民族、階級、ジェンダーの複合的な視点から、「慰安婦」を帝国日本で最も抑圧された存在であると位置づけられました。主流の西洋フェミニズムは、ジェンダー抑圧の問題から旧植民地や難民女性たちを周縁化しつづけてきました。「市民」や「人権」が取りこぼしてきた存在のなかにはフェミニズムが問うた女性のみならず、難民や市民でない人々もまた存在します。男性社会による「公領域」や「普遍主義」の偏狭さを問うたフェミニズムの試みを、西洋普遍主義から除外された難民や市民でない人々に対する差別と暴力を問うことや、在日朝鮮人社会や第三世界諸国にも存在するジェンダー・バイアスや性差別を問うことに繋げることができるか、お考えをお聞かせください。

「繋げることができるか」という問いならば、繋げることができるはずだ、繋げなければならない、というのが私の答えですけれど、この問題を巡って私がしてきた経験をちょっとお話しします。正直に言うと、先に自分の母親のことに触れましたが、一方では、在日朝鮮人女性、一世女性である母親に対して私は搾取者であるという自覚を今は持っています。しかし、若いときはどれくらい自覚を持っていたか疑問です。自分は家父長制の受益者であるという痛みは基本的にあるつもりで、それは忘れたくないと思っています。フェミニズムは実は在日朝鮮人という少数者の問題と根本的に通じ合うものであるはずなのに、それがなかなか難しいようです。つまり「在日朝鮮人の民族主義は家父長制の源泉であって、それはフェミニズムにとって敵対的なものだ」というふうにフェミニストの側からの批判がある。それはもちろん一面で事実です。ただ、民族解放の側からすると、結局民族的な独立とか社会の民主化とかが政治的テーマとしてある時に、性差別の話をされても耳に入らない、あるいは内部の隊列を乱す行為だ、ということになる。そういう磁場の中に私はいたんです。

わが家の中でもとくに妹がそうですけれど、妹は政治犯の在日朝鮮人政治犯の家族という中でも、最も歳下であり女性という、最も小さくされた少数者です。そういう存在ですので、妹に多くの犠牲を強いながら、その犠牲について自分が無自覚だったな、という気持ちが今も拭えません。ただしそのことを、在日朝鮮人男は家父長的だっていう形でレッテル貼りに利用して別の形の言説に動員するようなことには決して同意したくない。「在日朝鮮人男の家父長主義」とステレオタイプ化したレッテルを貼るような単純化された構図には承服できない。なぜならば、人間社会の矛盾というものは必ず複合的に起きてくるもので、そういう単純化された形で出るのではない。たとえば在日朝鮮人の男が家族に暴力をふるうとして、その暴力だけを取り出せばそれは許せないことですし、場合によっては処罰しなければならない。しかし、なぜそこに暴力が生じるのかということはもっと大きな構造の中で見なければならない。それは次元の違う二つの問いだけれど、この根本的な次元のほうを忘れてはならない。「在日朝鮮人男は家父長的だ」というステレオタイプはその根本的な次元を無化して本質主義的に語っているわけですよね。

在日朝鮮人男は日本の植民地主義の中で、家庭の外部の日本の社会で非常に抑圧された、非常におとしめられた存在であるので、それを言い訳にしてはならないけれども、家庭の内部で不条理な行動が発現するということなのです。だから、学問的にこの問題を考えようとするならば、在日朝鮮人は家父長的だ、民族主義的だというような単純化されたレッテルにもたれかかってはいけないというのが私の基本的立場です。

もう一つは、フェミニズムと言っても一様ではなくて、当たり前のことですけど、特にアメリカでフェミニズムが大きな潮流になった時、大阪の在日朝鮮人で金伊佐子《キムイサジャ》さんという方が先進国フェミニズムへの批判を書かれた（「在日女性と解放運動」、『季刊前夜』第四号、二〇〇五年七月）。イサジャっていう名前はとても在日的で、母語を話す人からすると違和感のある名です。簡単に要約すると、日本社会の中で民族差別における既得権者であり階級的にも中産層である人たちが、先進国フェミニストと連帯するとしてフェミニズムを語っているけれども、この人たちの目の前に、大阪の猪飼野にある中小の工場で朝から晩まで家内労働に縛り付けられる女性たちがいたり、朝鮮学校に通っていて差別を受けている子どもたちがいたりすることをどう考え、理論的にどう位置づけているのか、という問いです。相当高いレベルの鋭い批判です。彼女は、学問研究者ではなく生活者です。それが私から見ればとても大きなことで、その問いは私自身にももちろん投げかけられていると感じます。

「私の母は日本に来て、子守奉公をして学校にも通えずに苦労しました」と言うと、同情をしてもらえるけれど、フェミニズムによる解放の構図の中でそれがどう位置づけられるのかっていう話はあまり聞かされたことがない。むしろ、そういう私の母のような人たちと、母のような人たちに対して同情する人たちとは乖離していると私は思ったことがあります。これは乖離してはいけない。これはフェミニズムに対して投げかけられた問いですね。

私は民衆神学の研究会をキリスト者たちとやったことがあるのです。私自身は信仰がない者ですが、韓国の民衆神学者である朴聖焌《パクソンジュン》さんが日本に来られて、立教大学の大学院に在籍しながら在留している間に、彼を囲む勉強会をやろうということになって、そのメンバーの中にたとえば釜ヶ崎で炊き出しをやってるカトリックの本田哲郎神父とかもいました。その研究会で私がした報告は「在日朝鮮人は民衆か？」です（『半難民の位置から』所収）。

「解放神学」は、中南米のグティエレス神父という人が理論的指導者でした。それとアメリカにおける公民権運動とかフェミニズム運動はだいたい時期的に一致しています。その解放神学の側からの欧米フェミニズム批判としては、「あなたがたは先進国の中でパイの分配について問題にしてるだけだ。それが男に偏ってるとか女が取り分が少ないということを言っている。それも大事だけど、問題はそのパイそのもので、それは誰から奪ってきた富なのだ？」ということを問いかけているわけですね。解放神学のベクトルは、アメリカ帝国主義批判に向かっていて、欧米フェミニズムは、結局自国そのものの政治なり外交なりっていうものに対する本質的批判になっていないということを批判していました。当時の批判だけれども、現在も当たっている面があると私は思います。

今もアメリカ合衆国が、たとえばベネズエラとかラテンアメリカの左派政権を批判する時によく出てくるのが、家父長制ということでしょ。当たっている面があると思うけれど、それはアメリカ合衆国が行っている支配を正当化する理由にはならない。だから図式的に言うと、アメリカのフェミニストは、自らの運動と自国に対する反帝国主義運動を繋がなければならない。同時にラテンアメリカやその他の世界の民族解放勢力は、民族解放勢力内部も含めて、女性解放についても本質的な課題として捉え直すべきだ、と。そういう努力をすればこの両者は接近できると思うけれど、なかなかそうはなってないですね。

一九九七年に行われたシンポジウム「ナショナリズムと『慰安婦』問題」で、上野千鶴子さん、高橋哲哉さん、吉見義明さんと私がパネリストを務めたのですが、私が「在日朝鮮人の元『慰安婦』の宋神道《ソンシンド》さんは私の母だ」ということを言ったのです。たまたま在日の元「慰安婦」宋神道さんと私の母は同郷で、同年の生まれで、一方は日本にいて一方は中国に連れれて行かれて「慰安婦」にされた。それはほんのわずかな違いに過ぎなくて、私が宋さんの息子だったとしても不思議ではないということから、個人的な語りをするだけではなくて、「慰安婦」といういわば「ゲットー化」された存在を可視化して、もっと私たち自身の歴史や社会の中に位置づけてみるためにそういう言い方が必要だという考えでした。

そこで私の言う「母」は、神聖化された母性神話の客体ではなく、先ほど言ったように、私自身も虐げてきた対象なのだという自覚でもあるのですが、上野さんが反発して「そういう家族の比喩で語ることは危険だ」と発言したのです。「このレベルか」とびっくりしたんだけれど、それはディベートの手法ですね。ディベートはそのときアカデミズム内部でも流行っていて、相手の言説を否定することを目的にレトリックを駆使するという感じですね。それに対して、ここでの論旨のエッセンスはそれではないと私の側が「弁明」しなければならないという、倒錯した関係になるわけです。

もう一つは、在日朝鮮人の李良枝《イヤンジ》さんの小説について、「ソウルで『由熙』を読む」という評論を書いて、これを日本の社会文学会の雑誌に発表したのです。李良枝について私は一方では評価しながら、相当はっきりと批判して書いています（『植民地主義の暴力——「ことばの檻」から』高文研、二〇一〇年、所収）。その中身は読んでいただくとして、それについていろいろな市民団体で講演をした後、「徐京植の女性蔑視や女性嫌悪を感じた」などと言われました。それは私は、ステレオタイプ化された反応だと思う。その人たちがそれまでの経験からそういった言説に傾くことは十分理解するけれども、たとえばその人たちが身近に見てる女性嫌悪や女性蔑視を持った人々と、私という者がいた時、この両者の間を分ける線こそが大事なのに、それを消すことによって納得するという姿勢だと思います。

もう少し言うと、ポストモダニズムであれポストコロニアリズムであれ、「何とかイズム」に合致するかしないかということを批判の軸にしているのではないか。日本でも韓国でも私に対する「この人は民族主義者だ」という批判はある。でも、私が民族主義者だとしてそれで何がわかったのか、と問い返したい。論争になっていないわけです。この人は家父長主義者だとか、この人は民族主義者だとかいうことをカテゴライズして、論文を書いたりする。それは全く不必要とは言わないけど、その先が大事なのであって、その人が何主義者であるというレッテルの裏にあるものを確かめながら、そこで同じ時代を生きている人間として共有できる課題は何かっていうところに近寄っていく、そういうアプローチが必要だと思うのですが、そうなっていない。とくに日本で論争が発展しない理由がそれだと思う。日本の評論界でも学界でもそうです。

私がアカデミズムのアマチュアだからそういうことを感じるわけで、アカデミズムでプロフェッショナルに仕立て上げられていく人たちは、やはり物の考え方とか物の書き方や喋り方を叩き込まれるわけですよね。そこに自分が合致していかないと生きていけないような世界でもあるわけですね。

「フクシマ」からの一〇年

――二〇一一年の東日本大震災を受けるかたちで、単著『フクシマを歩いて』を一二年に、高橋哲哉さんと韓洪九《ハンホング》さんとの連続鼎談『フクシマ以後の思想をもとめて――日韓の原発・基地・

歴史を歩く』（平凡社）を一四年に、写真家の鄭周河《チョンジュハ》さんの巡回写真展にともなうシンポジウムの記録『奪われた野にも春は来るか——鄭周河写真展の記録』（高文研）を一五年にと、原発震災関係で三冊を出されました。また東京経済大学でも一二年に徐さんと、この本の編者である戸邉・早尾・李の三人も加わって、「『フクシマ』の問いにどう応えるか」というシンポジウムを開催しました。複合震災ではありますが、一つの同時代の出来事としては、突出して重く受け止められているように思われます。そしてその複合震災の発生から一〇年が経ちますが、徐さんにとって、この震災は他の震災とどういうところが特別に異なっていたのでしょうか？　また震災以降の一〇年間は、徐さんにとってどのような時間だったでしょうか？

フクシマは私の近年の記憶の中でとくに大きいのです。いろいろな震災とどこが違うのか、話は簡単で、フクシマの場合は放射能災害だった点です。私は京都・大阪に縁が深いのだけれど、阪神・淡路大震災の場合は根本的には天災。だけど福島は明らかに人災ですね、国家政策の破綻による人災です。その国家政策は戦争ときわめて相似しているのです。戦後日本の原発政策は、表向きの平和国家という仮面の下に戦争が隠されていた現場だったということですね。

その時は私自身も大きな衝撃を受けました。国分寺市にある東経大の七階の会議室にいた時、グラグラと揺れがきて、それがずっと続いてみんな階段を通じて建物の前の庭に逃げました。それでもまだ揺れていて、学生がスマホでテレビを見て被害の状況を伝えてくれました。その日は帰宅できない同僚と私の家まで一緒に歩いてわが家に泊まってもらったりして。新宿にいた妻は、帰宅難民となって、徒歩で深夜二時に帰ってきました。

災害の大きさもさることながら、その時は、いま思えば甘い期待だったのかもしれないけれど、日本社会の人々が根本的に自己を捉え直すきっかけになるかもしれないという期待を抱きました。「復興」ということが言われて、テレビでは毎日毎日「がんばれ！　ニッポン」と叫ばれていましたね。私から見ればあまりにも見え透いた稚拙なプロパガンダなんだけれど、実は多くの人がそういう声に身を寄せて、民主党の鉢呂経済産業大臣が事故原発の現場近くに行って「死の街だった」と正直な感想を言ったら、被災者に対して無礼だという筋違いなバッシングを受けて大臣を辞めさせられた。「死の街」というのは現実なのに、それを叩くということもきわめて「日本的」なことだと思いました。

まず環境面で脱原発した方がいいということはチェルノブイリ事故以降ずっと言われてきたことです。ようやくそれを真剣にやる時が来たのかもしれなくて、ドイツは実際すぐにやったわけです。でも日本ではそうならなかった。先ほど戦争という比喩を出しましたけれど、かつて東北地方出身の兵士は、国家から見たら忍耐強くて良い兵士と言われました。それでまた東北から満蒙開拓団もたくさん行っている。つまり近代日本という戦争国家の中で、そういう役割を負わされてきた場所ですね。戦後中曽根康弘が福島に原発を持っていく提案をしたのも無理もないことで、一つは東京から離れて東京の安全を確保しながら、電力産業で儲けるということもあり、福島の人々が長いあいだ従順に国家政策に従ってきたということもある。それに対して受益者である東京の人たちは、端的に言うと、東北地方に対する一種の差別意識が以前からあったからです。

「復興」という呼びかけについても、戦後日本の復興というのは、元の姿で復興して経済が繁栄すればいいという話ではなかったはずなのに、そうならなかった。もう一回復興するというなら、単なる経済復興ではなく、日本が再生ではなく「更生」する、震災がそういうきっかけになる、そうしてもらいたいというのが私の強い願いでしたが、そうなりませんでしたね。楽観していたわけではないから、やはりそうかと思っていますが、あまりにもあざといというのが私がいま思っていることです。

復興神話が持つ悪魔的な力と言うのか、それが結局オリンピックをやろうという話にも引きずりこまれている。日本の国家政策をどこで誰がデザインしているのかわかりませんが、大変巧妙だと思いますよ。そういう復興プランとか復興イデオロギーに反対することと、「被災者を馬鹿にしている」などということとは全然次元が違うのに、そういう次元をすり替えた非難の声が挙がると、みんな反対できないみたいになるでしょ。

つづめて言うと、フクシマは近代日本が生まれ変わって更生するかすかな期待を思わせた事件だけれども、日本はそのチャンスを逸したということです。逆に言うとそのことによって、日本の新しい全体主義の一つの契機になった、というネガティヴな面をここで忘れたくないと思います。日本の全体主義ということでは、私自身もちょっと無造作に「このままでは日本は全体主義になる」とか「全体主義になってしまった」とか言っていましたけれど、どうやらそうではなく、全体主義がずっと生き続けていてもう一度それが露呈した、ということなのではないか。つまり戦前の日本社会と現在との連続性がはっきりと見えましたよね。その間に断絶しうる瞬間があったのか、先ほど挙げた「戦後知識人」の中に、それなりに抵抗した人々がいましたけれど、それが実らなかった。そのように極めて深刻な認識で日本社会を見るべきだと思っています。

自分自身のことに話を戻していくと、私は自分の兄のことを媒介して韓国の民主化というテーマに自分が縛り付けられていた時期があり、それから日本の現場でと思い定めて、学生に対する教育とか、日本における歴史認識問題とかをテーマにしていた時期があるのですが、このフクシマの出来事が東京経済大学での二〇年間のうちの後半一〇年間ですね。これをもっと考え詰めて、言説化することができなかったのかという残念な思いはあります。いまも雑駁な話しかできなかったし、韓国と日本で

『フクシマを歩いて』という著書を出したり、鎌倉英也さんやアレクシエーヴィチさんと番組を作ったり、大学の授業で取りあげたりはしたけれど、どうも足りなかった。

フクシマという個別の問題ではなくて、やはり大学や教育という領域自体で起きている、もっと根本的な地滑りみたいな問題があって、たとえばフクシマの問題で私たち教員が分野を超えて議論をするとか、共同した行動をするとか、学生に対して直接にそれを話しかけるとか、そういうことがうまくできない。そういう時代になってもう二〇年ぐらい経ったという感じです。私はそれはたいへん深刻な問題だと思いますよ。そういうことを言う人間は変わり者としてゲットー化されていくのが全体主義です。そういう人間がしょっ引かれて投獄されるような時代まで、もうすぐという気もします。しかしそういう古典的なわかりやすい全体主義というよりも、誰も聞いてくれないんじゃないかとか、結局孤立化するだけじゃないのかとか、忙しい中で話しかけても迷惑がられるだけだとか、集まって声を上げてもどこにいつ集まっていいかわからないだとか、そういうような状況が続いてる中でフクシマが起きた。そういうことが私が「好機が活かせなかった」という原因の一つです。昭和天皇の死も好機だったし、フクシマも好機だった、と言うと、「反日だ」という短絡的な反発を受けるけれど、

その好機は日本の人たちが更生する好機だったはずなのですね。

それからもう一つ、本学でシンポジウムをしたときにちょっと問題になったことですが、福島は日本中心部から見れば植民地だという言説があって、それは私は一部その通りだと思うのです。つまり東京など大工業地帯が、それまで存在していたさまざまな地方差別とか階級差別とかを搾取利用する構造ですよね。原発が集中する福井県もそうです。福井県も大阪にとって明らかにそういう位置ですから。それで「福島は内国植民地だ」というふうに言う人たちがいて、「だから福島の問題は反植民地闘争とも連帯できる問題なんだ」という言説がある。それに対して本当に日本に植民地支配をされた側の立場では不条理なものを感じるのですよね。「自分たちも植民地だ」と相対化していいのかということです。私はそれは相対化してはならないと思うけれど、位相の違う問題だから、位相の違いの問題としてきちんと理解したら連帯できるはずだと思っていて、つまり福島を植民地だと言う人たちが、この植民地的構造が国内から海外へと外延化していて、自分たちは多かれ少なかれその受益者でもある、という自己省察と、「福島を植民地にするな」という声とが、きちんと組み合わさって出てくれれば対話は可能だと思う。ところが、「自分たちは日本の植民地支配の過去のために今も苦しんでいる」というアジアの被害者の話と、「そうは言うけど福島は植民地だ」みたいな日本側の話が対置されると、これは全然違うことになってしまうんですよね。

話が少し飛躍するけど、「在日朝鮮人はディアスポラだけれど私もディアスポラだよ」という言説とか、「あなたは在日朝鮮人だけれど私は在日日本人ですからね」という言説と構造として似ているわけです。日本社会と日本国家の拘束を自分が嫌っているという話と、日本社会や日本国家が他者を支配し収奪していて、その歴史的決着から逃げ続けているという話とは違うことだし、後者の問題では、「自分も在日日本人だ」と言う人も当事者である国民としてそこ（日本）にいるわけです。その人の投票とか、その人の政治行動とか、その人の税金とかが日本国家を支えている。だからそれは責任回避の言説にしか聞こえない。たとえば京都の西川長夫さん（一九三四〜二〇一三年）はたいへん立派な方で、その見識は私も尊敬しますけど、しかし端々にそういう言葉が出てきました。

これは日本の人々が実際に存在する国家をどのように自分たちが変えていくか、場合によっては打倒していくかという問題を回避しながら、自分自身の責任を軽減する、無化する言説として機能する。ポストモダニズムにしても本当はそうじゃないだろうと私は思うし、おそらく何イズムでも日本に入ってくるとそういうふうに換骨奪胎されてしまうのかな、とも思います。私はそういうものと闘ってきたつもりですが、なかなか成果が挙げられなかった。

全体主義の話に戻りますけど、私が尊敬する藤田省三先生に、私が若いときにインタビューしたのが「戦後文化世代の最終走者として」というタイトルで拙著『新しい普遍性へ』に収めています。先生から見れば自分の上の世代で尊敬している人たち、たとえば石母田正さんとかの時代が過ぎた。自分の時代も終わる。そういう訣別の辞なんだけれど、そこで「先生、日本はこのままでは全体主義に落ちこんでいくんじゃないですか？」と私が尋ねたら、「徐さん、前から全体主義なんだよ」と逆に言われて。啓蒙的な意図で少し過剰な表現をされてるのかなと思ったらそうではなくて、認識においてそうだということだったのです。「では日本の全体主義はいつどのように終わるんですか？」と尋ねたら、「私は世界が終わるときでないと日本の全体主義は終わらないという展望を持っています」

とおっしゃって、「私のような若い者の前で、そういうふうに言うのはちょっとひどすぎませんか？ご自分は先に失礼するけど後は好きなようにしろというお話ですか？」と言ったら笑っておられたけれど、「実際そうです」とおっしゃっていました。天皇制イデオロギーについて深く研究なさった方が、あのように語った言葉は、洒落や冗談ではなかったということを最近は強く思います。日本は世界が終わるときにだけやっと終わる、という言葉は、それが日本のいいところだと曲解する人たちがいるから気をつけなければならないけれど、日本国よ永遠なれって話ではない。

付言すると、藤田さんは「松に聞け」（『戦後精神の経験』影書房、一九九六年所収）というエッセイで、「この土壇場の危機の時代においては、犠牲への鎮魂歌は自らの耳に快適な歌としてではなく、精魂込めた他者の認識として現れなければならない。その認識としてのレクイエムのみが、かろうじて蘇生への鍵を包蔵しているというべきであろう。」と述べておられます。この場合、藤田さんが挙げている「他者」というのは実は植物のハイマツだけれど、当然その想像には少数者とか女性なども入っている。流行語としての「他者」が出てくるはるか以前からそういうことをおっしゃっていた。

それから、今日はたくさん話せなかったけれど、日高先生も六〇年安保の後に福田歓一氏や石田雄氏らとの座談会で「他者」ということをおっしゃっていました。だから私はポストモダン研究の中で「他者」という概念が浮上したときにかすかに希望を抱いたのです。この「他者」という概念を媒介して、日本社会が自分たちがいかに他者を黙殺し排除していたかということに気づくかもしれない、自己批判の契機になるかなと思ったら、そうはならなかった。苦い結論です。

（東京経済大学　二〇二〇年一二月八・九日）

座談会

徐京植氏の言論活動と在日朝鮮人――世代間の対話

出席者：徐 京植・趙 慶喜・崔 徳孝・李 杏理

はじめに

李　今日は、徐京植先生の言論活動・著作のなかでも特に在日朝鮮人をめぐる思想的営為をどのように位置付けることができるのか、そして在日朝鮮人論の発展のために、どのように徐京植さんの思想を引き受けることができるのかを考える機会としたいと思います。よろしくお願いします。

徐　今日は在日朝鮮人同胞の友人がインタビューしてくださるとのことです。それぞれの方との出会いと時期を考えると偶然だけれど適切なメンバーになったと思います。私が非常勤講師をしていた時に立教大学学生だった崔徳孝さんと出会い。李杏理さんとは東京経済大学で教員をしている時に出会い。趙慶喜さんとは東経大から研究休暇で韓国に行っている時に出会いと、時期的にも三つの段階を踏んでおり、ジェンダー的にも均衡がとれています。それから在日朝鮮人としての経歴も、朝鮮学校に通ったことがある人もいれば、そうじゃない人もいます。私にとって多様な若い世代の同胞と対話するいい機会になりました。自分が見聞きしたもの、経験したものはこういうものだったという証言をきちんと残しておくことが必要だと思っています。

李　今日の進め方ですが、趙慶喜、崔徳孝、李杏理の三人が、それぞれどのように徐さんの言論活動を受けとめてきたか、徐さんの文章や徐さん自身とどのように出会ったかというエピソードと、そこから徐さんの作品・主張をどのように読んできたかということを簡単に説明した上で、個別に徐さんに直接聞きたいことを聞いていけたらと思います。まず、崔徳孝さんからエピソードとご質問をしていただけたらと思います。

土台となる経験——一九七〇〜八〇年代の思想形成

崔　私が初めて徐京植さんの著作に触れるようになったのは、大学生の時に徐さんとの個人的な出会いを通じてでした。今からもう二五年以上も前（一九九五年）になりますが、当時、徐さんが立教大学で「人権とマイノリティ」という教養講座を教えられていまして、二年生の時にその授業を聴講したのがきっかけで徐さんの著作について初めて知るようになりました。実は、徐さんとの出会い自体が私の人生の中である種の根本的な転換点となったのですが、それまで「日本人」として生きてきた私が「朝鮮人」として思想形成を成し遂げていこうとする過程で、徐さんの作品や個人的なお付き合いから非常に大きな影響を受けました。当時、私は初めての海外滞在で韓国パスポートに記載された朝鮮名を初めて使用し、それがきっかけで「自分は何者なのか」というアイデンティティの問題に悩み始めていました。偶然に大学の履修要項で徐さんの講座を目にし、すでに登録していた他の専門科目をサボってふらふらと顔を出すようになったのが徐さんとの出会いの始まりです。

今思い返してみますと、私が最初に読んだ徐さんの著作は『「民族」を読む――二〇世紀のアポリア』(日本エディタースクール出版部、一九九四年)だったと思いますが、当時の私は朝鮮半島や在日朝鮮人のことについて全く無知であったため、ほとんど理解できませんでした。むしろ、当初は授業や個人的なお話を通じて、徐さんの民族観や在日朝鮮人論を少しずつ理解するようになったと言えます。そして、私が徐さんの著作と本格的に取っ組み合うようになったのは、一年半の韓国留学を経験してからでした。

一九九六年夏から一九九八年春まで立教大学の交換留学生として延世大学で学んだのですが、私は生まれて初めての韓国滞在を経てから「民族」や「朝鮮人」であることが益々わからなくなっていました。「母国留学」で言語や文化的な素養を身に着けて「完全な朝鮮人」になることを夢見ていたのが見事に打ち砕かれ、留学を通じてむしろ実存的な悩みが深まっていた時でした。そうした中で徐さんの著作と本格的に取っ組み合うようになったのですが、「民族」に関する固定観念を批判的に論じた文章に深い感銘を受け、胸のすく思いがしたのを今でも覚えています。特に、「新しい民族観を求めて――ある在日朝鮮人の〈夢〉」(『分断を生きる』影書房、一九九七年所収)で展開された議論から大いに勇気づけられたのを覚えています。

著作を通じて徐さんの民族論・在日朝鮮人論が本格的に発表されるようになったのは一九九〇年代からだと思われます。私の質問としてまずお尋ねしたいのは、その前史としてある七、八〇年代の思想形成についてです。特にその背景にはお兄さんたち（徐勝《ソスン》・徐俊植《ソジュンシク》氏）の思想との対話や葛藤があるように思われるのですが、徐さんの民族論・在日朝鮮人論の土台となった経験についてお話してください。

徐　私は一九五一年生まれで上に兄が三人おり、下に妹がいます。長男と次男は解放（日本敗戦）前の生まれで、三男と私と妹は解放後の生まれです。政治犯だったのは次男と三男です。勝は日本名の「まさる」をそのまま朝鮮語読みしているため、韓国から見れば変な名前です。つまり私たちきょうだいの名付けに時代が反映されているということです。わが家は在日朝鮮人の生活として他と比べて極度に貧困ではなくある意味で恵まれていました。兄たちも教育を十分に受けましたし、私は三人の兄たちの大きな影響のもとに育ちました。

今まであまり取り上げられてこなかった一番上の兄についてここで言及しておくと、長男・善雄《ソヌン》は一九四一年生まれです。彼は当時の東京教育大学（現：筑波大学）に行きました。彼が思春期を迎える頃は民族意識のルネサンス期ともいえます。朝鮮戦争が繰り広げられている時に子供時代を過ごし、六〇年頃に大学に入りました。後ほど次男三男が韓国で拘束された時には「黒幕」として当局の発表や起訴状にも名前が出てきます。なぜかというと長男は大学で総連系の留学生同盟に加盟していたからです。その兄の指示に従って「北韓間諜」として活動したという筋書きが書かれました。二人の兄はそのことのために筆舌に尽くせない苦労をした。一人は拷問に耐えかねて焼身自殺を図りました。しかし、彼ら拘束された兄たちの陳述などには、「黒幕」とされた長兄を非難するような言葉は何もありません。むしろその兄を尊敬していたことが書かれています。長男は、次男三男が投獄されることになってから、彼は我々一家全員の経済面を支えるという役割を果たしました。

その当時李鎮宇《イジヌ》事件（小松川事件）があったり、金嬉老《キムヒロ》事件があったりして、私たちは自分たちがどう生きていくべきか、どう生きることができるのかを問われていました。特に重要だったのは多くの在日朝鮮人家庭同様、北（朝鮮民主主義人民共和国）への帰国・帰還をどう考えるかということで、一家の中でいつでも重要な争点でした。父親は大反対でした。ところが推測するに、長兄は一時期そういうことも考えていたようです。帰国運動の初期の頃に大学生であった世代であり、東京教育大学では農業を勉強していましたから、社会主義的な農業経営によって祖国に貢献するということを考えた時期もあったようですが、結果的に帰国を選ばずに、日本にいることになりました。

韓国で起きていた民主革命も我々を揺り動かしたし、韓国からいわば圧政を逃れて日本に来た人もいました。そういう人たちが在日朝鮮人の学生や青年に大きな影響を与えました。四・一九学生革命（一九六〇年、李承晩政権を下野させた民主革命）の精神を我々はどうやって受け継げるのかということが熱く語り合われたのです。私自身は世代が少し下ですから、そういう大きな議論に自分から積極的に参加することはなく、ただ悩みながら見守っていただけです。日本社会にいて満足できない被差別状況があります。日帝時代の貧困とか屈辱の記憶ということもあります。しかも解放後、国が分断されるなか、お前はどう生きるのだという重い問いに晒されたわけです。しかし一方では近所の在日朝鮮人集住地域から北に帰国していく人たちがたくさんいましたが、果たして自分もそうするかどうか、という迷いもありました。北に行ってしまうと韓国にいる家族や親戚と会えなくなるかもしれないという具体的な問題もあります。

そんなふうに迷っているのは、自分がとても「日本化」されているからなのか？「ブルジョア的」だからなのか？そういう批判を受けると言い返せなくなってしまうのですが、本当にそうなのかという気持ちも、私は当時小学校六年か中学校一年くらいのまだ子どもでしたが、もっていました。われわれ在日朝鮮人のほとんどにとって、そういう歴史的過程をくぐり抜けて現在があるということです。

もちろん朝鮮半島では在日の私たちよりももっと熾烈な流血を伴って、力ずくで民族分断が進められました。その過程が私たち一人ひとりの内面も分断される過程だったということです。その時期に私は、家族の中でも分断が起きていたのを経験しました。私の個人的な気質として、文学や映画、美術が好きなので、正直、北に行ってそれができるだろうかという心配もありました。「お前は朝鮮学校に進むべきだ」と言われたこともあり、それはきっと正しいけれど自分にはできそうにないと苦しんだ記憶もあります。ところがある時から、それじゃあお前は進学校に行って民族の将来に役立つ人材になれと徐勝が言い出しました。だからお前は大学は工学部に進んで高い技術を身につけろと。しかし、私は数学がどうしてもダメで、結局そうなれませんでした。

当時京都市の公立小学校には「民族学級」（公立学校の放課後や社会科の時間だけ在日の生徒たちが簡単な朝鮮語や文化を学ぶ課外授業）があって、そこに派遣されてきた先生方は、朝鮮大学校を出たばかりの人たちでした。総連と京都の教職員組合が話し合ってできた制度だと思います。そういう子ども時代を過ごしました。しかし中学校は国立大附属で朝鮮人は自分一人しかおらず、周りは日本人中産層ばかりでした。アンビヴァレントなことですが、私は地域の在日朝鮮人が多い荒れた学校から中産層の通うお行儀のいい学校に行ったことにホッとしている面もありました。というのは私の通っていた小学校はカツアゲとか暴力が日常的にあるような場所で、私はたいてい脅される側でしたから。脅されながらかろうじて兄たちに守ってもらっていたようなものです。そういうところから抜け出てホッとしたというのは、私という人間の二面性というか、よく言えば物事を両面から見る複眼的な見方、悪く言えばどっちつかずなところがその当時からあったのだと思います。

一般の在日朝鮮人には、六五年の日韓条約までは韓国に行くという選択肢は（民団の幹部の姉弟とか政商の家族以外）ありませんでした。六五年の日韓条約の結果、韓国に行くことが可能になり、徐勝が六六年、まだ東京教育大生の頃にまず一人で故郷を訪問し、長い間断ち切られていた親戚との絆を回復するなどしたのです。韓国にはどういう人たちが住んでいてどういう問題があるのかということもわかり始めました。その時点まで、解放後に日本で出生した三男の俊植や私、それに妹・英実は韓国の戸籍には記載されておらず、徐勝の努力で戸籍に載ったのですが、それを機会にそれまで使っていた日本式の名を朝鮮式に改めました。その時、私に京植という名がついたのです。

徐俊植は高校卒業後の進路を韓国に母国留学する進路を選び、徐勝も大学卒業と同時に韓国に母国留学しました。そのことをどう考えるか。祖国に帰るのか日本に残るのかという二項対立がよく語られていますが、祖国とはどこか。当初は、北に帰る選択肢しかなかったところに、南に行くという選択肢が生じた時代でした。南に行く選択肢をとる際に、日本での差別があまりにもひどいから祖国に帰って祖国の懐に抱かれることを選んだのだという一般的な解釈があります。日本では就職が難しいから韓国に行くといったある種の実利的な動機から彼らは韓国に行ったのではないかと思う人たちもいました。徐勝の日本人の友人で学生運動をしていた人たちの中には彼が韓国を選んだことに失望したという人たちもいました。一般的に韓国は日本の進歩的な人たちから見れば朴正熙が支配している暗黒地帯という認識しかなく、そこに暮らす人々へのリアリティもなく、そこで繰り広げられている闘争についても知らなかったのです。

もちろん一概には言えないけれど、兄たちが韓国に帰った理由には、日本にそのままいても生きがいのある人生が期待できないということはありました。安定した地位に就けるかどうかというようなことではなく、日本では自分自身が身を捧げて生きていく理念や方向が見出せないということです。

また、「祖国愛」のために韓国に帰ったという言い方は問題の理解をかえって妨げると思います。彼らは愛国的情熱に動かされたのではありません。もちろん韓国には右派・保守派はもちろん、功利主義・実利主義的な人もいます。「韓国は」とか「朝鮮は」という主語で語るとこぼれ落ちるものがあります。彼らが愛していたのは祖国で出会った友人たちです。話を聞くとすばらしい人たちがいたようで、四・一九革命の直後であり、三選改憲反対運動の最中です。当時の韓国は、一家全体の期待を担って秀才たちが田舎から大学に進学してくるんですが、その学生たちが、ある日突然、誰かが「시위하자《シウィハジャ》（デモしよう！）」と呼びかけたら、みんな一斉に立ち上がって街頭に出る。その

姿を見てとても心動かされたそうです。そういう人たちに自分は繋がりたい、そういう人たちに誠実でありたいという気持ち、そういう祖国の同胞たちに一体化したいという願いが強かったと思います。

徐勝は法廷の最終陳述で、俊植は獄中書簡で素晴らしい友人たちへの愛を語っています。私はそういう兄たちを誇りにしていましたが、私自身はそういうチャンスがないままに大人になりました。というのは大学に入ってすぐに（徐兄弟）事件が起きたからです。自分もやがては韓国に留学するのだろうと思っていたら、できなくなりました。高校出てすぐに留学するという方法もあったかもしれませんが、すぐに韓国に行ってなんの役に立てるのだろうか、日本で大学を出てある種の知識とか役立てる技術を持って帰った方がいいのではないかと考えました。しかし理科系はできないし、文学・文化系となるとフランス文学をやってフランス語ができるようになってという、いま思えば子どもっぽい構想をしていました。その出鼻で兄たちが逮捕されたわけです。二〇年近くたった後に、出獄した兄・俊植に、そういう訳で自分は日本に残ったのだと言ったら、「それでも、たとえ投獄されるようなことがあっても、韓国に来ればよかったんだ。お前の現場だから」と言われました。それも否定できません。そういう厳しい内容を崔さんの質問は含んでいます。

兄たちが投獄されたから私は結果的に兄たちを救援する側に回りましたが、その頃のエピソードを話しておきます。韓国だけではなく日本の在日朝鮮人社会も、大変な恐怖が支配していた時代です。兄たちが逮捕され発表されるまで、連絡もないし普通に暮らしているだろうと思ってこちらも気にかけていない時期がありました。そんなある時、知らない人物から電話がかかってきました。「自分は韓国から来た、あなたのお兄さんから伝言を預かってるからどこそこまで出てきてくれ」というのです。それを信じて指定された場所で待っていたんですが一向に現れない。解せない気分で家に帰ったのですが、それからしばらくして逮捕の発表がありました。弟である私の電話番号まで知っている人物が来たということ、後で思うとあれは私の顔を確認する首実検か、あるいはお前を監視しているぞという警告だったのだな、と推察しました。証明されていないことですが、そういう気持ち悪い出来事がありました。

維新体制の時代ですが、大学時代の知人たちも韓国に行ってしばらく音沙汰がなく、何ヶ月かしたら現れて、どうしていたのか尋ねても口を閉じて語らない。よほど親しい人にだけ、どこそこで取調べを受けていたということを言うのです。運動の側では「取調べ」を受けた人はもうあまり信用できないという気持ちにもなる。何かを約束させられて出てきているかもしれないからです。そういう恐怖による分断がとくに韓国系在日朝鮮人の社会に急速に蔓延していた時代です。私はそういう強い緊張感のなかで大学三年生以降の日々を過ごしていました。朝鮮学校や朝鮮大学に通っていた人も別の緊張感があっただろうけれど、こういう息苦しさは韓国の恐怖政治が海を越えて日本にいる私たちに及ぶ状態だったということです。無理もないことですが、在日朝鮮人の多くが関わるのを恐れて「ノンポリ」に徹するか、あるいは日本国籍に帰化してしまうことになります。素朴な気持ちで祖国に往来することができない、難しい状況だったと言えます。本国の状況がそれくらい(ここまで直接的でなくても)個々の在日朝鮮人に強い影響を与えました。

質問に戻ると、兄たち（二人の間にも違いはありますが）が、世にいう「祖国志向」であったのは、立身出世とか成功とか、差別のない生活に憧れたからではありません。分断されている朝鮮民族の現実にどうコミットできるかという問題意識からでした。時期がずれていたら私も早稲田大学を出て韓国に行ったかもしれません。行っていたらおそらく徐三兄弟事件になったかもしれません。

私が現在とっている考え方というのは、彼らから見れば自分たちが行なった「祖国への帰還」という実存的な決断を回避して現状を追認する生き方ではないかと思われても無理はないと思います。だけど状況は、根本は変わらないけれど大きく変わりました。たとえば私の大学時代、在日朝鮮人は「風化」していくだろうと真剣に語られていた時代でした。その時の私の考えは、社会がかたちを変えても植民地支配が本当に乗り越えられない限り、「在日朝鮮人」は次々に生みだされていくというものでした。

私は兄たちとは異なる道を辿ったけれど、私は引き続き在日朝鮮人であり、その立場から自分のできることを模索していくのだという考えにだんだんなっていきました。彼らが釈放された後、大学で教えたりメディアにものを書くようになってから、大学で教えることが自分の現場であり、ものを書くことが自分の闘いであると思い定めてやってきました。彼らと私とは数年のタイムラグで現場が違ったということです。この問題は私個人の責任に帰すべきことが大きいとしても、それを別とすれば、在日朝鮮人という存在が民族分断状況に引き込まれていくなかで生じた歴史的な現象であると考えるべきであり、そうだとしたら私の考えているようなことも仮に批判されることがあっても、それをちゃんと出しておく意義があると思います。

「韓国もお前の現場じゃないか」というのはその通りだけれど、それが唯一の現場ではない。さまざまな事情で韓国という現場を選べない／選ばない人も在日朝鮮人のなかにいてそれも在日朝鮮人である。その全体を見渡して包括するような本当の意味での「在日論」が必要だとその当時から思っていました。その後ますます日本人とのあいだに生まれてくる人たちなどが増えてきましたが、その世代はもはや「朝鮮人」ではないんだと区別したところで誰のプラスにもならない。「民族」という観念をそういう存在も含む広い視野で問い直し、鍛え直すしかないのではないか。それが大学で働きいろいろな人たちとの議論を経ながら考えたことです。

ある人たちから見れば、九〇年代はポストコロニアリズムやポストモダニズムが流行した時代だから、「ディアスポラ」という概念もそういう経路で日本に入ってきたということになります。その言葉をタイトルに冠した私の著書（『ディアスポラ紀行』岩波新書）が韓国で翻訳出版されて比較的よく読まれ、その言葉を韓国に広めた張本人ということに私がされていますが、そういう関心が韓国の読者にもあったということだと思います。そういう状況の中で自分の置かれた現場で自分を何回も問い直していくうちに、まだ途中経過だけれど、現在のようなところに到達したということです。お前は「祖国志向」じゃないのかと問われると私は祖国志向です。どこに住んでいようと、どこを「現場」としようと、祖国（朝鮮半島）の分断状況から解き放たれていない以上、祖国を「志向」するほかないのです。祖国か在日かという二項対立的構図の一方に自分をカテゴライズして安心すること自体が間違っていると思います。絶えず自分自身の生の現実から出発しなければならないし、それに照らし合わせて「祖国」の現実と結びつき合うことはきっと可能なのだと思っています。

崔さんは、ご自身でおっしゃっていたとおり、私と出会う前まで日本国籍をとろうかという選択の岐路に立っていましたね。選択の結果、現在があるのですが、さまざまな選択肢を客観的な立場から考え抜いて選ぶかのように人は誤解しがちだけれど、与えられた条件のなかで意識的であれ無意識的であれ止むを得ずしている選択があります。その止むを得なかった選択によって「あいつはもう民族の外に出た」とか「内に入ってきた」とかいうような分断線を引くことは、かえって民族に対する想像を貧しくさせるのではないか。もちろん韓国での厳しい闘争の現実から見れば、私の言っていることは甘っちょろいことかもしれません。私はいつも自分の書いているものに対して体系的な批判を受けることを待ち望んでいます。それが次の段階に進むための重要な条件だと思います。

質問にお答えできたかどうかわかりませんが、在日朝鮮人をめぐる議論は、在日朝鮮人自身の状況を、民族か同化かとか、祖国か在日かとか、南か北かなどと、わかりやすくカテゴライズして、どちらに属するかと考えようとする傾向があります。私も若い頃はそう考えていましたが、ある時からそれには意義がないと考えるようになりました。大学でも「日本人」としてだけ接していた学生が最後に「実は私は…」とカムアウトしてくることがありました。その時点でこの学生がすぐさまいわゆる「民族的な人」になるというのはひじょうに難しいし無理があります。朝鮮の歴史や言語を学んだことがないまま日本の会社に日本人として就職していく例が大多数です。「実は…」と私に話しかけないまま立ち去っていく人の方が圧倒的に多いでしょう。だが、その人はもはや「朝鮮人」ではないのか？　私はそうじゃないと思います。誰かに「実は…」と言わなければと思ったその時点で、すでに十分に「朝鮮人」なのだと私は思います。

私が祖国か在日かということを考える土台にある発想はこのようなことです。その土台のリアリティはすぐ上の兄・俊植とは共有できていません。彼のリアリティはもっと熾烈なもので、私なんかの想像を超えているでしょう。それでも私は、互いの異なるリアリティを照合しながら厳しく批判的議論を交わすような時が来ることを望んでいます。その望みは個人的なものではなく、私たち在日朝鮮人が解放後数十年の間に直面した思想的問題をさらに掘り下げることに資するものでありたいという望みでもあります。

崔　徐さんは一九八一年に出版された『徐兄弟 獄中からの手紙』（岩波新書）のあとがきの中で、「私にとっては、兄たちの生きている姿それ自体が、私自身と〈民族〉との関係についての根本的な問いである。私は私なりに、過去一〇年間、この問いを反芻してきた」とお書きになりましたが、今のお話からもそうした思想的な格闘が感じられます。徐俊植さんの獄中書簡の中に次のような一節があります。「歯を食いしばって『真正な韓国人』になりたいと思い、私の骨髄深く食い込んだ『日本』をアルコールででも洗い落としたいと思っていた…」。私は大学生の時、こうした心情に深く共感しながらもある種の「しんどさ」に非常に悩んだのを覚えています。

徐　「日本人性をアルコールで洗い落とす」くらいの気持ちをもつことはすごいことですが、自分にはそれはできなかったと私は思っていました。しかし今は、「なに人」性というもの自体がもっと相対的なもので、もっと文脈（コンテキスト）として捉えられるべきものであって、洗い落としたいものは何なのか、洗い落とした後に何が残るのかということを深く考えるべきだと思っています。自分自身も、若い頃にもった理想とは異なり、日本語という言語世界から抜け出ることができないままです。たとえば私は京都生まれで「うどん」が好きですが、それは「日本」が好きということとはまったく別問題ですね。「うどんが好き」という味覚まで洗い流したいほどの気持ちになることは尊重すべきですが、そこは洗い流さなくてもいいんじゃないかなというのが、いまの気持ちです。崔さんはどう思いますか？

崔　確かにおっしゃる通りだと思います。自分自身が慣れ親しんだ感覚、たとえば「うどんが好き」という味覚と「日本」が好きかという感覚は次元の違う問題だと思います。ただ私の場合、朝鮮半島や日本の「現場」を離れ海外で長年生活していることもあり、私の中の「日本的」なもの、特に「日本語」を母語とすることに対する居心地の悪さを失ってしまったら「在日朝鮮人」ではなくなってしまうという緊張感を常に持とうとしています。

徐　アルコールで流したいというある意味極端な感じ方というのは私の世代ではたくさんいて、それは間違った考え方だったとは思いません。自分の「日本人性」を洗い流したいほどイヤだと思うこと自体は間違っていないと当時も今も思っています。ただ、そこまでの激烈な感情が兄の幼年期に、何によって育まれたのかはわかりません。私たち兄弟よりもっとひどい差別や貧困を体験した在日朝鮮人はたくさんいるわけで、彼が何によって、あんなに頑張れるほどの火種を埋め込まれたのかというのは興味深いことです。

趙　今の祖国志向とか洗い流したいという点との関連で考えたいのですが、たとえばスパイ団事件の被害者で、再審で名誉回復されている方のなかには、過去にあのように非人道的な抑圧や苦痛を強いられたけども、結果的にはあれほど求めた祖国の人びとと共闘する経験ができたという意味で、後悔はしていないということをおっしゃった人がいました。もちろん不条理な経験を受け入れるという過程は並大抵のことではなかったと思います。母国語の習得という当初の目標を結果的に獄中で果たしてしまったというアイロニーを考えると、過去の韓国政府への怒りとともに、在日朝鮮人と祖国との間の距離や落差に悲しみを覚えます。

徐　私はその一つ一つのケースについて慎重に考える人間です。在日朝鮮人の政治犯でも、ある人は、拷問や長期拘禁の後遺症のため長い間統合失調症に苦しんだ末に亡くなった方とかもいるでしょ。そちらの現実も私は忘れられない。人間が自分の元来の母語を取り戻すために、そこまでしなきゃならないという状態自体が間違っていると思うのです。その非常な努力をする人が間違っているというのではなくてね。力まずに普通に言語を身につけて人とコミュニケーションできる状況になったらいいと思うけれど、それが簡単にできないこの状況は、植民地化と民族分断、離散という歴史の過程でもたらされたものであり、社会そのもののありようから起きていることなので、被植民地人が奪われた尊厳を取り戻すためには、言語一つにしても犠牲を覚悟で闘うことが避けられない、私たちが生きているのは、そういう状況だと思うのです。

九〇年代以降の在日論をどう読むか

崔　徐さんは『分断を生きる』のなかで、九〇年代に日本で流行したいわゆる「共生論」やこれに呼応する形で提示された「在日論」を批判的に論じられています。九〇年代は論壇や学問の世界でもいわゆる「民族主義批判言説」や「脱国民国家論」が流行し始めた時期だと思われます。この時期の徐さんの日本人知識人との論争に関しては他の対談で言及されていると思われますので、ここでは主に、九〇年代以降に在日朝鮮人知識人によって提示された「在日論」との関連で、当時の論争なり「在日論」の展開を今の時点から振り返りどのように評価されているのか、お聞きできればと思います。

徐　私が思春期まで「祖国」というと、祖父母の出身地としての韓国はありましたが、祖国としての韓国というイメージはなかったのです。在日朝鮮人のもっていた祖国＝韓国のイメージもたいていはネガティヴなものです。そこから命からがら密航して逃げてきた親戚縁者を匿っているような生活ですから。その人たちにとっての「望ましい祖国」のイメージは、故郷へのノスタルジアというよりも、「抑圧のない安心できる場所」ということに集約できるかもしれません。それが「北の共和国だ」という帰国運動の時代があり、「千里馬運動」などがあり、日本人のなかにもそれを熱烈に支持する人たちがいました。

韓日条約以降、韓国との間を行き来できるようになり、韓国社会のリアリティが良くも悪くも在日社会に伝わってきます。一方、共和国に帰った人たちから状況はそんなに楽観的なものではないということが伝わってきます。私の父の親友が北に帰って新義州《シニジュ》の紡績工場の支配人になったという手紙が来て、父も喜びましたが、その後は音信が途絶えました。私自身は最初から楽観的ではありませんでした。在日朝鮮人大衆の多くはそうでしょう。やがて、帰国を奨励した総連の幹部や活動家も二重基準みたいな曖昧なことしか言わなくなりました。

そういう現実のなかで「在日論」が出てきます。それは一方で祖国というものへの希望が破れたという、幻滅の反映でもあるでしょう。しかし、私はそういう動機から出てくる在日論というのは大きな欠陥をもっていると感じていました。そこからは、日本社会に対する批判の契機が失われているからです。すべての問題の原因が日本にあると単純化することは誤りですが、われわれが置かれている状況の決定的なファクターとして日本を正しく認識し批判する見地がなければ、それはいわゆる祖国志向の裏返しにすぎません。安心できる場所を探し求めた結果、それは日本にしかありませんでしたという話にしかならない。しかし日本はそんな場所ではありません。「祖国か、さもなければ日本」という二者択一の押し付けは不当だと私は考えていました。

佐藤勝巳氏は、六〇年代に新潟県で帰国運動を推し進め、朝鮮研究所で朝鮮問題の専門家として活動しましたが、佐藤氏はその一員として在籍し、著書もよく読まれましたが、私は当時からたいへん胡散臭い人だと思っていました。その頃この朝鮮研究所がアンケート調査をもとに、在日朝鮮人は今後「日本への定住傾向」を強める方向をたどるだろうと主張したことがあったのです。その論拠の一つとしてあげていたのは、日本人との国際結婚の比率が高くなっているからというもので、日本に定住することを選択することになるだろうという趣旨でした。つまり在日朝鮮人の日本人化は否定できない趨勢であると。佐藤氏は新潟県で帰国運動を積極的に行い、共和国から勲章も授与されています。その頃には北の社会を楽園として描いていましたが、その後の主張はその裏返しに過ぎないと思います。そこに論理の発展や思想の深化が感じられませんでした。佐藤氏はのちに保守派に転じて「北朝鮮に拉致された日本人を救出する全国協議会」の会長になりました。

「在日論」の論客は何人かいるけど、もともと総連や朝鮮学校にいたような人びとまで、あるいはむしろ、そういう総連社会に長くいた人たちほど、「在日論」に傾斜するようになりました。文《ムン》京洙《ギョンス》さんの場合（「在日朝鮮人にとっての〝国民国家〟」歴史学研究会編『国民国家を問う』青木書店、一九九四年）は、日本の市民社会は成熟しており、在日朝鮮人社会は偏狭であるから、そこを出たほうがいい、「成熟した日本の市民社会の一員」として共生すべきだという議論になっています。在日朝鮮人社会が偏狭なのは事実だったとして、それが日本社会を肯定することにつながるのはおかしい、その在日論は議論として貧しい、と私は思っていました。詳しくは拙論「『エスニック・マイノリティ』か『ネイション』か——在日朝鮮人の進む道」（初出『歴史学研究』七〇三号、一九九七年一〇月、拙著『半難民の位置から』影書房、二〇〇二年所収）を参照して下さい。

ただ、九〇年代になってくると東西冷戦構造の崩壊とともに、北の社会主義に対する幻滅もあり、在日論に与する人たちが多く現れてきました。在日朝鮮人は日本植民地支配の生き証人であり、植民地支配の責任を問うてやまない存在、日本のマジョリティから見れば煙たいというか、ぎこちない存在です。露骨な排外主義者や国家主義者は、むかしも今も、「出て行け」の一点張りですが、こういう人々とは違うと自認している「リベラル」な日本人マジョリティにとって在日朝鮮人が自ら「在日論」に向かってくれることは、歴史的責任の負担感を軽減してくれるという潜在的な効果があるのでしょう。この心理は、植民地支配責任の否認という点で、その他の普遍主義的な多文化主義言説と軌を一にしていると思います。

私自身は、在日朝鮮人は自分で居住先を選んでいいし、もちろん日本に定住してもいい、とくに歴史的な経緯からして日本で暮らす権利を堂々と要求していい存在であると考えていますが、それを日本そのものの歴史的及び現在的な責任と切り離して論じることは間違っていると思います。いままさまざまな圧力や不公正のもとでは、在日朝鮮人が真の「居住地選択の自由」を行使できているとは言えません。在日朝鮮人を日本という場所に閉じ込め、祖国との自由な往来が不可能にされていて、しかもその祖国が分断されているという状況の下で強いられている現実を前提として、それらの諸条件から目を背けたまま在日論を語ることはたんなる現状追認ではないのかと私は思っています。

日本人は、植民地支配の歴史的責任をまっとうし日本社会をよりよくして、日本社会に存在するさまざまな排除や差別の論理を自ら克服することを通じて、在日朝鮮人に対して多様で柔軟な選択肢を自ら用意して提示すべきなのであって、「お前たちの夢は破れたのだから四の五の言わずに日本に住め」というのは、もう一つの植民地主義だと当時から思っていました。

私は自分の果たすべき役割として、たえず二項対立的に単純化されていく構図に対して補助線を引き、もっと広く長い尺度で見て、異論を提示できないかと思ってきました。在日論であれ祖国志向であれ植民地主義の克服という課題が前提にあるべきで、その課題を回避したり無化する機能をしてはならないと思うからです。

金賛汀《キムチャンジョン》さんや文京洙さんが書いてるものを見ると、日本の市民社会が今後どんどん成熟していくので、在日の方が日本の市民社会に組み入れられていくべきだという主張でした。歴史修正主義とヘイトが日本社会全体を覆い尽くした観のある現在となっては、かつてのそれらの主張（希望的観測）は現実によって裏切られているけれど、当時からもそれは明らかだったと思います。彼らのような存在がそういう考えをするのは、総連社会という閉塞された空間にいたから、逆にその外部（日本社会）に対する誤った認識が生じたのではないかと思います。端的に言えば、日本社会批判の視点が脆弱なのです。これも在日朝鮮人という存在に対して加えられた分断の一つの所産です。

それと、崔勝久《チェスング》さんという川崎で地域活動をしている方による、私への批判がインターネット（「[寄稿]徐京植論（二）――ダブルスタンダードについて」ハンギョレ日本版サイト、二〇一六年四月一〇日）に出ています。私が上野千鶴子さんや花崎皋平さんなど、一部の日本リベラル派知識人を批判している点も批判しています。

この議論の背景には、崔勝久さんが日立就職差別反対闘争に長く献身的に関わってこられたのに対して、その同じ時期に私は兄たちを含む政治犯救援や韓国民主化運動の方に専念していたという事情があります。在日朝鮮人が自己を解放するための戦略的課題は何か、日本における反差別運動か、祖国の民主化（統一も見通した）運動への参与か、という二項対立構図がここにも反映しています。私自身の主張は常に、この二項は別々に存在するのではなく相互既定的であり、対立させてはならない、というものです。祖国（南北）の民主化がなければ、日本における反差別運動も成果を期待することはできません。前者は後者の基礎的条件です。ただし、現実生活においては、力量も限られているので、自分が力を注げる分野は自ずと限られてこざるを得ないでしょう。そういった中で、私は私なりに活動してきたつもりです。

私は「日本リベラル派」を好んで敵に回しているのではなく、それへの冷徹な批判が必要不可避であると考えるからです。もっと広い文脈のなかで課題を捉え直してみたいのです。ここで言っておきたいことは、在日朝鮮人は、過去を精算しようとしない旧宗主国にいる植民地出身の少数派なのだ、それを忘れてはいけないということです。詳しくは拙著『日本リベラル派の頽落』（高文研、二〇一七年）をご覧下さい。これを機会に、活発な議論が起こることを期待しています。

「半難民」という位置、「ディアスポラ」という状況

李　お聞きしながら、日本社会に根強くある歴史修正主義やヘイトを批判することなしに、在日朝鮮人に対してのみ日本の市民社会の一員になることを促すのは、レイシズムや植民地主義による非対称な関係をそのままに社会的に包摂することになると感じました。私の徐さんとの出会いについてはシンポジウムのコメント３（本書第Ⅱ部）で詳述のためここでは簡単に触れて質問に移ります。私は、高校二年時に徐さんの『分断を生きる』を読んで、徳孝さん同様「新しい民族観を求めて」にたいへん衝撃を受けました。「民族」を表明することは、凝り固まった古い民族主義に固執することではなく、尊厳を守るためであるということ。そして「脱植民地化と分断克服の過程を闘」うためだという言葉に奮い立たされ、考える契機となりました。

また、徐さんは、『『エスニック・マイノリティ』か『ネイション』か』（前掲書）において、山内昌之さんらの「帝国がもっていた民族性を超越したような、ある種の能力本位主義、あるいは業績主義」といった、帝国の「装置」を取り出そうとする議論に対し、「被支配民族の一部を登用す

るそのような『装置』は差別構造を超えるものなのではなく巧妙な支配装置にほかならない」（一五一頁）と述べています。そして、在日朝鮮人はルサンチマンやナショナリズムからではなく、「自己の尊厳が否定されることに抵抗しているのであり、差別と人間疎外の現場からの『解放』を要求しているのである」（一五九頁）と書かれています。

孫正義さんのような在日朝鮮人資本家の「活躍」や能力主義を前提にした「個人の努力しだいで民族差別を乗り越えられる」という新自由主義言説がまかり通る状況にあります。ますます徐さんの指摘した能力本位主義が差別を巧妙に隠したり維持したりする言説として機能していると感じます。反レイシズムや反植民地主義の側もまた能力主義に絡め取られないような思想が求められていると思います。あたかも誰でも成り上がれるかのような幻想により、いまも厳然としてある民族差別や外国人の社会的排除が小さく見積もられているからです。

能力主義に亀裂を入れ、対抗言説をつくる意味でも私は、二つの視点が大切だと感じます。

一つは、在日朝鮮人内部の差異、複合差別・交差性への視点です。女性でありかつ外国人である場合など、複数の差別要因や構造が絡まりあう場合は単純に差別を「乗り越え」られない状況があります。

もう一つの視点は、いまも過酷な状況にある入管収容者、難民や他の定住外国人への差別排外主義をも問うような反差別の思想です。在日朝鮮人個々人が幸福追求したところで解決できない問題をどのように思考し、思想的に連帯していくのか。それは、第三世界としてのパレスチナ人やクルド人と連帯しようとする徐さんの思想的営みとも通じます。徐さんのリベラル日本知識人批判に対しては崔勝久さんをはじめ「厳しすぎる」といった評がありますが、徐さんは一体誰のために怒っているのかを考えます。「共生論」者がこれからを生きる在日朝鮮人にとっての道しるべを説く反面、徐さんは今を生きる在日朝鮮人の苦しみに寄り添ってきたと私は思います。なぜ共生論ではなく反植民地主義なのかを考える際に、第三世界人との連帯がキーワードになるのではないかと思います。

そこで質問です。徐さんは「難民」を比喩として軽く使いすぎることに自戒を込めながらも（『半難民の位置から』三〇〇頁）、在日朝鮮人を「半難民」と称しています。そのように規定することにどのような意図や想像力を込めており、どんな議論の広がりを期待したのでしょうか？　歴史的経緯については同書で述べられていますが、あらためてその理由をお聞かせください。そして、二〇二一年現在から振り返って「難民」「半難民」における差異や階層化、現代日本における入管などの問題および世界史的な連続性についてどのように考えますか？

徐　「半難民」という言葉は私の造語です。在日朝鮮人は「民衆」なのかということも疑問として投げかけています。自分を「難民」だというのはおこがましいという気持ちもあります。住居も食糧も安全すらも奪われた典型的に「難民」と呼ぶべき人たちがいますが、在日朝鮮人は現在はそうではありません。だからといってマジョリティの国民と変わるところがないという議論は間違っていると思うので、「半ば難民」と規定することで考える余地を残そうとしたのです。

大学の授業で私がいつもする話ですが、在日朝鮮人というのは日本国が作り出した「難民」なのだ、という認識から出発すべきです。日本国が朝鮮を植民地支配して、朝鮮人が日本臣民にされた後も、帝国のなかの被差別者として朝鮮人は存在しました。さらに解放後に日本国は在日朝鮮人が当然もつべき基本的人権まで「国民ではない」という理由で排除しました。あなたたちの国が私たちを「難民」にしたのだというシンプルな問いかけを忘れてはならないと思います。近頃ネット上に、在日朝鮮人とは「済州島から密航してきた者たちだ」という誤った認識で、「密航してきた不法入国者が厚かましいことを言うな」といったヘイト・スピーチが溢れていますが、実際には済州島どころか民族の全員が日本による植民地化とともに難民化したのです。

現在は、難民とまで言い切ってよいかどうかはともかく、十全な意味で社会のフルメンバーではなく、いまだに国家の庇護から遠ざけられているという意味で在日朝鮮人はまだ「難民的」ですね。難民という他者を憐れむべき対象として見るのではなく、自分の中にある難民性というのを忘れてはならないと思います。スリランカの女性（ウィシュマ・サンダマリさん）が入管の収容所で無残なかたちで亡くなりましたね。殺されたといっていい。ああいう出来事は本当に日本という国が何も変わってない、むしろ悪化していることを証明しました。解放後（日本敗戦後）も大村収容所に入れられたらああいう目に遭うよということは普通に語られていました。解放後の済州島四・三事件や朝鮮戦争を前後して累計二〇万人くらいの朝鮮人密航者が日本にいたと言われています。大村収容所に入れられると健康を害して亡くなる人も自殺する人もいました。韓国に送還されれば李承晩政権によって弾圧を受けることもある。大局的に見れば、ウィシュマさんが置かれている立場と同じなわけです。そういうものがずっと継続している原点に過去の植民地支配があり、解放直後のさまざまな難民化があるということを忘れてはならないと思います。「だからわれわれは難民だ」と言ってしまえないとしても、半ば難民であるという要素を肝に銘じる意味で「半難民」としました。

世界史的なつながりで見ると、残念ながら韓国社会には（他の）アジア人、アフリカ人を見下す視線があります。在米コリアンのなかにも黒人への軽蔑の意識があったり。モデルマイノリティという話がありましたが、あいつらは能力がないが、俺たちは頑張ったから地位が上がってきたのだと本気で思っている人もいます。これは心理的にいうと二つの側面があると思います。一つは、植民地支配した日本を自分たちの発展モデルとし、日本に抑圧されながらも日本のようでありたいという間違った意識が精算されずに残っているということ。そういう意識をもったままでは第三世界と連帯することはできないと思います。白楽晴先生が雑誌『創作と批評』を創刊した時、「第三世界人的自己認識」を持とうと主張されたのはたいへん優れた指摘でした。その時、自分自身が軍事政権によって抑圧される立場にありながら、強く明確にそう主張されたのは韓国の進歩的知識人がもっている素晴らしい点、尊敬すべき点だったと思います。

一九五〇〜六〇年代を振り返ると、韓国という国はベトナム戦争でベトナム人を殺す側としてアジアと出会っています。在日朝鮮人は日本にいるためにそこから距離はありましたが、それではどうだったのかというと、そのことを在日朝鮮人が全体として自らに問い詰めたことはありません。自分たちはアフリカ人にくらべて優れているんだと口の端に上らせる人が在日朝鮮人の先輩や知識人にもいました。私も六〇年代くらいまでは知らず知らずにそのような意識をもっていたかもしれません。そこから抜け出しはじめたのは、兄たちの出来事があり、フランツ・ファノンやアメリカ公民権運動の思想に触れていったからです。

より広い文脈と視野の中でそれを再定義するとどういうことになるのかなと考えます。兄たちが獄中にいる時、救援運動のためにアメリカのいろいろな団体を訪問しました。二つ例を挙げると、日系アメリカ人に指導的な活動家たちがいました。ロン・フジヨシという牧師やロイ・タクミというラディカルな活動家たちに、第三世界人としての連帯という見地から見てきわめて信頼に足る友人として出会うことができたのは私にとって大きなことでした。

いまＬＧＢＴに対して韓国社会がどうなのかわかりませんが、私が韓国に行き来し始めた六〇年代の末の時点でも、韓国も在日朝鮮人の社会も男性中心主義文化であり、ゲイへの偏見はとても露骨なものでした。日本人もある世代まではそういう文化で育ったので、男性中心主義的な発想や女性蔑視感をいまも引きずっています。私がアメリカの人権団体を訪問したのは八〇年代の半ばのこと、若く未熟だったので、私自身もそういう男性中心主義の尻尾を引きずっていましたし、ゲイの人たちと自分は共感したり手を取り合ったりする余地はないと思い込んでいました。ところが、そこに行ってみると、指紋押捺拒否運動への連帯など熱心に活動してくれた人たちは、サンフランシスコのゲイ解放運動の活動家たちでした。

その人たちは在日朝鮮人のことや私の兄たちのことを十全に理解していなかったかもしれませんが、それでも手を取り合うべき相手であることを実感しましたので、私も反省し勉強もしました。日本に帰ってからたまたま紫色のシャツ着て病院に行ったら日本人のお医者さん（女性）に「ゲイなの？」と揶揄されました。それまでは、そんなことは冗談としか捉えませんでしたが、アメリカから帰ってきて、それは許しがたいことだと自分でもわかってきたのです。話が脇道に逸れたように聞こえますが、このような経験を通じて、在日朝鮮人の問題や自分の兄たちの人権問題を閉じられた空間や狭い文脈の中でだけで見るということから私は少しずつ抜け出ることができたのです。

この時期に白楽晴さんのおかげでガッサーン・カナファーニーを読みました。それは白さんが日本語で読んだもの（『現代アラブ文学選』創樹社、一九七四年）を韓国に紹介し、今度は日本にいる私が韓国経由でそれを「再発見」したからです。カナファーニーの「ハイファに戻って」に書かれていたのは、土地を奪われて難民になったパレスチナ人の夫婦が十数年ぶりにイスラエルにある自分の家に戻ってみると、その家にはポーランドから来たユダヤ人が住んでいた。「ナクバ（イスラエルの「建国」とパレスチナ人の離散）」の混乱の中で生き別れになった息子がイスラエル国民となっていて、自分を捨てたということ、さらに「パレスチナ人」という存在に甘んじていると激しく自分たち夫婦を非難する。そういう一家離散と難民化をテーマにした苦い話です。「これはまさに俺たち朝鮮人のことだ」と思いました。

のちにカナファーニーはＰＦＬＰ（パレスチナ解放人民戦線）のスポークスマンを務めますが、ベイルートで爆弾で殺されるのです。それが私のパレスチナ問題への関心の端緒となりましたが、その小説の存在を私に教えてくれたのは白楽晴さんでした。白楽晴さんも北で故郷を失い難民となって韓国に来た人ですね。そういう視野の広がりのなかで自分たちの問題を捉え直してみると、わかりやすい出口が示されなくとも、どういう問題なのかが見えてきます。それが私にとっての「難民」という比喩の意味です。それを後にディアスポラという言葉で別の角度から補充するようになりました。

そう見ると、世界は難民だらけです。だから在日朝鮮人の問題を日本と朝鮮という狭い枠のなかでだけ考えているとと見えてこないものがあります「ディアスポラ」はユダヤ教由来の言葉ですから、誤解して批判する人たちもいます。韓国でも進歩的な人から「徐さんはなぜそんなにユダヤ人が好きなんだ」などと問われたこともありました。それはまったく誤解です。なぜ「ディアスポラ」という言葉で語るのかというと、ディアスポラの世界的経験（典型的にはヨーロッパ・ユダヤ人のそれ）に、私たちが参照すべきことが満ちているからです。

ディアスポラ的な状況に置かれた人間は自分の状況を論理的に語ること自体が難しい。語りそのものが奪われているわけです。一つは言語の問題です。どの言語で誰に語るのかという問題があります。

アカデミズムや研究機関では、ディシプリンを積み重ねて発話できる主体になるという段階がありますが、ディアスポラはそういうアカデミズムのヒエラルキーに参入すること自体が難しいのです。在日朝鮮人のようなデイアスポラはアカデミズムのヒエラルキーの最下位に参入することですら大変な苦労を強いられる。そのため最初から諦める人もいます。難民化された人間が自己を表現しようとするとき、まず言語がもつ制約性という障壁があります。これはたんに「語学力」というような技術的な次元の障壁ではすまない。彼／彼女が辛うじて獲得した多数者の言語で発話しても、それを解釈する主権は相変わらず多数者に握られているからです。その障壁を乗り越えるとまで言わなくとも、別の角度から照らし出すものに「アート」があります。踊りや音楽や絵とかの非言語的メディアで表現するものであり、そこに女性アーティストが多いのも理由のあることです。ロゴス的な知の中心は男が握ってるからです。そういうことは東京経済大学に就職してからだんだん気づいたことです。

ところが「ディアスポラ」という言葉の日本での流通の仕方は、相変わらずディアスポラを素材として見ているだけで、自分たち（自分たちの国家や社会）がそのディアスポラを造り出したという自覚とか、自己反省はほとんどない。それは日本人にとっての不幸だと思います。「ディアスポラ」というタームがアメリカの学会で流行してるから、それを日本に持って来て、日本で流行ってるから韓国に移して、というのはとんでもなく間違った理解です。私が「ディアスポラ」という用語を使うとき、その用語では足りないとか欠陥があるという指摘は喜んで受け止めますが、アカデミズムの流行を追っているわけではないということです。

「ディアスポラ」という用語を用いて、私が出会う反応は一つに、民族解放論的な立場の人たちからの批判的なまなざしがあります。二つ目に、「ディアスポラ」という用語を歓迎する人たちのなかにある、国家や民族を軛や重荷と考える人たちにとって風通しがよくなるという受け止め方です。それは必ずしも間違っていませんが、「私もディアスポラです」などと言ってくれる人たちに対して簡単に「そうですね」とは応じられないものがあります。ディアスポラという外来語を使っているから誤解があり反発を受けるのだとしたら、われわれの言葉で――それは何語なんだという話になりますが――もう少し鍛えて発信しなくてはいけないと思いますね。

自分や周辺で考えていることや起きていることが、「ディアスポラ」という補助線を引いてみることでよく見えてくるというか、視野が広がったということはあります。簡単にいうと、ヨーロッパ・ユダヤ人やパレスチナ人の経験と、自分たちの経験を照らし合わせて考える、ということです。

ヴァルター・ベンヤミンのようなヨーロッパ・ユダヤ人知識層は社会的には特権層に属するのですが、大衆から反発の対象となってナチスに攻撃されたり殺されたりしました。その人たちの思想が今もわれわれに強い示唆を与えているのは、いま言った点だと思います。血とか文化とか土地とか、強固に見える基盤から発信するのではなく、そういう強固な基盤と自分が乖離しているという自覚から発信する。ということは、近代において人間とは何かという問いに必然的にたどり着きます。そういう人たちから私は大きな示唆を受けながらディアスポラという言葉を使っています。そのことはそんなに間違っていないと思っていますが、どうでしょうか？

私の経験をもう少し言うと、九〇年代にディアスポラ論やポストコロニアル研究が流行した時、日本でかなりたくさんの論文が書かれました。その中には、悪意からではありませんが、「自分たち日本人にはそういうフィールドがないけれど、在日朝鮮人にはフィールドがあるからいいよね」とか、「ディアスポラが羨ましい」とかそういうことをいう人たちが結構いました。それが日本的な現象なのか、韓国とかイギリスでもそういうことがあるのか私にはよくわかりませんが、そういう状況のなかで、私は当事者だけれど「それは違うよ」と言わなければいけないという使命感もありました。たとえば李さんが大学院にいた時には、「慰安婦」問題に関する論文もけっこうたくさん書かれましたよね。その点についてどう思いますか？

李　私が大学院で関わった人たちにはポストコロニアル研究をする人たちはたくさんいました。その人びとの間で言葉が一人歩きしてしまっていると感じたのは「アイデンティティ・ポリティクス」

批判です。先ほどディアスポラというのは血とか文化とか土地という強固な基盤と自分が乖離しているという自覚から発信するとおっしゃいました。まさしく血統や文化というのは本質化できないものであり、歴史的・社会的な自覚によってもアイデンティティは変化するため固定することはできません。在日朝鮮人のアイデンティティは、他のディアスポラのアイデンティティと同じように、「純粋」なものではあり得ません。在日朝鮮人コミュニティにとって、民族というカテゴリーは外に向かって自らを主張するときには必要でありながら、コミュニティの内に向かうときにはそれぞれの差異や交差性を抹消するような、文脈によって問題含みなカテゴリーです。

しかし、だからといって在日朝鮮人やディアスポラというカテゴリー自体を捨ててしまっては、ほかならぬ日本人中心主義が絶対化され強化されるのではないか。在日朝鮮人のアイデンティティには本質的な部分だけでなく日本の自民族中心主義と植民地主義によって差異化され押し付けられている部分もあるからです。世界が植民地主義や人種主義、分断や戦争といった軍事的暴力に晒されている限り、ディアスポラのカテゴリーを捨てることはできません。アイデンティティ・ポリティクスや本質主義を批判するからといって「朝鮮人」という名乗り自体を捨ててしまっては、日本の植民地主義と自民族中心主義を撹乱することはできないでしょう。

徐　韓国の人たちのディアスポラの理解はどうですか？

趙　韓国ではさすがに「あなたたちはフィールドがあっていいよね」とはならないと思いますね。分断国家なので文脈がもう少し複雑ですよね。一時は「みんながマイノリティ」とか「自分もディアスポラだ」とか、特に知識人の一部の世界ではそういう普遍主義にいってしまう傾向があったと思いますが、ここ十年くらい「ろうそくデモ」などを経るなかで非常に急進的な民主化の動きもあって、マイノリティを簡単に一般化してはいけない、当事者性が大事だという風に理解が高まっていると思います。ただ、一方で、韓国内部の民主化、階層、世代、そしてジェンダーやセクシュアリティへの関心の高まりとともに、ディアスポラや在外同胞や移民や難民の問題が後景化してしまっているところは否めないです。これは徐さんがいらっしゃった頃とはアジェンダの位相が違ってきていると思います。やはり当時は徐さんがディアスポラという言葉でたくさん発言されていましたし、そうした問題を喚起されていたことが大きかったのだとあらためて思います。

在日と「祖国」——兵役問題を糸口として

趙　スパイ団事件もそうですが、祖国とディアスポラの関係はそもそも最初から非対称で、その非対称な関係性を国家や国民が何らかのかたちで利用してきたと思うのですが、最近の変化はこの非対称な関係をむしろ特権と見なし、国民化することで制度的に解消してしまうことです。最近では、兵役法施行令が改正されて、韓国籍の在日男性も三年以上韓国に滞在した後に営利活動などを行うと兵役の対象となります。これは在外同胞の帰還の権利に関わるとても大きな問題を含んでいます。実際に今年に入って兵役対象となる若い在日男性は日本に戻った人が多いようです。当事者の男性たちは非常に困った状態に置かれていて、韓国にまだ適応していなかったり、朝鮮学校出身者の場合は、北と対峙するなかで軍事訓練を受けるというのは自分のアイデンティティに非常に反することになります。韓国籍を選択するというのがいよいよ政治的な問題になってきています。

徐　政権はどう関係していますか？　文在寅政権は。

趙　この動きは文政権後の変化というよりは、それ以前から新自由主義的な制度改革といいますか、ディアスポラの権利要求のなかで国家が在外同胞を国民化していく動きと関わっています。たとえば二〇一〇年前後から国籍法の改正、兵役法施行令の改正、在日朝鮮人以外国民参政権の新設などいろいろな制度の整備がありました。徐さんがずっとおっしゃっていた国民主義がいよいよ制度に浸透して、中間的な存在がタダ乗りするのは許さないというような「国民感情」が強調されてきています。

徐　この話題は避けて通れないなと思っています。「真正なる韓国人」として生きるということのなかに、自分にとって心地よいものとか、受け入れやすいものだけを受け入れるのは許されないんだということがありますね。必要なら兵役にも行くという。また、女性だから軍隊に行かなくていいという考えも、軍隊自体には反対でも、そういう特権というか例外扱いを当たり前だとすべきではないという考えもある。これをどう考えるか。

　私たち在日朝鮮人は率直にいうと、日本国憲法によって、日本国が徴兵制を建前としては持ってない国だということに安心しているという側面がある。先ほど韓日条約の時に自分たちにも徴兵制が及ぶのではないかという心配があったといったけれども、どうも在日は徴兵の対象にならないらしいということで反対運動も割と収まったという。私自身も安心した記憶がある。この問題は非常に重要ですが、これは一国だけで考えられる問題ではないし、周辺国との関係のなかでそう簡単に解決できるものではない。だから、やっぱりユートピア的に夢を語るという風にしか言えないのかなと。まあ残念でもあり、それでも夢は語らなきゃということであり。自分が育った時代は平和憲法の時代であり、その影響を明らかに自分はうけていて、そういうものが東アジアや全世界に波及するということを夢とする。平和憲法を世界へという、日本の人たちが言うような理想化する意味ではなくてね。だから韓国の若者たちが兵役の重圧から解放される時が来なくてはいけないと思いますね。

趙　たしかに過度な競争社会のなかで今の若い世代はより兵役の重圧を抱えていて、最近は形式的な平等主義、もっというと公正性という言葉がキーワードになっています。公正な競争を経るということが最低限のルールだということですが、その点で女性の兵役も非常に話題になっていますし、在外国民はもう当たり前ですよね。兵役に行った在日男性は、やはり兵役がプラスになった、欠けていたものを補ったという言い方をしていましたが、経験した人は当然そうなると思うんです。ディアスポラが祖国の人々と共に主体になるという成長物語はまた称賛の対象となりますね。

これに対してどういう切り口が可能なのか。徐さんがおっしゃったように、平和憲法を擁護するというのとはちょっと違うのですが、やはり在日朝鮮人は日本の平和主義の文化を共有している。そこにいかに自覚的であるかということと、それを一つの糧にしていかに朝鮮半島や東アジアの平和に介入していくか。在日は例外に値すると主張するだけでは限界があって、ある意味では積極的な平和活動家にならないといけないということですよね。

徐　たぶん少数ですが、これで「真正な韓国人」になれるとすすんで兵役に行く在日がいるわけですね。兵役が国民であることの資格であるという世界観がむしろ強化される時代に生きている。やはり日本だけじゃなくて、戦力を持たないということを掲げる国が一つ二つ東アジアで増えていくことが必要です。朝鮮半島の場合、分断がいつもネックであり、しかもそれが口実にされてる面もあるんだけど、逆にいうと非核化のプロセスをすすめて、兵役が志願制になり、兵役自体がなくなるという理想を掲げる。このなかでも「お前だけ特権でずるい」という議論は残り続けるとは思うけど、自分の特権のためではなく、こういった理想のためだということを打ち出せることが必要ですね。だから南北の国家運営に対して、在日のポジションから自分たちの経験に基づいて大きく提案できるようなことが必要ですね。

趙　まさにそうですね。当たり前のことですが、思想が必要な時代であると本当に思います。自分たちの現状やあり方をただ訴えるだけでは淘汰されてしまう。ディアスポラの問題も積極的で豊かな思想につなげていかなくてはならない。

李　平和活動としての良心的兵役拒否という論理ですが、漠然とした自衛ではなく、具体的に連れていかれるのは中東だったり、侵略の先兵にされるわけですよね。韓国社会にどれだけ第三世界人としてのアイデンティティがあるのか。そして徴兵対象として広がった在日朝鮮人の若い世代に被侵略のディアスポラであるという認識や歴史的想像力がどれくらいあるのか気になるところですね。

趙　むずかしいですね。韓国社会にそもそも第三世界出身としての自覚があるのかというと、歴史的にもそうですし、その後の副作用を伴いつつ急激に近代化を推進した「圧縮近代」の経験のなかでそういった想像力がかき消されてしまったように思います。

徐　五五年のバンドン会議のような頃は、北の共和国が第三世界の指導的主体だということを自ら標榜し、世間からもそういう評価を得ていたわけですね。韓国はアメリカの傀儡国家であり、話にならん反共国家だった。白楽晴さんが「第三世界人的自己認識」を持とうということを六〇年代に『創作と批評』誌上でおっしゃった。ちょっと意外な発見だったのは、僕から見れば当然第三世界だったのに、第三世界人的自己認識を持とうとあらためて国内の知識人が国内に向けて呼びかけるような思想状況なのかと思いましたね。当時、韓日条約の前くらいには、ラオスと韓国はどちらが国民総生産が上かという議論があって、統計上は第三世界でしかないような状況だったけれども、いわゆる開発独裁が進むなかで「第三世界人的自己認識」を持とう、日本がたどった道をわれわれが辿ってはならないと主張して、それを支持する人たちがあらわれたのはとても大きなことだったと思うし、今の韓国の若い人たちがその思想的な文脈を絶えず思い出すことが大切だということを伝えたい。もっと奪われた人間、たとえばパレスチナ人には兵役はないですよ。もちろん、自らゲリラになったりはするけどね。兵役がないということは特権かもしれないけれど、国民としての資格がとことんふみにじられていることでもありますね。

もう一度いうと、個々の特権ということを現在の構図のなかで肯定したり否定したりするよりも、一見違う立場に置かれている人間たちが否定できない共通の目標を掲げて、それに照らして現状を判断するという発想、論理の構造が必要で、在日朝鮮人は確かに無力だし少数だし、主流になりにくい存在だけど、そうであるからこそ見えてるものがあるはずだから、それをできるだけ高く掲げることによって共感できる人と出会うことを目指すという、そういうことだろうと思います。

「民衆」としての在日朝鮮人

趙　では、あらためて私からも徐さんとの出会いについてお話させていただきます。徐京植さんを最初に知ったのは、大学時代に『「民族」を読む』という本を読んだ時でした。当時、私は朝鮮高校を卒業して短大に入学し、在日本朝鮮留学生同盟（留学同）の活動を続けるために四年制大学に編入学をしたのですが、それまで私にとって「朝鮮」は自明であり、にもかかわらず（だからこそ）それを対象化して認識する言葉を持っていませんでした。脱冷戦の雰囲気のなかで、「民族・国家・国籍とは？」という悩みを私もまた抱えはじめましたが、日本社会をよく知らないというコンプレックスと朝鮮学校時代の反動もあって、大学内外でよく言われていた共生論やエスニシティ論に引っ張られていました。徐さんが書かれた、「既成世代や民族団体の硬直化」や「観念的な祖国志向」への自己批判が、民族とのつながりそのものを否定することになりかねないと認識するようになったのは、もう少し後になってでした。

私にとっては、「朝鮮」にいったんは距離を置き、もう一度「南」も含めて朝鮮半島の歴史を取り戻すような過程が必要でしたが、その過程で徐さんの文章に大きく触発されました。つまり、在日朝鮮人にとっての本質的なことは、民族か脱民族か、あるいは本国か日本か、北か南かという当為論ではなく、朝鮮半島の政治的現実が「在日朝鮮人の生の条件を根本的に規定している」がゆえに、植民地支配と分断の歴史を克服する過程に参与する道を自ら切り開くことにあるのだということを確認させてくれたことです。その後私は韓国に移住することになり、日本・南・北のより入り組んだ関係のなかで在日朝鮮人を考えるようになりました。韓国に移動する在日朝鮮人の増加は、徐さんが早い時期から批判されていた在日論やエスニシティ論の限界を実態として見せてくれていると思います。

徐さんは十数年前に韓国に滞在され、研究者や市民と対話を続けてこられましたし、多くの書籍も出されました。本国と在日朝鮮人の関係やディアスポラ論について、そして韓国での滞在と活動が徐さんのその後の思想にいかなる影響を与えたのか、などについて後半部分ではお聞きできればと思います。

論考「在日朝鮮人は『民衆』か？——韓国民衆神学への問いかけ」（富坂キリスト教センター編『鼓動する東アジアのキリスト教』、新教出版社、二〇〇一年、のち『半難民の位置から』影書房、二〇〇二年所収）では、全《チョン》泰壱《テイル》と梁政明《ヤンジョンミョン》、徐勝のあいだのすれ違いを通して民衆とは何かを問うています。韓国の民衆神学にある一国主義やナルシシズムの危険性を問うと同時に、在日朝鮮人自身もまた民衆文化や民衆的経験を「保持していないどころか、それを奪われたという記憶すらも奪われている」、そして「日本資本がその韓国民衆を搾取していたとき、主観的意図は別にして、その搾取のおこぼれを享受していた。在日朝鮮人はここでも、日本社会では疎外され差別されているが、祖国の民衆からみれば加害者に加担している。あるいは少なくとも受益している、そういう二重性を帯びてしまっている」と書かれています。さらに、この二重性について、「自分と民衆がイコールなのではない。ひょっとすると自分は母（民衆）を裏切って生きているのではないかという疑いと悔恨を抱きつつ」、泣きながら民衆を追い求めることに意味を見出しています。

在日朝鮮人の置かれた位置についての卓越した分析であり、かつ普遍的な視点に非常に感銘を受けました。在日朝鮮人が民衆的経験を奪われた記憶すら奪われているというのは、まさにその通りだと思いました。時代の変化とともに「民衆」という言葉は歴史用語になりましたし、現在の学術用語でいうと「サバルタン」などになると思いますが、今日でも民衆的な存在はかたちを変えて遍在しているはずです。

ただ、在日朝鮮人が本国との関係を結ぶ際、「民族」に比べて「民衆」という観点や契機がますます弱くなっているように思います。徐さんが書かれたような、「疎外されている」と同時に「受益している」という在日朝鮮人の二重性は、それぞれ「民族的に疎外された同胞」か「経済的に祖国を支援する同胞」というふうに切り取られてしまいます。どちらも非対称的な関係に止まらざるをえません。本国との関係において、「在日朝鮮人は『民衆』か？」という問いを、今日どのように立て直すことができるのかについて考えをお聞きできればと思います。質問がやや抽象的になってしまいましたが、関連する内容について自由にお話してください。

徐　その文章は、私が日本で民衆神学の研究会で発表した内容です。その研究会は韓国の民衆神学に詳しい朴聖焌《パクソンジュン》先生が立教大学の博士課程に留学しておられる時に、研究会をやろうという日本人たちが結成したもので、私もそこに誘われました。私はクリスチャンではないし、神学研究は畑違いなので最初はお断りしましたが、朴聖焌さんに強く誘われて参加しました。その研究会で報告しましたが、結果的に韓国民衆神学に対する違和感の表明になりました。しかし、私を含む多くの人がもう立ち上がれないと思っていた維新独裁の時代、善きクリスチャンの方々が少数でも抵抗を続けたのはすごいことであり、その中の一つである民衆神学を私が評価していない訳ではありません。あの険悪な状況のなかで不屈に闘い続けることができたのはなぜなのかという関心もあって参加しました。

しかし、その時からかすかに感じていたことですが、あるステレオタイプ化された民衆像といいますか、理想化された民衆像があります。平和市場の女性労働者や全羅南道の女性市民など、典型的に「奪われた女性」をモデルとするような民衆像です。地下に民衆のエネルギーがマグマのように存在し、それが時ならずわれわれの目の前で噴出するというストーリーです。それは歴史的必然性やマルクス主義的な図式からみると、理論的ではない話です。しかしマルクス主義的な図式では説明がつかない状況で、そのマグマが噴き出したのも事実です。私自身は、驚くべきことを目撃してきた気持ちもあります。全泰壱さんはそのシンボル的存在ですが、兄たちが留学して一、二年後（一九七一年）に彼の抗議焼身事件があり、兄たちはひじょうに感動していました。

ある時代的条件のもとで普通人の常識を超えるような出来事があったことは事実です。あの方々はそれを「イエス事件」といいます。私には、最初は違和感がありましたが、研究会に出ているうちに、社会的矛盾が激化してここまでくると民衆たちは必ず立ち上がるはずだということは言えない、理論が立てられない時に、それでも闘い続ける人たちからあのような考え方が出てくるんだと思うようになりました。それは「観念論」や「宗教」だと片付けてしまうことができないものが実績として韓国のなかで示されてきたと思います。

しかしそれが、理論化されて違う時代や違う社会とかに普遍的に適用できるかというとそうではないと思います。私は、民衆神学に限らず韓国のキリスト者たちがこの間に果たして来た役割に対しては大いに畏敬の念を持っていますが、それが民衆像を私たち教えてくれるとか、それに従ってさえ行けば解放に近付けるというのではいささか安易だろうと思います。この活動を重ねていくことで何かが開けるということは考えない、それでも、ただこの活動を続ける。彼らにとっては、それが現世の中で効果があるとかないとかは二次的なことなのです。そこで書いたのが、慶喜さんが言及してくれた論文（「在日朝鮮人は『民衆』か」）です。民衆神学のいう典型的な民衆像に在日朝鮮人は当たらない。だけれども、だから在日朝鮮人には未来がないという話ではない。在日朝鮮人を問うていると同時に、典型的に語られる民衆像を問うているものです。

私にとって在日朝鮮人民衆とは誰のことなのだと考えると、やはり問題は私の力不足なのですが、正直言ってこの年齢になってもはっきりしたものを掴んだとは言えない。慶喜さんが言われたように韓国社会の中の階級構造もずいぶんと急激に変化したし、自分自身が「第三世界人」であるという認識を持ち得ない人たちも多くいる。その中で民衆を語ることができるのかということは大いなる問いですね。私はその問いから逃げることができないし逃げるべきではないと思いますが、その民衆像はおそらく従来からこれが民衆だと言われているようなものとは、大きく異なるような人たちも含めて、あらためて定立すべきだと思っています。

大学で教えながら若い人に接していると、いわゆる「純血エスニシティ」でない人とか、日本国籍をとって「日本人」としてずっと生きてきた人たちの抱えている悩みというか苦しみは、その人たち自身が自覚しているかどうかは別として、相当深刻なものだと私は思います。そのうちの何人か話を聞いてもらいたいけれど話できる相手が私しかいないというようなことがありました。ある学生はレポートに、親戚の結婚式で名字が漢字一文字の人たちがたくさんいて、「あれはどうして?」と母親に聞くと、「自分の親戚だよ。私は在日朝鮮人。でも絶対に外で言っちゃダメだよ」と言われたという経験を書いていました。「自分の夫の親戚に対してすら出身民族を隠し、身をすくめて生きている母が可哀そうだ」というのです。

その学生は戸籍上は「日本人」だけれど、その時に感じた違和感を持ち続けて欲しいと思います。ある時までは、この学生のような存在はもはや「朝鮮人」ではない、いわば「朝鮮人」という主体になり得ない存在と片付けられて、「朝鮮人」の枠外に押し出すということがほとんどだったように思いますが、私に話しかけてくる人たちはむしろそういう人たちが多い。あるいは親の片方が韓国からのニューカマーであると私にだけ打ち明ける人もいました。

こういう存在は「在日朝鮮人」ではない、また「民衆」でもないと枠を狭く設定してその人たちを外すことでいったい誰が益を得るのか、何の益があるのかと思いますね。それは日本支配層にとってプラスですね。

「仲間」というのは痛みや悲しみを慰め合う、傷を舐め合う仲間ということではなく、その人たちと「共有できる未来像」を描けるかどうかということです。それは普通の場合、共生論とかとの関係で、日本社会をどうやって寛容で多文化的な社会につくりかえるかとかいう側面でだけ議論されがちです。しかし、日本社会が現在のようであるのは、過去の植民地支配と、現在も続く分断についての責任を回避し続け、居直り続けていることと深く関係しています。日本社会が寛容な社会になれない大きな原因の一つがそれですよね。天皇制と植民地支配責任の問題です。

そういう共通の目標のなかで別に本名宣言するとか出自をカミングアウトするとかいうことは、本人がしたい時にすればいいのであって、共通の目標に向かって、連帯して行動することによって、「われわれ意識」があらためてつくられ、新しく生まれる――それも民族意識と呼んでいいと思いますが――と思っています。問題をそのように立てないと、いま言ったような人たちはいつまでも私たちと共闘することができない存在として片付けられることになってしまいます。

かつて私は「新しい民族観を求めて――ある在日朝鮮人の『夢』」（『分断を生きる』所収）という文章を書いたことがあります。それは生硬な若書きという面もありましたが、旧来の「民族」の図式では掬いきれないことを、だからといって捨てるのではなく、包含することを考えなければならない。私たち自身のためだけではなく、「朝鮮民族」のために、朝鮮民族とはこういうものでなくてはならないという先入観から脱しなければならないと思っているのです。そのための障壁はたくさんあります。まず言語です。それから住んでいる場所。離散したディアスポラ・コリアンたちはお互い会うことすら難しい。であるだけに、逆に、そのような大きな構図を描きながら共感を育んでいく方向にしか進路が見えないという気が私はします。

ちょっと話を戻すと、『ディアスポラ紀行』を書いて、意外なほど韓国の若い人たちに歓迎されました。私には不本意なかたちで歓迎してくれる人たちもいて、それでいいのかという気持ちがする時もあります。けれど歓迎してくれた人たちのなかには、兵役拒否者や性的マイノリティ、家父長的な慣習に抵抗感のある若い女性などが多いのです。「家父長的な慣習に抵抗感がある」というのは、日本社会は開かれた民主的なものであるという誤解や憧れから、在日朝鮮人である私を間違って理想化をしているという面もあるようですが。

ですから『ディアスポラ紀行』の読者といっても一面的ではなく、少なくとも両面をはらんだものだと思うのです。ですが、そこにも可能性はあると私は思っています。在日朝鮮人についてほとんど何も知らないし、民族統一という課題を考えたことのない人でも、自分自身の問題意識からアプローチするうちに、遠い道を通って私たちと出会うということはありうる。というか、そうでなければならない。韓国で民族運動、統一運動、民主化運動をしている人たちも在日朝鮮人を「ハンギョレ（一つの同胞）」と見て、仲間として受け入れるような戦略や戦術の構図を持って欲しいと思うのですね。

当時（軍事独裁時代）は韓国社会自体が政治的・文化的鎖国みたいな状況だったから、日本社会に対しても在日朝鮮人に対してもステレオタイプな認識しかない人たちが多かったのは事実だと思います。私が韓国に行ってから現在までを見ても少しずつ改善されているような気がしているけれど、最初は「その程度の認識か」とがっかりしたこともありました。交流が進んでいくことによって、私が望んでいるよりはノロノロとではあるけれど状況が変わっていくのだろうと思います。

たとえば映画「ウリハッキョ」（二〇〇六年）がある時期話題になったでしょう。私は複雑な気持ちでした。あの映画を通じて韓国国内の人々が在日朝鮮人という存在に関心を持つことは悪いことではありませんが、あそこに描かれているのは在日朝鮮人のリアリティの一面にすぎず、むしろモデル化され、理想化された、ノスタルジアの対象としての「朝鮮民族」だからです。それでも、私は、あのような作品が韓国内で制作され、観られることは大きくいって良いことだと思います。じれったいけれど通るしかない道だろうなと思っています。そういう多様な接点がつくられていくということにしか希望がない。それしかできないし、それならできるんじゃないかという気持ちです。

「新しい民族観」を書いた時は、在日朝鮮人には韓国の本国参政権なかったから、いかなる意味でも政治的主体としての権利行使がまったくできないまま何十年も経ったのが在日朝鮮人だ、と書きました。現在は本国参政権が生じました。総連の人たちはそれに反対でした。私は一九九〇年代に「ハンギョレ研究会」で、朝鮮大学の先生方ともそういう議論をしました。韓国のみの本国参政権は、在日朝鮮人の韓国国民化を推進することにつながるし、総連の立場から見ると間違った道ということになるかもしれません。けれども私は以前から、在日朝鮮人の地方参政権にしろ本国参政権にしろ、当分の間ネガティヴな結果しか現れなくても、やるべきことだと思っているのです。その投票をしたからといって在日朝鮮人が積極的な政治主体にすぐになるとは期待できない。また遠隔地の民族団体は、ボスによって牛耳られる傾向があるから、既得権勢力を補填する役割をするかもしれない。

だけど逆に、韓国の大統領選挙などで在日朝鮮人の票を獲得しようと、韓国の政治勢力が日本で政治活動を繰り広げると、一例を挙げれば兵役の問題などが当然重要な議論になるでしょう。在日朝鮮人の特殊な歴史的事情と生活の実情を踏まえて、兵役の適用から除外するという候補と、平等公平の立場から兵役についてもらうという候補がいたとして、その双方の議論を聞きながら在日朝鮮人が選択するというようなことがあればいいなと思うのです。現実には韓国の政治界は在日朝鮮人をそういう対象とも見ていない訳です。在日朝鮮人がそういう対象になっていくことは、決して悪いことではなくて、一人一人がそういう回路を通して一つの主体になっていくのですから。

日本で憲法九条を改悪しようとする動きが執拗に続いています。そうすると日本国籍に帰化した人にも、将来的には徴兵などが課される可能性もありますね。日本名を使って「日本人」になりきって生きてきた人たちが「日本はこのままでいたら日本こそまずいのでは」とか「生まれた子どもを日本人として育てたら、やがて徴兵されるかもしれないな」などと考えていくうちに、果たして自分はなに人なのか、なに人として生きることが良いのか、などという問題、民族と国籍の帰属という問題に直面することになる。そこから、改めて互いが「朝鮮民族」として出会うということが起きてくるかもしれませんね。

ハンギョレ研究会をやっていた頃、私はいつも朝大の先生方に在日朝鮮人がたくさん住む地域で地方議員を出すべきだ、あなたがたが全力を結集したら都議会議員の一人や二人出せるんじゃないのか、などと言って、地方参政権要求を認めるべきだと提案したことがあります。苦笑いみたいな対話にしかならなかったけれど。

エスニック・マイノリティかネイションかという時の「ネイション」が含意するものは、既存のステレオタイプなネイション概念のなかに位置づけるということではなくて、複雑に見える自分たちの状況をひとつのネイションとして捉え直す発想を持てるかどうかという話です。

みなさんは私よりだいたい二〇年くらい年下ですから、私から見れば次の次の世代くらいですね。

崔さんはアメリカやイギリスでの生活経験もあって、それぞれの場所でのマイノリティの活動について知っているわけです。たとえばイギリスに南アジア系マイノリティとカリブ海系マイノリティ、アフリカ系のマイノリティがいて、その人たちは独立志向なのか、あるいはイギリス帝国臣民の方向に進むのか、それともそうでない未知の道に行こうとするのか。そこでスコットランド独立の動きとかEUの離脱の動きとマイノリティはどういう関係にあるのか。われわれにとってそれはただ研究上の関心というよりも、ひじょうに切実な実践的関心事です。

東アジアは実は第二次世界大戦でそれまでの植民地宗主国だった国が敗戦した地域でしょう。日本という大きな障害物があるために進んでいないけれど、そういう経験から生み出された、「民衆」たちが共有できるビジョンを語るような地域と捉えてもいいのではないか。だから東アジアでそういうことをやっていく上で、在日朝鮮人が在日朝鮮人としての固有の経験を理論化して、諸民族の連帯という夢を描き直すことをみなさんに期待したいと思います。

韓国経験をめぐって

趙　『ディアスポラ紀行』と韓国での経験について少しお話を聞いて、徳孝さんの質問と言語の話までできればと思います。

崔　徐さんの韓国滞在時の経験とその当時にお書きになった「母語と母国語の相克——在日朝鮮人の言語体験」(『植民地主義の暴力』高文研、二〇一〇年所収) についてお話を伺いたいと思います。

私が想像するのは、韓国の人たちに母語と母国語の相克の苦悩についてお話すると、これを在日朝鮮人特有の経験として、つまりある種他人事のように受け止められるようなことがあったのではないかと思います。歴史的にこうした苦悩は在日朝鮮人特有の経験ではなく、たとえば徐さんが指摘されているように、朝鮮半島で生まれ育ち「八・一五」解放を済州島で迎えた金時鐘《キムシジョン》の言語体験とも共通するものです。すなわち、日本植民地時代に「朝鮮に住む朝鮮人でありながら、朝鮮語の読み書きができなかった」者たちも解放直後にこうした言語の葛藤を経験したのだと言えます。朝鮮半島では言語の脱植民地化を推し進めて「国語」を確立していった反面、在日朝鮮人は解放直後、民族教育を通じて脱植民地化を成し遂げようとしたのが占領軍と日本政府によって挫折させられたという歴史的な経緯があるのです。南北朝鮮の人たちに在日朝鮮人の言語体験を語るときに他人事してではなく、ある種の共通の経験として共通の土台にどこまで引き込むことができるか、ということが在日朝鮮人の思想を語って残していくときの大きな課題ではないかと思いました。

また、在日朝鮮人は朝鮮語を習得し「朝鮮語を国語として使おうとする祖国の人々の努力に……積極的に連帯すべきである」一方、「韓国または北朝鮮に対しては、異なる母語をもつ同じ共同体の一員であるという主張、すなわち〈母語の権利〉を主張する」(二三二頁)という徐さんの主張も非常に重要だと思います。

徐 これまでも書きましたが、私は自分の韓国語(母国語)能力は不十分だということをイヤというほど味わってきました。もっとうまくなることを目指したのですが、努力と能力の不足という問題もあり、不十分なまま年を取りました。では、そういう自分は朝鮮人じゃないのか? 自分を韓国人とは呼んではいけないのか？　決してそうではないだろうと今も思っています。こういうものが「朝鮮人」なのだと言いたいのです。

あるタクシー運転手との対話をエッセイに書きました（「国家・故郷・家族・個人——『パトリオティズム』を考える」『日本リベラル派の頽落』所収）。その運転手さんは植民地時代に岡山で育ち日本語教育を受けて、解放後すぐに帰国したところ朝鮮戦争で軍隊に召集され、軍で国語（朝鮮語）がうまくできないために酷い目にあったという人です。頭に浮かぶ音楽は日本の童謡「赤とんぼ」だったと言います。たまたま乗車した私を日本から来た日本人だと思って話しかけて自分の個人史を話してくれました。こういう人は、韓国では例外的ではありません。むしろこれが、国内で育った人も含めて、ある世代には共通の経験です。

詩集「農舞」で有名な詩人申庚林《シンギョンリム》さんの作品に、植民地時代に広島で苦労した親戚の話が出てきますが、その詩には（朝鮮語化した）日本語がちらほら出てきます。解放後、それを「純血化」しよう、「純粋な母国語」を取り戻そうという動きがあったことは十分理解すべきですが、しかし、この「純血化」というのは果たして何を意味するのか。

かつて、九〇年代初めのことですが、民主運動家から国会議員になった人と、「ピジンイングリッシュ」について話したことがあります。太平洋諸島の人々やアメリカの「黒人街」の人々の英語は、白人から見ると文法的に「壊れた英語」だけれど、「壊れている」と誰が決めるのか、ピジンイングリッシュも彼らにとってまっとうな言語であるし、言語がピジン化しているというのは、一つの正統的な言語が崩されていると見るのではなく、逆にそれが豊富化している過程とみることもできるのではないか、と私は言いました。特別な話ではなく、田中克彦さんの著書（『ことばと国家』岩波新書、一九八一年）にも書いてあることです。けれど、その人はとても驚いて、「えっ、そういうことを考えますか」と言ったきり、対話はそれで途切れてしまいました。

私の方はその人の心情を理解しなければならない。朝鮮語学会事件（植民地統治下で一九四二年に朝鮮語学会の会員が投獄された事件）に限らず、朝鮮語そのものが日本帝国主義の暴力によって壊されて、解放と独立の後、それをようやく回復しつつある過程で、日本にいる同胞にそんなことをいわれるのは受け入れ難いだろうと思います。しかし、それと同じくらい、先方も日本に生まれ育ち、母語は日本語で、朝鮮語の発音も下手でも、それでも「朝鮮人」であろうとする在日朝鮮人の心情を理解する、そういう相互関係を築くことを望んだのですが、現実にはなかなか困難でした。

半世紀前の学生時代、在日本韓国学生同盟（韓学同）に入っていた時、初めて本名を名乗り、初めて朝鮮語を勉強した在日朝鮮人の友人たちと出会いました。その人は、ミウム（ㅁ）パッチムが上手く発音できず、自分の姓である金 kim を日本流に「キム kimu」としか言えない。そういう人もいる。それを笑ったり恥じたりせず、キムも김も、どちらも金だと包み込むような視野に立てるかどうか。「お前は自分の姓すら正しく発音できないからもはや朝鮮人ではない」と考えるべきではない。もっと言うと私は、かりに朝鮮語が一言もできなくても、日本帝国主義による植民地支配の歴史の結果、「自分は誰なのか」ということをたえず考えずにはおれないような存在――そういう人であれば十分に対話ができるし、同じ「朝鮮人」として出会うことができると思っているのです。

崔徳孝さんは、本国経験において失意や挫折を感じたのですか？　崔さんが、それでもそういう問題意識から離れずに、イギリスというほとんど無縁と思えるほど遠いところでこの問題を考え続けていて、別のマイノリティとか別の第三世界人との対話の中から思考を深める端緒を見出そうとしている。そのことがまさに「朝鮮人」だということです。私が言っているようなことは、現実政治のリアリティから見れば軟弱な話、文学的な夢に過ぎないかもしれないけれど、それでも私たちは夢を語らなければならない。ガンジーがインド独立を唱えたことは当時は多くの人にとって夢物語だったのではないですか？

韓国で二年間滞在した経験は私にとってとても大きくて、正直に言えばその間には理解されない経験もたくさんしました。しかし、「祖国に絶望した」とか「イヤな目に遭わされた」などということを安易に言う人に対して私は批判的です。むかし兄が私に「祖国の人の前で平気で大きな声で日本語で喋るな」と言ったのに対して、自分の母語である日本語で喋ってもいいのではないかという抗弁はあり得ますが、「祖国の人たちがなぜイヤがるのか」ということに対しては理解を持てということです。そういう配慮もなくては出会いたい人とも出会えないということです。

私はとくに善き人びとに恵まれて付き合ってるからそう思うのかもしれませんけれど、韓国滞在は自分にはとても励ましになる経験でした。もしも人生において、それが全くなかったとしたらキビシイだろうなと思います。韓国の善き人々とまったく出会う機会もないままに人生を終える在日朝鮮人が多い。それはその人の責任ではなく構造的な問題です。もっとも大きな問題は民族の分断であり、そして日本との関係。日本における民族教育の徹底的な抑圧。こういう構造的な問題が解消されていれば、観光や親族訪問など軽い気持ちで韓国を訪れ、行ってみると結構よかったというようなことからスタートしても構わないと私は思っています。そういうキッカケから、やがて政治問題や歴史問題などに接近できればいいのです。

日本で疎外感で一人で泣いてた若い人が韓国を訪れて、「イモ」（母方の叔母）と無言で手を握りあっているだけで涙がポロポロと出て、自分の胸の中の重い塊が溶けるようだったと語ってくれたことがあります。この人の母親がニューカマー韓国人で、日本語がうまくできないため、自家営業の店でしばしば計算を間違って客からイヤなことを言われ、夫からもいじめられて、酒を飲んで泣いてばかりいた。子供だった自分は、そういう母親が嫌いだった。けれど、なぜそうなったのかということを私の授業を聞いているうちに考えるようになった。そう言ってくれました。韓国で親戚と会ったら心の中で凍っていたものが溶けたというのは、「祖国の人びとのあたたかい懐に抱かれて民族に目覚めた」というようなことではない。日本で表に出すことができなかったもの、自分自身も気づくことができなかったものに気づいたということです。

崔さんの問いに答えることになっていないけれど、近代的な主体を立てるということを形式的に考えると、我々は少なくともスターリン流の定義による「近代的な民族主体」を立てることに失敗したわけです。だけどそれに失敗したからといって、滅び去るわけではない。李さんが何度か言及してくれたアメリカにおけるアフリカ系の人々の運動とか、パレスチナの人たちの経験。あるいはミャンマーやベラルーシでいま起きていることは私たちが近い過去に経験したことです。直接出会ったり言葉を交わすことはできないけれど、同じ経験をしている人たちがいるということを感じることができるし、向こうからも共感できるはずだと思っています。

母語と母国語の相剋

趙　「母語と母国語の相剋」についても、質問というよりコメントになりますが、少しお話できればと思います。私は母語もやや壊れているという感覚を常に持っていまして、ふと言語喪失的になるというか、母語と母国語つまり日本語と朝鮮語が浸透してしまう瞬間があります。バイリンガル教育の過程では母語の能力が停滞するという観察もあるようですし、私は日本では朝鮮学校に通いましたし、今は韓国つまり母国に来ているので余計そういう気持ちになるのかもしれません。バイリンガル教育をきちんと受けたという感覚はないですが、小さい時からウリノレ（朝鮮の歌）を歌っていたりして、もしかしたらみなさんとは違うのかなと。朝鮮学校の在日朝鮮人はけっこう特殊な言語経験をしているんですよね。「民族エリート」的な、先ほどのスターリンの定義で言えば民族や脱植民地化に近づくのだと思いますが、ただ成長過程で、母語である日本語よりも母国語である朝鮮語に価値が置かれていたので、自分のなかである種のジレンマが生じていたように思います。

徐　あなたは自分が朝鮮学校に行っている時に、家では何語を使っていたのですか？

趙　基本は日本語でしたが、ハルモニがいたのでちゃんぽん（入り混じった状態）でした。

徐　いま韓国で家庭を持っておられて、家庭での言葉は？

趙　子どもが小さい頃は日本語が入り混じった言葉を使っていましたが、成長するにつれ圧倒的に韓国語が主になりましたね。

徐　お子さんは、オモニ（慶喜さん）の韓国語に違和感はないのですか？

趙　いまだにあると思いますよ、とても。言い間違えも多いですし、よく「怒ると何言ってるかわからない」とか言われましたね。私は両方ともに揺らぎを感じています。つまり、母語と母国語という区分をふまえつつも、母語は自然のもので、母国語は理念的なものという固定されたものではなく、母語もまた揺らぎを経験すること自体がディアスポラの側面ではないかなと思います。境界に置かれるという。

徐　そうですよね。もっというと母国語という概念は国家があって初めて成り立つことです。国家は歴史上の過渡的なことだと考えると、すぐにそんなことは起きないとしても、国家がなければ世界には母語しかありません。母国語というのは、「母」と表象することにも問題がありますが、自分たちの日常で親との間で覚えることでしょう。それが様々に雑多に乱立していて、もちろんそこには数の論理が働き、ある言語を使う人たちが多くなれば優勢になっていくけれど、本来多数の母語が乱立並存していてなにがいけないのか。だから、「近代の主体」を立てるとき、国家を立てるためには国語を立てなければならず、そのためには辞書や教育機関を作り、教科書を作りというふうにやってきました。それはもちろん歴史的に必要なことだったし、朝鮮学校の特殊なところは日本という歴史修正主義のため歪んだ社会の中で、少数の人たちによってそのことが「自己目的」的に守られてきたということです。日常的に朝鮮語が役に立つ世界は日本にいる限りでは、どんどん狭まっている。共和国ともっと行き来するようになれば話は違うでしょうけれど。

趙　そうですね。

徐　そういう言語の実用性から見て揺らいでいる母国語をそれでも自己目的的に守ることに意義はあるけれど、長い歴史で見ると別にそれが「母国語」でなければならないことはなく、母語があればよくて、母語は別にひとつでなくてよい。父語と母語は違ったりしても（本人にとっては困難でも）ありうる。その時にどういうふうにして何が人びとのコミュニケーションを支えていくか。

キリスト教の聖書に「バベルの塔」の話がありますが、アウシュヴィッツのことをそこに囚われている人たちは「バベルの塔」に喩えていたと言います。それは神が人間への罰としてそれぞれの言語をバラバラにしたためにどんなに努力して建設しても「バベルの塔」は壊れてしまうという話です。つまりヨーロッパ全域からいろいろな言語を使うユダヤ人たちが強制的に連れてこられて、互いにコミュニケーションできないわけです。だけど強制労働させる場所としてバベルの塔のようにアウシュヴィッツがある。

私はそれを連想して、人間の言語生活は本質的に「バベルの塔」だと思っています。それが「国語」や「公用語」という形式をとってきたのは、国家の強制力によって成り立ってきたことです。だから、我々が近代を丸ごと超えるとしたら、その次の言語世界って何なんだろうという問いに行き着かざるをえない。ある意味で理想化して考えていた面があるけれど、ＥＵ議会が作られた時に、使用言語だけでも二〇数個あるところで議会活動するわけだから、通訳も二〇何グループ用意されてやってきたそうです。結果的に英語やフランス語が優勢になっていくけれど、そういう手順を踏みながらやってきた。だから私は在日朝鮮人を含む朝鮮民族の議会とか、朝鮮民族の文学とかいうのは、多言語で、お互い容易に話が通じないような状況が正直な姿だと思っています。それがまた、面白さでもあるはずなのです。だから慶喜さんがおっしゃった安定できない悩みというのは近代を超える境界に立たされた者の悩みだと思います。それを明日というより「明後日の方向」に超えるよう考えてもらえればと思うのです。

趙　はい。アイデンティティというのはやはり言語の問題が大きいですね。朝鮮学校では朝鮮人という単一のアイデンティティを志向しますから、母語としての日本語を喋ると軽く罰せられることになります。さらに自分が慣れ親しんだ在日の朝鮮語が今度は韓国で通用しないという状況が重なって、つまり自分の言語が否定されるような経験を重ねるなかで、やはり母語で知的に考えたり書いたりすることに一度はちゃんと立ち戻る必要がありました。そうした意味で、これは私のコンプレックスの問題でもありますが、かつての民族教育のやり方には若干批判的な面があります。おっしゃるように母語か母国語かという二項対立を超えて、境界に立たされた者の言語や知を開いていくというあり方がもとめられていますね。

徐　アイデンティティの安定ということを、私なんかもかつては固定的に、「〇〇人というアイデンティティ」が固定していることと考えていたけれど、『ディアスポラ紀行』以降、アイデンティティをコンテクストとして捉えるようになりました。つまり自分のアイデンティティがこのようであるのにはこういう理由があると自分で了解できることがアイデンティティの安定だと思うんです。「私は変わり者だ」ではなく、私が変わっているのはこういう理由があるからだ、そうでなくなるのは、自分というよりも、世の中をこう変えることによって変わるんだというアイデンティティ意識ですね。朝鮮学校の歴史を見ると、あの圧倒的に抑圧された状態のなかで、早晩なくなるだろうと言われ続けながら、それでもこんなに頑張っているのはすごいことだと思います。それは、敬意をもって見るべきことです。そこで、本国の発音とは少し異なっていても、また、場合によっては劣った朝鮮語というか、下手な朝鮮語と考えられてきた時期があるとも思いますが、それは一つの言語の変容と発展の過程であって、コンプレックスを抱く必要はない。

朝鮮語学会の研究者たちが弾圧されたり拷問で殺されたりしたのは日帝時代末期です。これが正統な言語だという「標準朝鮮語」が定められてから、解放以後からだとすればたかが七〇年そこそこです。朝鮮語がいまも急激な変容の過程にあること自体は何も不思議なことではない。その変容をもたらす要素、因子の一つとして在日朝鮮人がいるということはむしろ自然なことです。私は趙さんのお子さんがどういう言語の使い手として育っていくのか楽しみです。

最後に——若い世代へ向けて

崔　最後に、在日朝鮮人の若い世代へのメッセージを短くいただけますか？『日本リベラル派の頽落』に所収の「のちの時代の人々に——再び在日朝鮮人の進む道について」という文章があります。二〇一四年コリアNGOセンターの講演の記録で、あれから七年経っていますが、これに付け加えるかたちで何かあればお願いします。徐さんはこの講演の中で次のように発言されているのですが、とても印象的でした。「日本社会という限定された条件の中でだけ、在日朝鮮人の未来を語ることはとても偏っているといえます。でもそれも無理ない面はある。なぜなら私たちはそういう場所に閉じ込められているので、広い視野で他の変数を見ることはなかなか難しいからです。けれども、せめて自ら知識人と自任するような人はそういう努力をしなければならないし、そういう発信をしなければならないと思うのです。」

そしてまた、講演の最後の部分で「暗い予感」も語っております。アメリカ社会でアフリカ系市民が警察に撃たれる事件が起きているが、同じようなことが日本でも起こる可能性はある。日本社会の閉塞した状況の中でやり場のない思いにとらわれた在日朝鮮人の若者が爆発し、それを契機に日本警察が在日朝鮮人をめった打ちにして、日本社会が全体主義の状況に舵を切っていくというディストピア的な予感を吐露されております。

徐　ディストピア的といわれましたが、私はもう少し切迫した危機感があって、実際に在日朝鮮人系の金融機関に対する放火未遂がありました。日本が銃規制していなかったら乱射事件が起きていても不思議はない気がします。だから、これは想像上のことではなくて、現実の脅威だと私は思っているんです。日本の排外主義が今までは少数のいわゆる「ネトウヨ」と言われるような人間たちに局限されているかのように見えるけれど、実は安倍政権時代以降、政界の本流に結びつくことによってどんどん深刻化している。必ずしも従来の民族的偏見によらなくても、たとえば相模原やまゆり園の障害者殺戮事件のように、非合理的なフラストレーションは、かつてユダヤ人がヨーロッパでそうだったように、攻撃してもいいと思う対象に向けられます。私はそういう状況はひじょうに切迫しているという危機意識を持っています。むしろ在日朝鮮人の側にそういう危機感が薄いのではないかという気がしているくらいです。

いま客観的に見ると、日本と韓国の外交関係はひじょうに悪い。けれども、たとえば「慰安婦」問題でも「徴用工」問題でも、この主張はやめることのできない、朝鮮民族にとって根幹的な闘いであり、今後も長く続くだろうと思われます。日本社会の側が、暴力的なかたちで、これに反撃してくることは大いにありえます。その際に排外主義の標的になるのは在日朝鮮人です。

一〇年くらい前、京都朝鮮学校に対する在特会の攻撃があったとき、「ある若い在日朝鮮人女性」が私にメールをくれました。その人は、ここにいる李杏理さんです。そのことを私はある文章に「こんな無残な社会を若い世代に残すことになるとは…」と書きました（「あとがき」『植民地主義の暴力』所収）。それから現在まで、状況はさらに悪化しています。李さんからみれば大学に入ってまだ早い時期にそういう事件に出会って、その後状況は少しも改善されないままということですね。

さらに遡ると、私は一九九五年に在日朝鮮人有志のアピールを呼びかけて、「もはや黙っているべきではない」という文章（『分断を生きる』所収）を書きました。その時、「慰安婦」否定論の極右派連中は「在日韓国人、とくに大韓婦人会のデモが通った後はにんにく臭くてたまらない」などとおおっぴらに叫んでいました。「なんて低劣な」と、私の方も堪忍袋の緒が切れてあういうことをやろうと呼びかけ、在日朝鮮人の有志とともに声明を出したのです。それ以後、一筋に日本社会は頽落を続けています。方向転換できる兆しが見えませんね。

かつて私たち（林哲、趙景達、朝鮮大学校の康成銀、高演義といった人たちが呼びかけて可能になった）「ハンギョレ研究会」が主体となって、韓国の長老歴史家・姜萬吉《カンマンギル》先生が二〇〇〇年頃に来日された際に池袋で講演会を開いたら、同胞がたくさん集まりました。今はそういうことがほとんどありません。その原因には二つの側面があると思います。一つは、朝鮮学校の生徒ですら外を歩くにはチマチョゴリを着替えなければならないほど長く続く排外主義の結果、在日朝鮮人内部の分断が進み、無力感が蔓延していることがあるでしょう。それから本国の状況として、姜萬吉先生が来られた時は、我々も自分たちの研究会に「ハンギョレ」と名付けたように、南北交流・対話の促進から平和統一への道がかすかに見え始めた時期でした。金大中政権も誕生し、南北統一の機運が在日同胞社会に反映した時期です。そういうこともないまま強まる日本の排外主義に抗して在日朝鮮人に何ができるのかは難しい問いです。できれば、みなさんのような世代の人たちがひと肌脱いで、現在の状況に対する態度を表明する、あるいはもっと広い範囲で賛同の声を集めるようなことがあっていいと思います。しかもそれを日本と韓国という地理上の国境を越え、在米同胞や在ヨーロッパ同胞も含むようなかたちでやる。日本国の排外主義を憂慮する全コリアンの態度表明ということですね。それを崔さんがイギリスのシェフィールドから発信するとかできればいいじゃないですか。声明一枚で何か世の中変わるわけではないけれど、そういうものの効果は長い時間のかかることです。私はかつて自分がしたことを今みなさんが改めて想起して問題にしてくれていることによって、これくらい息の長いことなんだと思ったりするんです。私も残された人生でできることはやっていきたいと思っています。それが私の「現場」だと思っていますから。

李　日本の排外主義と歴史修正主義が東アジアの分断の克服と平和にとっていかに障壁となっているかは重要な論点ですね。そのために日本にいる在日朝鮮人が分断を越えて何ができるのか考え続けたいです。

『分断を生きる』にあった〈近代〉を丸ごと克服するという言葉に関連してですが、「ポストモダン」の展開には近代が植民地や奴隷を権利の埒外に置いて来た問題を傍に置いたまま、近代をすり抜けるきらいがあります。植民地主義の対抗言説としては、大きな物語を描きながら思考することが依然として大事だと思います。ただし帝国やグローバルな民衆を語る際に、マルクス主義的な構図だけでは取りこぼされてしまう存在をどう捉えるか。それは、ジェンダー・バイアスや植民地分析の弱いマルクス主義理論、ジェンダー／階級視点のない民族主義では解けないと思います。反植民地主義の思想的錬磨のためには、理論と運動の反復とあわせて普遍と特殊の反復も必要に思います。しかし、同世代の在日朝鮮人研究者のなかで理論的な研究をする人と歴史研究をする人との間で分断が起こっています。世界史的なディアスポラ問題を見た場合、ユダヤ人にも在日朝鮮人にもそれぞれの個別具体的な文脈の違いもありますし、安易な普遍主義も危険です。しかし、近代以降の世界課題を解決しようとする際に、個々の特殊性ばかりに注目するよりも、いま難民や技能実習生が置かれている状況、「ブラック・ライブズ・マター」の運動にどう共鳴していくか。そのためには、世界史的課題との連関性を見ることが必須だといえます。

社会変革の手段としての参政権についても考えます。在日朝鮮人が日本の参政権を得ることは日本の市民社会に包摂されることでもあり、今の日本の政治体制の投票権などあったところで意味がないのでは、という気持ちもあります。しかし、差別禁止法に関しても、在日朝鮮人の多くに参政権がないことは大きな障壁になっていると感じます。社会的な実践の場における成功体験も、地域の具体的な問題への解決手段さえも制限されているために閉塞感や絶望感を抱くしかない現状があります。もちろん投票だけが政治参加ではありませんが。

徐　今までの人生であちこちと歩き回って、韓国の善き人びとに出会ったことはもちろん、パレスチナ人のラジ・スラーニのような尊敬すべき第三世界人と知り合うことができたのは大きな幸運でした。イスラエル軍によるガザ爆撃の際、そのラジ・スラーニがリアルタイムで「自分はいま降り注ぐ爆弾の下にいる」とメールをしてきました。

正直にいうと私にも、在日朝鮮人や朝鮮の状況に悲観的になることがあります。けれど、そんな時、たとえば一九三〇年代末の先輩たちはどれくらい絶望的だっただろうかと想像するのです。たとえば治安維持法違反で拘束され福岡刑務所で獄死した詩人・尹東柱《ユンドンジュ》はどれくらい絶望的だったろうか。同時代を生きている世界の友人、たとえばラジ・スラーニを思っても、自分たちはより絶望的だといえるだろうか、と。

目を外に向け、外から朝鮮を見直すと、朝鮮がさらに見えてくる。『私の西洋美術巡礼』でも、美術のことを書いているようで、実際に書いてるのは朝鮮のこと、在日朝鮮人のことです。西洋美術の話だから徐は「朝鮮に関心がない」と思う人がいるとしたらそれは薄っぺらな理解です。どこに行こうが、なにをしようが、私たちは「朝鮮人」であるからです。

崔　私は海外で生活するようになってからもう十五年も経ち、文字通りの意味での「在日」朝鮮人ではなくなってしまったのですが、「在日」と「朝鮮」の現場の外で生きながらもこれを語り表現していくことの意義を常に考えて研究しています。アメリカで勉強していた時はアフリカ系やアジア系アメリカ人の歴史研究から大きな刺激を受けましたし、同時に在日朝鮮人の歴史研究の場から「つながりたい」という気持ちをいつも持っています。最近イギリスでは「ブラック・ライブズ・マター」運動の影響もあって、高等教育カリキュラムの「脱植民地化」が盛んに唱えられています。

マイノリティ出身の研究者たちの批判的な議論や思想的な営為に触れながら、在日朝鮮人の歴史や経験からも何か世界に残していかなければならないと強く感じています。在日朝鮮人の経験はこうした普遍性と重要性を十分に備えていると思いますし、長い歴史のスパンで見て思想として百年やそれ以上残るものを在日朝鮮人の経験のなかからつむぎ出して残すことができるのではないかと思います。在日朝鮮人の経験の普遍的なつながりを思想的に追求し、また言葉として残してくれているのが徐さんの作品であると私は思いますし、今回の対談に臨むなかで作品を読み返して徐さんの思想のエッセンスを抽出してみながら、あらためてその重要性と可能性を実感しました。

徐　あなたがいるその場所（イギリス）が現場です。そこでなければ見えないことや言えないことがあって、そこでの活動が現場での活動です。現場を固定的に考える必要はないのです。二〇〜三〇年前なら、アメリカで勉強してイギリスで教える在日朝鮮人が現れることは想像できなかったことです。それは我々の状況がグローバル化の波に晒されているからともいえますが、やはり広がったパラダイムのなかで語り続けることは一つの現場での実践といえます。それに、崔さんはイギリスという滅びゆく旧帝国の真ん中で研究や理論の活動をやっていますね。気づかなかったことに気づかされたり、意外なところに友人が見つかったりするはずです。そういう経験を在日朝鮮人社会なり日本語圏に、また朝鮮語圏にも意欲的に打ち返していいと思います。思想としてというか、生きた人間のサンプルとして私に注目してくれたことに心から感謝します。

趙　私は、徐京植さんと長めにお話すること自体が今までなかったため、とてもよい機会でした。もっと聞きたいこともたくさんありましたが、これを機にまたこのような機会が持てれば嬉しいです。私の現場はどこかと考えると、もう在韓歴が十五年以上になるんですね。私は在韓の在日といっていますが。これは矛盾した表現ではありますが、やはり在日から韓国への置換ではなく、在日プラス在韓という風に歴史が重なっていくことだと考えています。つまり、どっちかを選べということではなく、ホームを増やしていくことが大事かなと思います。

在日朝鮮人のなかで孤立した生き方をしている人たちに自分の場所やホームがあればと思いますが、民衆であればあるほど選択肢を増やすことは困難な現実がありますよね。実際にコロナのなかで行き来することも難しくなっていますが、長い目で見て、北も含めた南北朝鮮や海外にも私たちのホームの可能性を広げていくことはできるのではないかと思います。

韓国でも在日朝鮮人に対する活動をやっている人たちは結構います。最近では在日に対する国情員の不法視察の問題や国家保安法の問題などがまたクローズアップされていて、先ほどの兵役問題も含め、在日の観点から分断体制の矛盾を突いていくことがますます必要になると思います。みんなそれぞれ分散していますので、二〇年前にハンギョレ研究会がやったような声明文のような形ではなかなか難しいかもしれませんが、いざとなった時に繋がれるような関係を今後もつくっていきたいと思ってます。

徐　今われわれの目の前に切迫しているのは、日本の歴史修正主義と排外主義に抵抗する課題ですが、それは、視線を先に伸ばすと戦争の危機に抵抗するということでもあります。戦争の危機はいつでもわれわれの前に雲のように垂れ込めています。日本と韓国の間に、あるいは日本と朝鮮民主主義共和国との間に、さらには朝鮮半島の南北間で武力衝突が起こると、われわれのような中間的な存在は一掃されてしまうというか、無理やりどこかに編入されてて命を賭けさせられることもありえます。そういう危機を念頭に、私たちが平和を守るという共通点でこれからも協力し合えればと思います。

（二〇二一年五月二五日、六月八日）

第Ⅱ部

日韓にわたる批評活動の多面性

——その意義とインパクト

「在日」を考えることと生きること

鵜飼　哲

『在日』を考えることと生きること」という、やや意味がつかみにくいタイトルですが、話を進めるうちにどんな意味を私がこのタイトルに込めようとしたか、少しずつご理解いただけるよう努めたいと思います。

私には徐京植さんの著作を本格的に読むようになる前の段階がありました。それは一九七〇年代に京都で学生生活を送ったこととつながっています。徐京植さんは一九九五年、『現代思想』一〇月号（二三巻一〇号）に「金芝河氏への手紙——自己分裂の痛み」という印象的な文章を発表されました。民主化闘争時代の代表的な詩人で、長い獄中生活を強いられた金芝河氏に対し、徐京植さんは、「今あなたはあの時代の理想について疑問を呈しているが、当時あなたの名前は普通名詞だった。その宿命を担い続ける歴史的な責任があるのではないか」と語りかけたのでした。これはたいへん厳しい呼びかけで、呼びかけた徐京植さんの側にも強い衝撃を及ぼしたはずです。この文章を読んだとき私は、一九七〇年代の京都の町の風景を思い出しました。辻々の電信柱に徐兄弟救援のポスターが貼られている、そういう時代でした。

そのポスターには拷問を受けた徐勝さんの法廷の写真が使われていました。当時の私たちの日常では、町に出ればそのイメージに出会った。徐京植さんにとっては、本当につらく厳しい時期だったと思います。

しかしまた、現在の日本から考えると、そのようなポスターが町のいたるところで見られたということ自体、隔世の感があります。アンリ・ルフェーヴル的な言い方をすれば「都市への権利」がまだ生きていた、民衆によって行使されていた時代だからこそ、そのような景観がありえたのです。この京都の町の景観は、いわば「普通名詞としての徐兄弟」を表現していたと言えるのではないでしょうか。

そのなかで徐京植さんは、一九七一年から維新体制下の韓国で獄中にあった二人の兄の弟という立場、「普通名詞」的な立場から、「固有名詞としての徐京植」を表現するために作家活動を開始されることになります。しかし、この「金芝河氏への手紙」以来私が抱いてきた印象は、「徐京植」という名前もまた、固有な表現を通して知られるようになりながらも、どうしても普通の固有名詞にはなりきらない、なりきれないのではないかということでした。政治犯の弟という立場とは別の、もうひとつの「普通名詞としての徐京植」に向かうベクトルがつねにある。その緊張感を、他の著作家にはないものとしてつねに感じてきました。

この印象はまた、私が徐京植さんを初めてお見かけした出来事の記憶ともつながっています。一九九二年のことです。一四九二年にコロンブスがいわゆる「新大陸発見」をしたとされ、そこから五〇〇年にわたる近代植民地主義の歴史が始まるわけですが、この「コロンブス新大陸発見五〇〇年」

を考える集会で、徐京植さんが発言される場面に立ち合いました。三〇年前の記憶ですから、その後私が自分で拵えてしまった部分もあるのではないかという危惧もありますが、いわばフランツ・ファノンを語る人としての「徐京植の発見」があったのです。そのときの発言で徐京植さんが引用されたファノンの言葉は、『地に呪われたる者』の「民族文化」の章に出てきます。「まずみずからの疎外を明晰に意識しなければ決然と前進することはできない」という箇所です。この言葉を、参加者の大半が日本人のこの集会で、徐京植さんが引用されたということは、どういうことを意味したか。それはいわば、その場にいた各人の、とりわけ日本人一人ひとりの、〈人間〉への呼びかけだったのです。「この場にいる日本人くらいは『決然と前進』したいと思っていると思いたい。であるならば、自分自身がどう疎外されているのか真剣に考えてもらいたい」という、そういう呼びかけ、メッセージだったと私は思っています。

それからまもなく、むさぼるように徐京植さんの本を読んだ時間がありました。それは徐兄弟救援運動のなかで書かれた『長くきびしい道のり――徐兄弟・獄中の生』(影書房、一九八八年)であり、またお母さまが亡くなられたときに執筆された、本当に忘れがたい「死者の重荷をとくために」(呉己順さん追悼文集刊行委員会編・発行『朝を見ることなく――徐兄弟の母・呉己順さんの生涯』一九八〇年)であり、そして『私の西洋美術巡礼』(みすず書房、一九九一年)や『子どもの涙――ある在日朝鮮人の読書遍歴』(柏書房、一九九五年)といった、より作家性が高い著作への流れがあります。しかしこの場で私が取り上げたいのは、このどちらにも入らない、活動家でも作家でもない、いわば教育者としての徐京植さんです。とりわけ在日朝鮮人という存在をどう考えるかということをめぐって格闘されてきた徐京植さんのお仕事について、私が学んできたこと、現在考えていることを、お話させていただきたいと思います。

教育者としての徐さんのお仕事は、岩波ブックレットの『皇民化政策から指紋押捺まで――在日朝鮮人の昭和史』（岩波書店、一九八九年）という著作から始まります。徐京植さんとご面識を得る機会が得られてから、二〇世紀の最後のほぼ五年間、この世紀をどう総括するかをめぐる共同作業へのお誘いをいくつもいただきました。そのことで支えられ、教えられ、育てられたことは、大変ありがたいことだったといつも感じています。それは例えば朝日新聞社から出版された『二十世紀の千人』（全一〇巻、一九九五年）への参加です。ここに徐京植さんが寄稿された文章は後年、『過ぎ去らない人々――難民の世紀の墓碑銘』（影書房、二〇〇一年）という形でまとめられました。それから毎日新聞社からは、『20世紀の記憶』（一九九八～二〇〇〇年）という大きなシリーズも出されました。この二つの出版事業はどちらも、編集の方々は本当に大変だっただろうとあらためて思う、壮絶な規模のものです。後の方の企画では共通の友人であり編集長だった西井一夫さんが、この激務の後に亡くなられてしまうという辛い記憶とも結びついています。

そして私も対談のお相手をさせていただいた対談集『新しい普遍性へ――徐京植対話集』（影書房、一九九九年）、それから特に今こそ思い出す必要がある取り組みに、当時の石原慎太郎東京都知事の「三国人」発言に対して、徐京植さん、高橋哲哉さん、内海愛子さんが編者となって出版された論集『石原都知事「三国人」発言の何が問題なのか』（影書房、二〇〇〇年）があります。ここにも私は書かせていただきましたし、『季刊 前夜』（二〇〇四年創刊）にも、対談や寄稿という形で関わらせていただいたただきました。より近年では、東日本大震災と福島原発事故後の二〇一二年、韓国ユネスコ国内委員会が主催した「東アジアにおける歴史和解に関する国際青年フォーラム」、ソウルで行なわれたものですが、ここに徐京植さんのご推薦で、ご一緒に参加することになりました。こうしたことの一つ一つが、私が仕事をはじめてからの自己形成に深く関わっていました。この形成過程は何歳になっても終わりがないのですが、そのあいだ徐京植さんはつねに最も重要な存在としておられたし、「こういうとき、こういうことを、徐京植さんだったらどう考えるだろうか」と頭のどこかで思わずにいられない、そういう時間を生きてきたと思います。

徐京植さんの「在日」問題についての発言は実に多岐にわたります。先ほど挙げた『二十世紀の千人』や『20世紀の記憶』にもさまざまなミニ評伝的なものがあります。その全体を見渡すことは到底出来ませんが、私が繰り返し立ち返ってきた文章は、『「民族」を読む――20世紀のアポリア』(日本エディタースクール出版部、一九九四年)に収められています。そのなかに、白楽晴さんの『知恵の時代のために――現代韓国から』を論じた章があります。韓国の総合雑誌『創作と批評』の編集長を務めておられた白楽晴さんのこの著作は、徐さんが訳者の一人となって日本語に翻訳された(徐京植・李順愛訳、オリジン出版センター、一九九一年)のですが、徐さんにとっても白楽晴さんは大先輩で、韓国民主化運動の渦中で、知識人としてどのように考え行動すべきか、一つの大きな指針になった方だと思います。この大変尊敬されている白楽晴さんの、当時最新のお仕事である『知恵の時代のために』で、「知恵」と呼ばれているものをどう理解したらよいのか。この一つのことを理解するために、どれだけの手続きと、想像力と、感性が必要とされるのか、「考える」ということの模範となるような文章だと思います。

この章は、クルド人のコミュニティでの経験から話が始まります。徐京植さんはロンドンにいらしたときに、ブランド品を買い漁る日本人観光客がまず一方にいて、この姿を単に観光客だから買い物するということにとどまらない、「きわめて突出した現代日本の姿」と感じ取られます。そして他方、クルド人のコミュニティと出会う。この対比を最初に持ってきて、韓国の論争のなかで、白楽晴さんの『知恵の時代のために』という著作が持った意味に、一歩一歩迫っていかれます。その際、白楽晴さんの発言に対する言葉の向け方も、敬意を示しながらもあくまで自由です。私にとってはそのような一つ一つの思考の所作、言葉の所作に、立ち止まり、考えさせられる経験でもありました。

徐京植さんはクルド人のコミュニティが炊き出しをしている場所に行かれて歓待を受ける。またそこで用意されている料理がとても口にあったとも書かれています。そして、このように言われます。

> 私のようなとてもクルド人に見えない者も、何の分け隔てもなく扱ってくれるわけです。［中略］そういうところに私だけ混じっていて、私に湧いてきた奇妙な想像は、このイメージがみなさん［日本人のみなさん］にわかるかどうかわかりませんけれど、日本の敗戦直後に、日本で朝鮮人連盟というような朝鮮人の自主的団体がいくつか出来ましたけど、その連盟の事務所に一人だけ西洋人が来て座っていたとすると、今の私みたいかなあなどと思えてきたわけですね。
>
> （『「民族」を読む』二八～二九頁）

講演を本にされたため語りの口調になっていますけれども、いま読み直すと、クルド人のコミュニティは現在日本にも出来ていますし、この三〇年の時間のことを、同時にいろいろと考えさせられます。一九九〇年代のこの時期の最大の出来事は、ソ連と東欧社会主義圏の崩壊でした。ここでは、雑誌『情況』一九九三年八・九月号に発表された哲学者の廣松渉さんとロシア史の和田春樹さんの対談「その後のロシア、その後の社会主義」を参照しながら、この出来事が突きつけた思想的課題が検討されてもいます。同じ時期、韓国では、民主化が少しずつ進みつつあるとともに、それまでの民族・民衆思想、民族主義的な民主主義革命というだけでなく、労働運動が非常に重要になってきた局面でもありました。徐京植さんは『二十世紀の千人』の一人に詩人の朴ノへを挙げられました。朴ノへの詩集『労働の夜明け』（一九八四年、日本語版『いまは輝かなくとも――朴ノへ詩集』康宗憲・福井祐二訳、影書房、一九九二年）がよく読まれていた時代でもあったのですね。そうした複雑な文脈のなかで、白楽晴さんの分断体制論をどう考えるか。これは大変重要な分析の視角だったと思います。

在日朝鮮人の問題を考えるためには、徐京植さんにとっては、要するにこれだけのフレーム、コンテクストの絞り込みが必要だということです。これは同世代の在日朝鮮人の知識人、あるいはより大きな世代的広がりを持つ「在日」論の歴史のなかでも、徐さんのアプローチにとりわけ顕著なことのように思えます。徐京植さんのエドワード・サイードとの対話も、この著作、講演のあたりから始まって、その後長く継続されていきます。サイードがアドルノを参照しつつ、アイデンティティを過度に強調するタイプの民族主義――サイードはこれを帝国主義の遺産と見ているわけですが――から距離を取るスタンスを取っていることを留保付きで参照する。一方白楽晴さんがこの時期「第三世界的自己認識」ということを言われていたことについて、そこに難問、アポリアがあることを指摘する。

一九九〇年代半ばになってくると、韓国自体も単純に第三世界と言えないのではないか、「亜帝国主義化」が起きているのではないかという疑問ですね。他方、朝鮮半島の分断体制と言う場合、この「体制」をヨーロッパ語に訳すとすると、「システム」なのか、「レジーム」なのか、それとも「シチュエーション」なのか――韓国の論争の文脈を腑分けしつつ、こういうことをとても丁寧に掘り下げられた上で次のように言われます。

北が南を南が北を相互に規定している。相互の矛盾の原因になり、結果になっている。その現実は単に二つの国家二つの社会が向き合っているということではなくて、それぞれの個々人の内部にまで浸透してその生を規定している。そういう矛盾がまさに「分断体制」という一つの体制となって存在しているということです。（同書、七〇頁）

個々人の内部を規定するという点ではサルトル的な「シチュエーション」と言えるかも知れませんが、それが「レジーム」とも「システム」とも言うべきものともつながっている。このような「体制」を、三つのヨーロッパ語のどれかに一義的に当てはめることはできない。白楽晴さんの「体制」という言葉の用法は、そのように理解すべきなのではないかということが示唆されています。

そのことを克服する問題は、階級の方向からのアプローチだけでも、あるいは民族解放というアプローチからだけでも取り扱うことのできない、「芸術的なまでの弁証法」を要求しているというわけです。一見すると特殊韓国的問題のように見えて実はそうではない。たとえばクルド人は［中略］トルコ政府に迫害されながら、ヨーロッパから見ればトルコの国籍を持つ外国人として存在している。それはトルコ問題であると同時にヨーロッパ問題であるというような、複合的な問題ですね。（同書、七二頁）

クルド人と朝鮮人の「状況」を、このように合わせ鏡のようにして白楽晴さんの『知恵の時代のために』を読んでいく。これは徐京植さんでなければ到底なしえない、独創的なアプローチでしょう。この作業は徐さんにとって、在日朝鮮人を含むディアスポラの朝鮮人の「状況」を考えるうえで、欠かすことのできない前提なのです。

私たち海外にいる朝鮮民族も、海外にいるからといって朝鮮半島に存在する分断体制と無縁ではない。無縁でないどころではない。大きく生を規定されていますね。しかしそれは日本社会の階級問題としても、日本社会の民族問題としても、それだけでは、そういう物差しだけでは説明がつかないわけです。［中略］朝鮮半島に統一した国ができて、それがいわば平和で排外的でなくて平等な国であれば、我々の生の基盤は根本的に変わってくる。［中略］［ディアスポラの朝鮮人コミュニティが］それぞれの国民国家の国民に分解するのではなく、民族的な一つの共同体をなすときに、それを一国家に収攬することはできない、また収攬するべきではない、というわけですね。（同書、七三〜七四頁）

「というわけですね」と言われているのは、ここまでの論脈をすべて、白楽晴さんの『知恵の時代のために』のなかに、徐京植さんが読み込んでおられるということです。ここに至るために、少し長々とお話したロンドンのエピソードから、分断体制下の在日朝鮮人の状況を考えるための手続きが、周到に積み上げられてきていたのです。これは私にとって大変大きな発見で、実にたくさんのことを学ばせていただきました。

いわゆる論争史的に言うと、祖国派と在日派という分岐が、一九八〇年代くらいまでの「在日」論では基軸になってきたと思います。あえていえば祖国派に属することになる徐京植さんが、この分裂自体をどう乗り超えるかという課題と取り組んで、まさに二〇世紀のアポリアである『「民族」を読む』という仕事をされた。そのために私は、『「民族」を読む』を、徐京植さんの初期のお仕事のうちで、最も重要な著作の一つと考えています。

このことはしかし、二一世紀に入ってきますと、「半難民」というかたちでさらに捉え返されます。「ディアスポラ」という言い方もされますが、私はこの「半難民」という言葉が非常に重要だと思っています。次に見ていきたいのは『半難民の位置から——戦後責任論争と在日朝鮮人』（影書房、二〇〇二年）に収められた、「『日本人としての責任』をめぐって——半難民の位置から」という文章です。先ほどロンドンのクルド人のコミュニティのエピソードから始まる論考をご紹介しましたけれども、こちらの論考ではフランスのアヴィニョンでふと入ったベトナム料理のレストランでの出来事、ベトナム人との二度目の出会いが語られます。それは徐京植さんにとって大変苦しい時間でした。以前にも日本で、ベトナム戦争の時代に、徐京植さんとベトナム人青年との出会いがあったわけですが、そのときとはまったく状況が異なっていたからです。徐京植さんの立場が変わっていた。その苦しみを、「疎外」を、できる限り「明晰に意識する」ことが、この後「日本人としての責任」を論じる上でぜひ必要だった。この連関は、けっして読み落としてはいけないポイントであるはずです。

アヴィニョンでのベトナム人との出会いがぎこちないものになることを私は覚悟した。今や私は「難民」ではなく、韓国の「国民」なのである。厳密には韓国にも日本にも参政権がないことが如実に示すとおり、半難民あるいは半国民とでも言うべき存在であるにせよ。［中略］それでも私が「韓国人としての責任」を負っていることを承認せざるをえないのは、私が韓国政府発給のパスポートをもって旅しているからである。［韓国がアメリカの「傭兵」的立場でベトナム戦争に参戦したときの］もと「傭兵隊長」［全斗煥］が大統領であった時代にその人物が発給したパスポートを手にしたからこそ、私はこのアヴィニョンに来ることができたのだ。旅に出るために、より一般化して言えば、難民として生きることの不利益や苦しみを免れるために、不承不承にではあるが、自分が韓国という国家の国民であることを私は追認したのである。この思いは私をひどく憂鬱にさせた。

（『半難民の位置から』六二〜六三頁）

「何々人としての責任」という観念を直ちにナショナリズムと規定する日本人リベラル派との論争を通して、「半難民」というこの概念を徐さんは彫琢されました。私は概念というよりも「思考の姿」

と呼びたいところですが、ともあれとても重要な思想的課題の場所が、ここに示されているように思います。

この『半難民の位置から』に収められた文章では、「半難民あるいは半国民」という言い方がされていますが、私は「半難民」と「半国民」とでは「半」という言葉の意味は異らざるをえないと思います。ここから少し私の考えを導入していきたいのですが、『分断を生きる――「在日」を超えて』（影書房、一九九七年）に収められた「新しい民族観を求めて――ある在日朝鮮人の『夢』」で、徐京植さんはソ連時代の民族の定義を扱われています。スターリン主義の民族論では、言語、血縁、集合的な居住地などいくつかの要素が不可欠とされ、それらの要素がすべて揃っていなければ自治を認めるべき「民族」とみなされません。この理論の問題は、具体的な民族経験を、「資格」の有無に還元してしまうことにある。今回事情があって原文に当たれなかったので記憶に頼って参照させていただきますが、徐京植さんはこの点を特に強調されていたと思います。

この論点を敷衍して考えると、「国民」という特権を享受する「資格」の一部を欠いている状況について「半」と言うことと、何も「資格」を持たない難民ではないという意味で「半」と言うこととは、これはやはり違うことになるのではないでしょうか。この二重の含みを徐京植さんが「在日」論に即して展開されたのは、『現代思想』の特集「難民とは誰か」（二〇〇二年一一月号）で、「『半難民』から見えてくるもの」というインタビューを公にされたときです。そこで徐さんは、「在日朝鮮人は無権利状態だが、さしあたり生存権は脅かされていない」として、まず「在日」全体を「半難民」と規定されます。しかし、もう一つの重要な限定として、「韓国籍保持者である自分は朝鮮籍を持つ人々のような無国籍状態にはない」ということも指摘されます。「在日」のなかに異なるタイプの「半難民」がいるという認識です。このように、「半難民」の「半」のなかにはさまざまなグラデーションがある。ここを繊細に押さえていかないと「難民」という言葉は使えないという、理論的かつ倫理的な問題提起です。在日韓国人の「難民」性は日本に対する「非」国民、韓国に対する「半」国民ということですが、しかし――

難民であるということは国家からの解放である以前に、それからの追放であり、そのことは多くの場合、生存権という基本権からの追放を意味しているのです。［中略］「難民」という概念を用いる際には可能な限り繊細でなければならないということです。

（『半難民」から見えてくるもの』七二～七三頁）

このあらゆる「繊細」さは「半」という言葉の用法のなかに働いている。そこに、徐京植さんの思考と感性の独自の働きを読み取らなければなりません。

「半」の内部をどのように思考するかというこの課題は、「ショアー」のサバイバーが残した著作に対する徐京植さんの持続した関心と、おそらく深いところでつながっているでしょう。徐さんには『プリーモ・レーヴィへの旅』（朝日新聞社、一九九九年）という名著がありますけれども、レーヴィがとりわけ最後の著作である『溺れるものと救われるもの』のなかで論じた「灰色の領域」ということが、おそらくこの「半」の思考と重なってくるのだろうと思います。

「半」をめぐるこの思索――まさに思「索」であり、否応なく手探りの部分が含まれるこの思索は、『プリーモ・レーヴィへの旅』では「尺度」の探求というかたちを取ります。「尺度」がなければ思想はとめどなく落ちていってしまう。頽落していってしまう。徐さんにとってレーヴィはその存在自体が「尺度」であるような人でした。その彼が一九八七年、死を選んでしまった。彼の自死はこの世界に「尺度」がありえないということを意味しているのか。この切迫した問いを携えて、徐京植さんは旅に出られました。

私は、プリーモ・レーヴィの著作に即して「尺度」を求めようとすると、「尺度の上限」という問題に突き当たると考えています。この問題に徐さんは、ツヴェタン・トドロフの『極限に面して』からの引用を含む一節で触れられています。少し長くなりますが、その箇所を引用させていただきます。

> 抵抗の意志すらも全面的に破壊された屈辱の記憶。自分は「カイン」であるという自己告発。証人としての自分の適格性にまとわりつく疑惑（だが、つきつめれば「真の証人」は死者なのであり、この世に存在することは不可能なのだ！）。自分自身も人間という恥ずべき種族の一員であるという思い。……こうした幾重にも重なった恥の感覚に身を蝕まれて、プリーモ・レーヴィはわが身を「深淵の奥底」に投げ出したのだろうか？
> 　トドロフは結論的にこう述べている。

《彼はバーを高く上げすぎた。人類は（問題なのはたんにドイツ人だけでなく、人類だから）、よくならなかった。レヴィがまっ先に観察したように、すでにあのごく近い過去さえねじ曲げ、抑圧しているのだ。相変わらず無実の者は罪を意識し、有罪者は無罪と思っている。おそらく、この理由から、レヴィは苦痛の大海が年々上昇していると感じたのだ。（「極限に面して」）》

プリーモ・レーヴィが自殺しなかったら、すべてが単純明快であっただろう。人生は、私たちの一人一人によってではなく、アウシュヴィッツの生き残りであるレーヴィによって肯定されているのだ。あのような経験をした人が、なお人生を肯定している。そうである以上、私たちがあらためて何を悩む必要があろうか……。ところが、その彼が、私たちを置き去りにしてこの世から消えてしまったのである。

（『プリーモ・レーヴィへの旅』一四一～一四二頁）

「彼はバーを上げすぎた」というトドロフの言葉を、徐京植さんはあえて論評されていません。しかし、レーヴィがどうしても「バー」を上げずにいられない、そのような精神でなかったとしたら、徐京植さんはここまで徹底した接近を試みられたでしょうか。

これは上限というものがない、逆説的な「尺度」です。そのような「尺度」はどうしても死に触れざるをえない。死に触れずに生きることができない。「灰色の領域」に、その内部に生きながら目を凝らすこと、そこで考えることは、このような「尺度」によってしか可能ではないとしたら、どうでしょうか。

このシンポジウムの副タイトルは、「徐京植氏の批評活動を手掛かりに」となっています。徐京植さんのお仕事の批評性もまた、死に触れることを厭わずに「バー」を上げる、そのようにして「在日」を考え、生きてこられた、日々の闘いのなかで培われた批評性なのではないでしょうか。徐京植さんにとってはそれが、初めに触れたフランツ・ファノンの言葉、「みずからの疎外を明晰に意識する」ことと、おそらく同義なのだと思われます。

責任について、問い続けること

——四半世紀の対話から

高橋　哲哉

私が徐さんの面識を得ることができたのは、今となってはもう四半世紀も前ですが、他でもない鵜飼さんのご紹介によるものでした。その意味で、今日こうして鵜飼さんとご一緒することにも特別の感慨を覚えています。四半世紀前といいますと、当時は三人ともまだ四十歳そこそこの「若手」でした。それが今や、鵜飼さんは一足先に定年退職されましたし、私も実は徐さんと同時に今年定年退職します。光陰矢の如し、本当の実感です。

徐さんと私は、この四半世紀を挟んで、二度ほど集中的な対話を行ない、二冊の共著にまとめました。二〇〇〇年刊行の『断絶の世紀　証言の時代——戦争の記憶をめぐる対話』（岩波書店）と、二〇一八年刊行の『責任について——日本を問う二〇年の対話』（高文研）です。折に触れて読み返しておりますが、あらためて思うのは、徐さんと私が共有してきた問題は一言で言えば「責任」の問題であった、ということです。「責任」の問題、とくに「日本人の責任」という問題に私たちはこだわってきました。図式化すれば、徐さんは問う側から、私は問われる側から、同じ問題に向き合ってきたと言えるのではないでしょうか。

「日本人の責任」もしくは「日本人としての責任」。現代日本の思想の場において、この観念あるいはこの言葉ほど忌避されるものも少ないのではないか。「日本人の」と語ればただちに「ナショナリズムだ」という批判が向けられますし、「責任」を強調するとすぐにも「倫理主義的だ」といった非難が挙がります。たしかに際どいところのある表現ですし、正直私も好きで使っているわけではありません。にもかかわらず、この表現を使わないと表現できない**関係性**あるいは〈**他者との関係**〉というものがあり、それゆえに、さまざまな嫌疑をかけられることを承知のうえで、また実際多くの嫌疑をかけられながらも、この表現を手放さずに問い続けてきたのだと、私は理解しています。

私たちが出会った一九九〇年代半ばは、時あたかも東西冷戦構造崩壊直後、日本の戦争と植民地支配の被害を受けた人びと、韓国をはじめとする東アジアの人びとが、続々と謝罪と補償を求めて訴え出た時代でした。徐さんと私は在日朝鮮人と日本人というポジション（あるいはポジショナリティ）の違いを踏まえつつも、日本政府は謝罪と補償をすべきであり、日本人は日本政府にそれをさせる責任があるという認識で一致していました。これに対して、こうした立場は「自虐史観」に基づく「国内外の反日勢力」による攻撃だなどという剥き出しの日本ナショナリズムが台頭しており、これに対する対応も問われましたが、徐さんと私にとってある意味それ以上に問題となったのは、謝罪と補償に肯定的な立場――ここでは一応「リベラル派」と呼ぶことにしますが――の間でのスタンスの違いでした。この時期、徐さんと同席し、強い印象を受けた場面がありますので、それを二つ挙げてみます。

一つは、一九九七年九月に「日本の戦争責任資料センター」が主催した「ナショナリズムと『慰安婦』

問題」というシンポジウムです。基調報告者は上野千鶴子氏、吉見義明氏、そして徐さんと私の四人でした。私は、加藤典洋氏の「敗戦後論」をめぐって生じていた論争を中心に「日本人としての責任」について話したのですが、これに対しては上野氏から、「国家の法に従って従軍するのを当然とする国家主義とどう違うのか」という趣旨の反論があり、私は当然「まったく違う」という説明をしました。ところが徐さんは、このシンポジウムの記録を書籍化する際にわれわれは新たな論考を求められたのですが、それを「『日本人としての責任』をめぐって――半難民の位置から」と題して、韓国籍の在日朝鮮人としてのご自身の経験の中から、この問題について見事な論を展開されたのです。そこから次の一文を引いておきたいと思います。

> 日本国民の皆さん、自分はたまたま日本に生まれただけであって「日本人」であるつもりはないとか、自分は「在日日本人」に過ぎないとか、どうかそんな軽口は叩かないでいただきたい。あなた方が長年の植民地支配によってもたらされた既得権と日常生活における「国民」としての特権を放棄し、今すぐパスポートを引き裂いて自発的に難民となる気概を示したときだけ、その言葉は真剣に受け取られるだろう。そうでないかぎり、「他者」はあなた方を「日本人」と名指し続けるのである。〈註1〉

ここには、「国民」の外の位置から放たれた、「国民主義」への根底的な批判があります。日本の「国民主義」の問題点は、保守派においては「日本人」アイデンティティの過剰から来る国家への同一化、国家主義的・国粋主義的・排外主義的暴力となって現われますが、一方リベラル派においては、「日本人」アイデンティティからの自由の幻想から来る、自らの法的政治的権力的ポジションの忘却ないし否認として現われます。リベラル派はこうして、他者から「日本人としての責任」を問われても、自分はその問いかけから免れていると考える。反対に、朝鮮人として、沖縄人として等々「日本人の責任」を問う相手の方を、「時代遅れの」ナショナリズムに囚われているとして見下すのです。

人文社会科学の領域で一九八〇年代には一般化したナショナリズム批判、国民国家批判論の潮流が、ポストモダン思想やアイデンティティ批判論などと合流し、リベラルであればあるほど、国家や民族といったものはすでに乗り越えられたと考える傾向が蔓延していました。「在日日本人」という言い方もその一つですが、実際に国籍を持ち、「国民」としての権利を享受していながら、「内的亡命者」や「難民」などに自らをなぞらえ、国家の拘束から自由であるかのように語ることが知的ファッションになったかのようでした。「国境を超える」とか「越境」などといった言葉の流行も同じ空気の一部でした（念のため、徐さんの著書に『越境画廊』がありますが、これはそうした空気から最も遠いところにある本だと思います）。私自身、そうした言葉に違和感を覚えながらも、ナショナルなものへの懐疑において、当時の潮流の強い影響を受けていたことも事実でした。国際会議やシンポジウムで多国籍の研究者と交流を重ねるうちに、自分が日本政府のパスポートに守られていることを忘れてしまうような知識人に対して、徐さんの批判はまさに頂門の一針だったと思います。

もう一つは、一九九八年に東京大学出版会から刊行された『ナショナル・ヒストリーを超えて』（小森陽一・高橋哲哉編）という本の編集過程でのことでした。ナショナリスティックな歴史観への批判をめざしてリベラル派の論者を結集しようとしたこの本のタイトルに、徐さんは独り（おそらくは孤立を覚悟で）強い違和感を表明したのです。南北朝鮮の分断状況下で「在日」を生きる朝鮮人の立場から、あるいは、徐さんによると「祖国は朝鮮、母国は韓国、故国は日本」であるような人の立場から見るとき、「ナショナルなもの」が簡単に「超え」られる、あるいは、それを「超える」ことが常に善であるという感覚は、決して見過ごすわけにはいかなかったのだと思います。徐さんは言います。自分も「できることなら国家や民族なんて捨てたい」。しかし国家間の権力関係や植民地主義がある以上、それを捨てることができない。自分はナショナリズムを支持するのではなく「ナショナリズムという形を取って表現される解放への要求」を支持するのだ、と。そういう徐さんとの交流を通して、私は「ナショナルなもの」との向き合い方を問い続けることになったわけです。

加藤典洋氏との論争においても、中心となったのは「日本人としての責任」という問題でした。『断絶の世紀　証言の時代』は全体で五章から成っていますが、第二章「哀悼と裁き」と第三章「責任と主体」を中心に、全編を通して私たちは、加藤氏の「敗戦後論」の論理を批判的に検証しています。実は徐さんは加藤氏の議論に初めて接したとき、「ほんの一瞬だけだが、あやうく頷きそうになった」と言います。それは加藤氏の議論が、それはそれで「日本人としての責任」を引き受けようとするものに見えたからでしょう。しかし、あの対談本の中では、徐さんは私とともに、むしろ私以上に、加藤氏の論に多くの疑問を投げかけています。

戦後日本は、戦時の「正義」と「侵略国」としての敗戦の「ねじれ」のために、「護憲派」と「改憲派」との「人格分裂」に陥っており、アジアの他者に謝罪することができない。アジアの他者に謝罪できるためには、まず先に「自国の死者」を深く哀悼することによって「人格分裂」を克服し、「われわれ日本人」という国民主体を立ち上げねばならない。広く知られた加藤氏のこの論理に対して、徐さんと私がどれだけの疑問を投げかけたか、それを逐一振り返る余裕は今ありません。ただ私に関して言えば、反論の最大の肝は、当時の次の表現で表わされます。「まず〈われわれ日本人〉を立ち上げないとアジアの死者に向き合えない、と言うべきではない。まずアジアの死者に向き合わなければ〈われわれ日本人〉を立ち上げることもできない、と言うべきだろう」。

その後、加藤氏は「先か後かを問題にするのは『内側から開く』ということの意味が分かっていないからだ」などと言いながら、実際には「自国の死者を先に置いて」と明言し、「自国の死者を先に弔え」という「そこのところは譲れない」と断言していました。アメリカ・ファーストならぬ、ジャパン・ファースト、ジャパニーズ・ファーストの図式。これを問うのは当然として、私が問題にしたのも単なる「順序」ではなく、まさにその「内側」の作り方でした。侵略戦争や植民地支配という形で関わったアジアの死者、アジアの他者とのかかわり抜きに「戦後日本」を定義すべきではない。自国の死者への「感謝」（加藤氏は、自国の死者を深く弔うとは「感謝」のことだと明言しています）によってのみ〈われわれ日本人〉が立ち上がるのだとしたら、その「戦後日本人」には侵略戦争や植民地支配の記憶も責任も欠如することになる、その点が問題でした。加藤氏はまた、「改憲派」の論理を「組み込んだ」「強い謝罪主体」を作り上げるという意味だとも説明しましたが、「改憲派」＝「靖国派」の論理の根幹に「侵略」の否認がある以上、それを「組み込む」ためには歴史認識を変えねばならないというアポリアに陥ります。結果として、私や徐さんが提起した具体的な疑問は放置され、例の「語り口の問題」へと議論がすり替えられてしまったという印象を私はもっています。「語り口の問題」のきっかけとなったのは、私のこういう文章でした。

長い忘却を経て歴史の闇の中から姿を現わした元慰安婦たち、彼女たち一人一人の顔とまなざしは、「汚辱を捨て栄光を求めて進む」「国家国民」の虚偽あるいは自己欺瞞を、最も痛烈に告発する「他者」の顔、「異邦人」ないし「寡婦」（レヴィナス）のまなざしではないだろうか。この汚辱の記憶、恥ずべき記憶は、「栄光を求めて」捨てられるべきものなどではなく、むしろこの記憶を保持し、それに恥じ入り続けることが、この国とこの国の市民としてのわたしたちに、決定的に重要なある倫理的可能性を、さらには政治的可能性をも開くのではないか。［中略］汚辱の記憶を保持し、それに恥じ入り続けるということは、あの戦争が「侵略戦争」だったという判断から帰結するすべての責任を忘却しないということを、つねに今の課題として意識し続けるということである。〈註2〉

加藤氏はこれを、「無限の恥じ入り」と称して、その語り口に「鳥肌が立つ」と言ってのけたのでした。実はこの論争は、四半世紀を経た現在でも少なからぬ人たちによって言及されるのですが、その際、この部分（だけ）を引用して、私の立場を「無限の恥じ入り」などと戯画化して、片付けてしまう身振りがよくみられます。その論者が「読む」という基本的な行為を大事にする人なのか、疎かにする人なのか、すぐに分かってしまうのです。あの当時、「無限の恥じ入り」という言葉は私の文章にはないこと、それは「レッテル張り」にすぎず、印象操作につながることをいち早く指摘し、引用部分を「ごく当然な理性の言葉として読んだ」と言い切ってくれたのが、徐京植さんでした。私がその言葉に大いに勇気づけられたのは言うまでもありません。

さらにこのとき、鵜飼さんは、「時効なき羞恥――戦争の記憶の精神分析にむけて」という論考を雑誌（『現代思想』二三巻一号、一九九五年一月）に寄稿し、ドイツのコール首相がホロコーストの罪について語った「時効なき羞恥」についてユニークな考察を展開しました。鵜飼さんによれば、『日本人として恥ずかしい』というとき、われわれは、同時に自己の帰属を肯定し当事者性を否認している。これは記憶の遺贈の可能性の検討に一つの手がかりを与える」というのです。私の表現を直接指して言われたことではないものの、私にとっては、「恥じ入り続ける」という表現を、ただ「鳥肌を立てて」忌み嫌うだけとは全く違う受け止め方を示唆してもらったように思えたものでした。

ちなみに、ドイツの政治家がナチスの罪に向き合い、この「恥」の感覚に触れたのはコール首相のみではありません。たとえばメルケル首相は、一昨年（二〇一八年）の一二月六日、アウシュヴィッツ＝ビルケナウ収容所を初めて訪れた際のスピーチで、こう述べています。「私は、この地でドイツ人によって犯された残忍な犯罪、あらゆる理解を超える犯罪を前にして、深い恥（tiefe Scham）を感じております」。また、こうも言っています。「これらの罪を心に刻むこと、加害者（「ドイツ人」と言っています）を名指しすること、犠牲者たちの尊厳を守って記念することは、終わることのない責任（eine Verantwortung, die nicht endet.）です」。「この責任は私たちの国に不可分に属しており、この責任を意識することは、私たちのナショナル・アイデンティティの不変の一部なのです」。「深い恥」の感覚と、「責任」には「終わりがない」という意識、これを「無限の恥じ入り」と言って冷笑することができないとしたら、日本の場合、何が違うと言うのでしょうか。一昨年九月一日、昨年（二〇二〇年）五月八日のシュタインマイアー大統領のスピーチ等にも触れたいところですが、時間の関係で断念します。

さて、「責任」について、とくに「日本人としての責任」について問い続ける中で、私が徐さんと共有してきたと思えるもう一つの大事なものは、「正義」justiceについての感覚です。「正しさ」と言ってもいいでしょう。「日本人の責任」と同様に、「正義」もまた、現代日本の言論の場で最も嫌われる言葉の一つです。「正義」は怖い、その有無を言わせぬ権力性が恐ろしい——そうしたイメージが日々さまざまな言説によってふりまかれています。よほど良質の知識人の言説からも、正義への要請が積極的に語られることはまずありません。しかし、「正義」と言えば権力的なものしか連想できないとしたら、それは逆に大変怖い状況ではないかと思います。なぜなら、正義とは本来その逆、国家権力を含めた強者による弱者への抑圧や差別、加害や暴力があった場合、その是正を求める要請だと考えるからです。

戦前・戦中は天皇が「正義」だった。皇軍、皇国、大日本帝国の「正義」は怖かった。それが復活するのは怖い。——なるほど、その通りですが、それが怖かったのは、大日本帝国の「正義」が過ち多きものだったから、抑圧と差別と暴力によって数多の犠牲者を生み出した、すなわち「正義」に反するものだったからでしょう。なるほど「自粛警察」は怖い。マスクをしないで歩いていたら許しがたいと言って袋叩きにあった。でもそれは同調圧力と暴力の怖さであって、「正義」に反することでしょう。

徐さんは『断絶の世紀　証言の時代』（前掲）で、「現在の日本社会全般を覆う現象」として『『正義』の感覚の衰弱」を挙げ、こう述べています。

現実には、おまえたちは社会のメンバーじゃないといわれていた被差別者、被抑圧者たちの闘いが社会を開いてきたのです。アメリカの独立宣言は普遍主義を掲げていますが、最初は先住民や黒人を人間として認めていなかった。その普遍主義の理念に照らして、われわれも人間ではないかという闘いなしには、先住民や黒人はルール決定そのものに参画することができなかった。そうした闘いが「倫理主義」とか、小林（よしのり）氏の言葉でいうと「純粋まっすぐクン」などと揶揄され、冷笑されている。そうした気分が学界やジャーナリズムにも広がっています。

［中略］

もちろん正義を求めるさまざまな運動がそのつど問題をはらみ、あるいは挫折してきたということは私も否定しない。しかし、だからといって正義への要請そのものが消え去ったのではない。正義への要請はつねにあったし、いまもある。しかし正義への要請自体が冷笑されています。（註3）

この二〇年後、『責任について』（前掲）の対談の冒頭で、徐さんは現代日本を「尺度の失われた混沌」と呼んでいます。「簡単に言うと、弱い者は助けなきゃならないというような、建前としてあった尺度すらもうなくなってしまった社会で我々は生きている」というのです。遺憾ながら、同感です、と言わざるをえません。ここで「尺度」と言われているもの、それが「正義」の最も慎ましい形だろうと思います。

徐京植の言うことは「正しい。しかし、……」。高橋哲哉の言うことは「正しい、しかし、……」。こうした「語り口」で、徐さんや私の議論を「倫理主義」だとか、「審問主義」だなどとして斥ける人たちを、数多く見てきました。徐や高橋の議論は「正しい。しかし、正しすぎる」とも言われました。「正しすぎてダメだ」ということのようです。私たちの議論が、保守派の人たちに「正しい」とされることはありません。そうした反応の多くはリベラル派の人たちのもので、かつわずかに年配の左翼運動系の論者たちにも見られました。たとえば加藤典洋氏の「敗戦後論」をめぐる論争。私の主張は突きつめればシンプルなものでした。「日本国は元『慰安婦』の人たちへの償いを怠ってきた。過ぎ去った時は取り返しがつかないが、今からでも責任を認めて謝罪と補償を行なうべきだ」。この主張は「正しい」と認めながら、しかし(「正しすぎて」にせよ何にせよ)ダメだ、とはどういうことでしょうか。要するに、この主張にコミットするつもりはない、このことを自ら積極的に主張したり訴えていくつもりはない、ということではないでしょうか。そしてここには、「この主張が正しいと思えても、それにコミットするには及びませんよ。コミットしないほうがいいですよ」という他者へのメッセージが付随している。実際、こうした「意見」やそれに共鳴する人たちから、謝罪と補償を実現すべく、たとえば別の「語り口」での強い訴えがなされてきたという事実も、私は寡聞にして知りません。

二〇一五年、加藤氏は『敗戦後論』のちくま学芸文庫版の後書きの中で、こう書いています。『敗戦後論』で自分は「新しい戦争の死者への追悼と謝罪のあり方」「いまでいう靖国問題」と、「憲法九条問題について」「自分の考えを記した」が、「世の中の進み行きは、そのとき危惧した方向に向かい、だいたい私のいった通りになってしまった」。あたかも、靖国派・改憲派の安倍政権が高い支持率を誇って我が世の春を謳歌しているのは、靖国批判派や護憲派が、相手の論理を内に組み込めなかったからだ、自分の言う通りにしなかったからだ、とでも言うかのように聞こえます。事実上、日本の右傾化が進むのは靖国批判派や護憲派のせいだ、と言っているのと変わらない。東アジアの市民が連帯しての靖国批判運動など、百害あって一利なし、ということになりかねません。

ここで、「正しい、しかし……」という論法の比較的詳しい説明のあるケースとして、内田樹氏のものを取り上げてみたいと思います。『敗戦後論』ちくま学芸文庫版の解説「卑しい街の騎士」という文章です。内田氏は徐さんや私の議論を以前から「審問主義」として批判してきた人です。最初に引いた徐さんの「今すぐパスポートを引き裂いて」という文章を、「オレの意見を聞けない奴は非国民だ」というのと同型の「恫喝」だと決めつけた人です。『責任について』の対話の中でも徐さんから言及された人なので、この文章は直接には私を名指しした批判ではありますが、今後の対話の話題としても共有しておければと思います。

内田氏は、「正しい、しかし」という論法をこれ以上なくはっきりと打ち出しています。「侵略国としての法的・政治的・道義的責任を踏まえて謝罪と補償を実行すべきだ」という私の主張を引用し、こう続けます。「高橋哲哉の理路は正しい。しかし、私もまたこの文章を読みながら『思想というのはこんなに、鳥肌が立つようなものなのか』という印象を加藤と共有したことを告白しなければならない」。

内田氏は、私（高橋）の主張は間違っているわけではない、と言います。そうではなく、「〈「正解」を日本国民に周知徹底させる〉という不可能な仕事にひたむきな努力を注いでいる高橋自身が日々ゆっくりと近づいている『結論』に私の身体が拒否の反応をした」というのです。では、その「結論」とはどのようなものか。順を追っていきます。

高橋の語る「正解」は「正解」であるにもかかわらず日本国民に周知徹底されていないし、近い将来に日本国民全体の総意を得る見通しもない。その場合、論理的にも倫理的にも「正しい」主張が受け容れられないという事実は、「日本国民の多くは救いがたく愚鈍で邪悪である」という判断に与することでしか説明できない。論理の経済は高橋と彼の読者たちをいずれそのような判断に導くだろう。〈註4〉

こう述べた後、内田氏は拙著『靖国問題』（筑摩書房〈ちくま新書〉、二〇〇五年）から、軍事力をもち戦争を想定する国家は必ず戦没者顕彰の装置をもつという命題を引用し、こう述べます。「高橋の主張は依然として『正しい』。しかし、やはり『正しすぎる』ように思われる」。では、「正しすぎる」とはどういうことか。

高橋哲哉の論理はそのまま極限にまでつきつめると、いかなるナショナリズムも認めないところまで行きつくし、すべての民族集団、宗教集団の共同性を否定するところまで行き着かざるをえない。彼が勧奨するアジア諸国への謝罪にしても、論理的に言えば、加害国民である日本人から謝罪を勝ち取ったことを外交的得点に数えることをアジア諸国の政府に禁じなければならないし（それはそれらの国のナショナリズムを亢進させるからである）、「戦争責任・戦後責任を完遂しうるほどに倫理的に高められた国民的主体を立ち上げた」という意識をもつことを日本人には禁じなければならない（それはナショナルな優越感の表現に他ならないからである）。

原理的な正しさを求める志向はいずれ**おのれが存在すること自体が分泌する**「**悪**」に遭遇するほかない。そのときには「私が存在することが悪だというなら、私は滅びよう」という「結論」をおそらく高橋は粛然と受け容れる覚悟なのだと思う。

私の身体に「鳥肌」が立ったのはおそらくそのような「自裁の結論」に対しての生物学的な怯えゆえである。〈註5〉

私の論理の「結論」は「自裁」である、というわけです。どうでしょう。もしそうだとしたら、「正しい」主張にコミットする人たちは、それを国民全員に周知徹底できない限り、全員「私は滅びよう」と言って「自裁」しなければならない、ということになるのではないでしょうか。戦後補償運動は集団的な「自裁」に帰結する、とでも言いたいのでしょうか。

ちょっと待ってください、と言いたいですね。

内田氏は、「高橋哲哉の論理はそのまま極限にまでつきつめると」、こうこうなる、と言っています。私の論理を「そのまま極限にまでつきつめ」て、極端で破滅的な「結論」に導いているのは、内田氏であって、私ではありません。また、戦後責任に関する私の主張は「論理的にも倫理的にも」「正しい」と氏は認めています。しかし、「正しい」にもかかわらず、その主張が日本国民全員に受け入れられないという事実からは、「日本国民の多くは救いがたく愚鈍で邪悪である」という判断が導かれるしかない、というのです。このような判断を導き出しているのも、内田氏であって、私ではありません。

私はある社会において、とりわけリベラル・デモクラシーを建前とする社会において、ある政治的主張が「正しい」と思えたとしても、それが国民全員の同意を得るなどということは想像しがたいと思います。望ましいこととも思いません。政治的意見の複数性はリベラルな社会の大前提であり、自分のコミットする主張が多数の支持を得られないからといって、国民の多くが「救いがたく愚鈍で邪悪」だからだ、などと私は考えたこともありません。そんなふうに考えるのであれば、とうの昔に諦めて政治的主張をやめていたでしょう。私から見ると、内田氏はここで信じがたいほどのラディカリズムを発揮して、「正しい」という主張をあらぬ方向に極端化し、私のスタンスとは似ても似つかぬ過激な「結論」(「自裁」)を私に押しつけているようにしか思われません。

「靖国問題」について内田氏は、私が「靖国神社を非とする以上、世界のすべての共同体における慰霊の儀式の廃絶を論理の経済は要求する」と述べていますが、私の論理がそのようなものでないことは、拙著を読んでいただければわかります。「ナショナリズム」についても、その内実やコンテクスト抜きに、「ナショナリズムだから」と言って全否定するのは私の立場ではありません。この点について、徐さんとの交流から多くを学んだことはすでに述べましたが、そもそも、たとえば三・一朝鮮独立運動を「ナショナリズムだから」と言って否定するなど、生まれてこのかた夢にも思ったことはありません。今も、沖縄の「県外移設」論や琉球独立論を「ナショナリズムだ」と言って否定する人たちに、異論を立てて論争になっています。

内田氏はまた、「アジア諸国への謝罪」の「論理的」帰結として、二つの「禁止」事項を挙げています。しかし、ナショナリズムへの批判は、ナショナルなものの肯定を機械的に「禁止」することではないでしょう。そもそも、いったい誰が、そんなことを「禁じる」権限をもつのでしょうか。

戦後責任の論理は、ここに戯画化されているようなものではありません。ただし、これは、「原理的な正しさを求める志向」を否定する、ということでもありません。そんなことをすれば、「原理的な正しさ」を求めて議論してきた哲学者たちの努力も否定しなければならないでしょう。たとえばロールズは、彼の『正義論』が重要な批判者を生み、アメリカ合衆国国民の総意にならなかったからといって、「おのれが存在すること自体が分泌する『悪』に遭遇」し、「自裁」しなければならなかった、などとは言えないでしょう。今日でも、政治哲学者たちは「正義」の原理をめぐってしのぎを削っているのです。

最後に、もう一度、徐さんの文章から引用して、終わりたいと思います。

さまざまな分断線が、日本人と朝鮮人、男と女、加害者と被害者等々の間に引かれている。これを確認することは必要だと思います。「同じ人間ではないか」という「普遍主義」で、現にある分断を覆い隠すことはまちがっている。しかし、なぜ分断線を確認するかというと、なんとかしてそれを超えるためである、と私は言いたいのです。たとえば実感ということに関しても、学生から、私には韓国人の気持ちはわかりっこありませんという反応が出てきたりするのですが、それでも自分と相手とはどういう論理でつながれるのかという、まさに新しい尺度を求めなければなりません。正義という尺度によって他者とつながることができるという理念をおかない限り、断絶を超えていくことはできない。〈註6〉

【註】


〈1〉徐京植「『日本人としての責任』をめぐって――半難民の位置から」、日本の戦争責任資料センター編『シンポジウム　ナショナリズムと「慰安婦」問題』青木書店、一九九八年、一六七頁。

〈2〉高橋哲哉『戦後責任論』講談社、一九九九年、一九〇頁。

〈3〉徐京植・高橋哲哉『断絶の世紀　証言の時代――戦争の記憶をめぐる対話』岩波書店、二〇〇〇年、一七五頁以下。

〈4〉内田樹「卑しい街の騎士」、加藤典洋『敗戦後論』筑摩書房〈ちくま学芸文庫〉、二〇一五年、三六七頁。

〈5〉同書、三六九頁以下。

〈6〉徐京植・高橋哲哉、前掲書、一七九頁。

徐京植の著作を通じて見た韓国社会、文学、その影響と刺激

権 晟右
洪 昌極・訳

はじめに

私が心より深く尊敬する徐京植先生の定年記念の学術フォーラムで、ズーム（Zoom）という手段ではありますが、このように発表させていただけるのは、大きな喜びであるとともにやりがいでもあります。私は韓国ソウルにある淑明女子大学校で韓国現代文学を教えている文芸評論家の権晟右と申します。本日のこの時間は、私の学問的な歩みの中でおこなわれてきた、いかなる学術大会の発表よりも私自身に格別な思いと高揚感を与えてくれます。何より、このオンラインの空間にご一緒してくださっているすべての方々に深い連帯と友情の心をお伝えしたいと思います。

私はこの発表で、徐京植教授の論稿や書籍が、韓国社会において受容され、紹介される意義とその脈絡について概観し、文学というプリズムから、徐京植による執筆活動について調べてみようと思い

ます。その中で、徐京植教授の著作が私に与えてくれた思いと学び、刺激、そして魅力についても所々で言及してみようかと思います。ただし、大学で定年を迎えることになる七〇歳の徐京植教授が著した三〇冊余りに達する著作、その知的遍歴と実践を、この一つの文章に整理し、意味を付与するのは不可能なことです。なぜなら、徐京植教授が拡げた思惟の振幅が非常に深くて広く、そして多彩であるためです。そのため、この発表は、徐京植の論稿と書籍の中で私の心に深く突き刺さった印象深い内容と、この報告のタイトルである「徐京植の著作を通じて見た韓国社会、文学、その影響と刺激」という主題を中心に構成されています。色々な面で不足した発表ではあると思いますが、寛容なお気持ちで聞いていただけると幸いです。

出会い

私の心に徐京植という存在が本格的に刻み込まれた契機は、『子どもの涙』（韓国版：イ・モク訳、トルペゲ、二〇〇四年＝日本版：小学館、一九九八年）でした。私はこの本を通じて、在日ディアスポラ徐京植の実存、苦悩、傷に関して述べられている部分に強い印象を受けました。『子どもの涙』には、幼少年期を支配した徐京植の感性と読書、日常がもの悲しく広がっています。たとえば私の心を揺さぶった次の文章を、ゆっくりと再び読んでみたいと思います。

いまも時折、散逸をまぬがれて本棚や押入れに残っている古い本を手にとってみることがある。

落書きや手垢に汚れたページを繰っていると、子どもの頃の歓びや哀しみの感情までが胸底でざわざわざわと騒ぎ始める。成長への憧れとおそれ、自負と劣等感、希望と失意とがはげしく交錯した、あの日々

（前掲『子どもの涙』韓国版一七頁＝日本版七頁）

今読み返してみても、非常に文学的であり流麗な文章にして翻訳であると思います。この一節に接し、言語では形容できない大きな慰めと激励を受けました。時に劣等感、失意、不安、孤独が襲ってくると、そのたびに私は徐京植のこの文章をゆっくりと読んでみます。すると大変慰められるのです。私が好きな著者、徐京植。今では誰よりも豊かな知性と深い思惟の力を込めたエッセイの品格を見せてくれる徐京植。そんな彼の少年時代、「成長への憧れとおそれ、自負と劣等感、希望と失意とが激しく交錯した、あの日々」のような、そうした憂鬱な瞬間があったという事実は、私のように平凡な人々にとって大きな慰めとなります。上で引用した文章に接して、私の少年時代の傷と劣等感がたくさん治癒される感覚を受けました。このような傷と失意、劣等感、おそれから自由な人間は誰もいないことでしょう。

前の例文で紹介した徐京植の文章を通じて、一人の人間の無限の可能性と知的成長について、そしてその誰も自由であることが出来ない希望と絶望の瞬間について考えてみます。彼は自身が少年時代及び青年時代に体験した傷と劣等感の深淵をじっと見据えました。そうであるがゆえに彼は、彼特有の淡泊で美しく、気品にあふれた文を書くことができるのではないかと思います。

『子どもの涙』の後に出会ったもう一冊の本は、『青春の死神』（韓国版：キム・ソクヒ訳、創作と批評社、

二〇〇二年＝日本版『青春の死神——記憶のなかの20世紀絵画』毎日新聞社、二〇〇一年）でした。次のような文章が私に迫ってきました。

そのとき私はすでに三〇代半ばを過ぎていたが、父母がともに世を去ったばかりで、自分自身には家族も定職もなかった。私にあるものといえば、延々と続く勝利の期しがたい闘争、果たせなかった望み、成就しなかった愛、もがけばもがくほど傷つけ合うほかない人間関係、穴底のような孤独感と憂鬱、そういうものだけだった。自分は卑小であるという思いに執拗に苛まれながら、それでも、この世界において何ものかでありたいという欲望を断念しきれなかった。どう生きればいいのだろう?……いくら考えてもすべてが漠としていた。死にたいと思い詰めることはなかったが、死がつねに自分のかたわらで息づいているように感じていた。

（「青春の死神」、前掲『青春の死神』韓国版七五頁＝日本版五八頁）

この一節を読んだ時、私は熾烈な文学論争を体験して大きな傷を受けた状態だったということを記憶しています。壊れた人間関係、主流の文壇の方に発ってしまった仲間、そして当時文学界で感じた絶望と幻滅などにより、慢性的な憂鬱と孤独が私を取り巻いていました。だからでしょうか。徐京植のこのような心情があまりにも切実に迫ってきました。

『子どもの涙』との出会い以後、私は徐京植教授の愛読者となって、韓国語で翻訳された彼のすべての書籍と論稿、コラムを熱心に探して読むという運命を辿ることになりました。その運命は、『私の西洋美術巡礼』に始まって、『ディアスポラ紀行』（韓国版：二〇〇六年＝日本版：岩波書店〈岩波新書〉、二〇〇五年）、『プリーモ・レーヴィへの旅』（韓国版：二〇〇六年＝日本版：朝日新聞社、一九九九年）、『詩の力』（韓国版：二〇一五年＝日本版：高文研、二〇一四年）等を経て、最近の『責任について』（韓国版：二〇一九年＝日本版：高文研、二〇一八年）、『私のイギリス人文紀行』（韓国版：バンビ、二〇一九年＝日本版『ウーズ河畔まで——私のイギリス人文紀行』論創社、二〇二一年）に至るまで、徐京植の著作を順次読んでいくことに、幸いにも繋がっていきました。

その間に読みふけった徐京植の著作を通じて、私は韓国語で発表されたどのような文学作品に劣らず、密度のある知性と思惟の力、激しい思索の後の爽やかな憂愁、淡泊ながらも深みがあって余韻の残る文体、時代に向き合う人間の運命に対する悲しみを感じました。彼の書籍と論稿を通じて、文芸評論家である私に、エッセイを読む上でのまた一つの見識と基準が形成されたと言えるでしょう。

二〇〇六年六月一七日、淑明女子大において開かれた韓日民族問題学会主催の講演会で彼に初めて会いました。徐京植教授は、「ディアスポラと言語——在日朝鮮人の立場で」という主題で尹東柱の詩と翻訳について講演をおこないました。尹東柱の「序詩」について、ぎこちない韓国語と、時々の日本語とで話す彼の姿があまりにも印象的でした。講演後の彼との対話を通じて、実直な態度に強い印象を受けました。振り返ってみると、その後に過ごした時間は、徐京植の書き物と人生をまるごと理解するための過程であったと思います。彼が韓国を訪れる時、あるいは私が日本を訪れるたびごとに、たびたび会って様々な対話を交わしました。また、徐京植教授が勤める東京経済大学で二〇一五年第一学期に客員研究員として過ごした理由も、彼の文章と人生をしっかりと知りたいという熱望からでした。当時、徐京植教授が主催するセミナーには、朝鮮大学校の在学生と卒業生も含まれていて、彼らと「在日朝鮮人」を主題に色々と対話をおこないました。日本社会で彼らが体験した差別、悲しみ、傷に接して、その間私が十分に認識できずにいた視座について考える機会を得ました。

韓国社会で徐京植の文章が持った意味

それでは、韓国社会で徐京植の文章が持った意味についていくつか申し上げてみたいと思います。まず、徐京植教授の著作は、相対的に日本社会より韓国社会で一層積極的に受容されてきました。ある出版社（創作と批評社）は、徐京植教授について早くから「私たちの時代最高のエッセイスト」と表現しています。合わせて、「私ももの書きとして一言だけ申し上げます。私は今まで日本でも着実に一〇冊以上本を出してきましたが、率直に言って、日本よりも翻訳出版された韓国の方に多くの読者がいます」（『境界で出会う』二〇四頁）、「韓国は大体日本よりも二〜三倍程度の読者がいます」（二〇一五年四月二四日、長野信州山荘での対話）と言及してきた徐京植教授の発言を参照する必要があります。おそらく生涯を通じて差別と植民地主義に抵抗した彼の立場こそが、韓国の知識社会に対して徐京植教授の著作が大きな反響を呼ぶ所以だと思います。

二番目に、『ディアスポラ紀行』（前掲）、『難民と国民の間』（トルペゲ、二〇〇六年＝日本版『半難民の位置から――戦後責任論争と在日朝鮮人』影書房、二〇〇二年）、『ディアスポラの眼』（ハンギョレ出版、二〇一二年＝日本版『フクシマを歩いて――ディアスポラの眼から』毎日新聞社、二〇一二年）、『歴史の証人、在日朝鮮人』（日本版『在日朝鮮人ってどんなひと？――中学生の質問箱』平凡社、二〇一二年）など、徐京植教授の著作は、韓国の知識社会において本格的に在日朝鮮人とディアスポラについての問題意識を喚起してきました。彼が複数の書籍において叙述したディアスポラ芸術家の苦難に満ちた「歴程」と、亡命者に近い橋渡し役の感性は、国家主義と民族主義の磁場から十分に離脱できなかった韓国社会に新鮮な衝撃と刺激を与えてくれました。韓国社会でその存在がきちんと知らされなかった「在日朝鮮人」が深い関心を集め、研究対象として浮び上がったのには、徐京植教授による貢献が大きかったと思います。彼は、「世界各地を旅して歩くようになって、およそ二〇年になる。振り返ってみれば、旅の途上で私が眼と心を惹きつけられる事物は、いつも、どこかディアスポラと関係していた。その理由は、私自身がディアスポラであるからだ」（『ディアスポラ紀行』韓国版一三頁＝日本版一頁）と告白しています。これは、ある著者の書き物と問題意識が、その者自身の実存的アイデンティティと深い関連性を持つという事実を雄弁に語っています。

三番目に、徐京植の文章は、日本社会だけでなく韓国社会のあらゆる矛盾と欠如について、複雑で息苦しい心情を伴って省みる機会を与えてくれます。徐京植の書籍、思惟との対話は、韓国社会、文壇、アカデミアの問題と現況について省みる大切な契機を提供してくれました。例えば次のような発言を挙げることができます。「私がここを訪れてから、華僑の人で大学教授や知識人になった人がいれば必ず会ってみたいという話をしたことがありますが、いないと言われました。大韓民国社会が何らかの抑圧をおこなった結果ですよね？」（『苦痛と記憶の連帯は可能なのか』三七頁、本書は韓国版のみ）。このような質問は、少数者に対する排除と抑圧の論理が支配する韓国社会の陰に、痛烈な形で目を向けさせます。今日では多少の改善がありますが、当時は華僑、ディアスポラ、難民、少数者に対する偏見と排除が支配していた韓国社会、その社会をめぐる複雑で息苦しい状況が、この質問によって端的な形で露見しました。徐京植自身がある社会の少数者でありディアスポラであるため、このような問題意識をより一層鋭敏に意識していたのでしょう。在日朝鮮人ディアスポラという「外部」の位置で発話された徐京植の散文は、韓国社会の「内部」にいる人々がそれまで認識することの出来なかった現状と矛盾、活力と偏向を正確に看破しているという点に注目しなければなりません。そのような意味で、在日ディアスポラエッセイストである徐京植の散文は、同時代の韓国社会（文化）の現実と偏向に改めて照明を当てる、重要な他者としての役割を果たしています。

四番目に、思惟の力と深い知性、人生に対する真剣さを伴った徐京植のエッセイは、軽いヒーリング中心のエッセイがほとんどである韓国社会の読書のあり方に、有意義な刺激と影響を与えてくれました。エッセイはどんな文章よりも筆を握る主体の問題意識と感性、思惟の表情、心の模様が繊細にあらわれます。徐京植によれば、良いエッセイはいつも「私」を疑うものであり、悪いエッセイは「私」を何ら疑いもしない、そのような安易なものです。彼のエッセイは、死、希望、発展、国家、民族、進歩などに対するなじみ深い通念を転覆させます。このように徐京植のエッセイには、澄みわたった覚醒と深い余韻、真剣な思惟の力、孤立を恐れない心が込められています。人間の悲しみと歴史の悲劇をじっと見据える徐京植のエッセイとの出会いを通じて、この社会の知識人たちは、新鮮な衝撃と痛烈な刺激を受けたということができるでしょう。

文学

徐京植の著作において登場する主題は、美術、音楽、ディアスポラ、在日朝鮮人、日本社会、本、家族、民族主義／脱民族主義など非常に多様です。ここでは、「文学」に焦点を置いて徐京植の執筆活動と思惟について見てみたいと思います。

彼は、「〔大学進学を控えた状況で〕私には文学への漠たる希望（幻想というべきか）があった。文学ではメシが食えないことは承知していたが、なんとか文学に関わる分野に潜り込んで生きていきたいと思っていた。というよりも、正直にいえば、それ以外の選択肢がなかった」（『詩の力』韓国版三二頁＝日本版『詩の力――「東アジア」近代史の中で』高文研、二〇一四年、二六頁）と述べました。『子どもの涙』によれば、彼は少年時代から詩人になることを熱望したし、早稲田大学在学時代でも専攻がフランス文学でありました。徐京植は、二〇一五年五月一二日に実現した私との対話を通じて、「本当に良い文学は、どうにかその世界に私も入りたいという憧憬を呼び起こす、そのような種類の文学だ。若い日、私もそのような文学の世界に属したかった」と告白したことがあります。

このように見れば、彼が文学を専攻して作家になったことは一種の運命ではないかと思います。当時は今より作家、文学、執筆活動が文化の中心であったし、文学に対する期待と幻想が生きていた時代でもあったでしょう。

詩人の感受性、文学に対する幼い時からの愛情と感覚は、徐京植の文章が持つ特徴と魅力を説明するための要素です。このように述べたらどうでしょうか。美しいエッセイは、概して社会的問題に無関心で、逆に社会的問題に関心を傾ける鋭利なエッセイは美学的には劣る場合が多いと言えます。これに比べて徐京植のエッセイは、政治的妥当性と美学的品格の結合に成功しています。尖鋭な政治的アジェンダ（agenda）を扱いながらも、深いペーソスと悲しみ、魅力的な文体で満たされた徐京植の文章は、読者にとって格別の魅力があります。元は日本語で発表された文章だという点を勘案すれば、徐京植の文章が「翻訳」という回路を経てもなお、どれほど強い発信力と普遍性を発揮しているのか、ということを改めて実感することになります。

このような境地がどのように可能だったでしょうか。『詩の力』に収録された「私はなぜ『もの書き』になったのか」に登場する、次の一文を注意深く読んでみる必要があります。

よく知られた韓国政治犯の弟がヨーロッパに気休めの旅に行ってきた報告――万が一にもそんな読まれ方をされるのはいやだった。私が政治犯の弟であることは事実であり、その立場を逃れることはできない。それは承知しているが、表現活動の次元では、私の独自性、私ならではの主体性を発揮しなければならない、たとえ批判をうけることになろうと、政治犯誰彼の弟でなく、徐京植という個人の存在を読者に刻みつけたい、そう願ったのだ。

（『詩の力』韓国版五一頁＝日本版四六頁）

上の例文には彼だけの独自の表現活動、すなわち執筆活動において個性と主体性を持とうと渇望する徐京植の切実な意志が表われています。このような渇望は徐京植をして、書き物の主題に劣らず、文体と表現に対する多大な関心へと導かしめたことでしょう。言うなれば徐京植は、単に真っ当な文を書くということから一歩進んで、彼だけが書ける固有の文を書きたかったのでしょう。彼が一九九五年、『子どもの涙』で日本エッセイストクラブ賞を受賞したという事実、その受賞の理由が「ずば抜けた日本語表現」にあるという点は、徐京植の文体、文章が日本の評論界でも明確に認められたという事実を端的に表しています。実際、内容もですが、清潔で淡泊な文体こそが徐京植の散文の格別の魅力であると思います。翻訳本においてもその率直ながらも激しい省察と美しい文体が感じられるくらいなので、原文ならばより一層その文体の魅力が大きく迫ってくるのではないでしょうか。私はその原文の魅力を余すところなく感じるために、引き続き日本語の勉強をしたいと思っています。

徐京植は『難民と国民の間』（前掲）において、次のように述べたことがあります。「サイードは『滅亡する運命であることを知っている』、それにもかかわらず『私たちは前に進みたい』と話す。『ほとんど勝算がないにも関わらず引き続き真実を述べようとする意志』について述べました。あたかも一編の詩のような話だ」（「途切れることなく真実を語ろうとする意志」、前掲『難民と国民の間』、本論考は韓国版のみ収録）。まさにこの言葉が心に突き刺さりました。私の人生にも、こうした論争や選択をすれば、結局は孤立するだろうということ、傷を受けるだろうということを予感しながらも、そのように進むほかはないという瞬間がありました。そのような孤独な時に、上の引用文を心に刻んだりもしました。ここで「一編の詩」が持った意味は、『詩の力』において彼が表現したこと、「思うに、これが詩の力である。つまり勝算の有無を超えたところで、人から人へなにかを伝え、人を動かす力である」（前掲『詩の力』日本版一一四頁）という言葉と繋がります。私はこのような態度から、形容できない感動と魅力を感じました。このような境地と態度を、話や言語で表現するのは十分に可能でしょう。しかしある社会の少数者の立場において、正義へと向かうその大胆な孤立と敗北を自ら実践するのはどれほど過酷な道のりでしょうか。そのような道のりを前にして私は感服するのです。

徐京植にとってあるべき詩というのは、このように敗北するだろうと予感をしながらも、書かずにはいられないなんらかの運命的な情緒と、道があって行くのではなく、何の道も見えなくともそのまま行くほかはない態度を伴うものです。そうであれば彼は、この時代の文学の役割と文学の可能性についてどう考えているのでしょうか？　彼は、文学の啓蒙的にして批判的な役割は、どれほど果たし得ると考えているのでしょうか？　『詩の力』の後記、「『後ろ向き人間』の抵抗」において徐京植は、このように書いています。

「文学」が抵抗の武器として有効なのかどうか、疑わしい。私の書くものが「文学」と呼びうるかどうかはなおさら疑わしい。それでも、こんな本を出そうとするのは、本書の中で魯迅の言葉を借りて述べているように、勝算の有無を超えて、「人が歩くと道ができる」からだ。まだ歩けるうちは歩くしかない。

（『詩の力』韓国版二七七頁＝日本版二五二〜二五三頁）

青春時代、金芝河《キムジハ》の「灼けつく渇きで」をはじめとして、申東曄《シンドンヨプ》、高銀《コウン》、申庚林《シンギョンニム》などの詩を通して祖国の民主主義と抵抗の可能性を模索した彼が見るに、もはや抵抗の武器としての文学の可能性は疑わしいというのです。率直な告白に違いありません。それにもかかわらず、文学の役割が消失したということはできないということ、たとえ以前のように文学が即時的な抵抗の声や啓蒙的役割を担当することはできなくても、文学が引き受けなければならない固有の役割が相変らず存在するということ、海の中に流したガラス瓶に入っている手紙のように、誰かは相変らず文学（詩）の役割を切実に期待している。このことが、徐京植が読者に終始伝えようとするメッセージなのではないかと思います。私は徐京植のエッセイが、その文学の役割をしていると考えます。

おわりに——希望と悲観の間

徐京植の翻訳散文集はいつも私に、読書の熱望とときめき、苦痛、涼やかな緊張という、稀有な体験を与えてきました。凄然な悲しみと虐殺、亡命、死、深い苦悩、真剣な知性の饗宴で満たされた彼の散文集を読む過程は、常に苦悩を伴います。しかし徐京植の著作を読む時間は、胸が詰まるような余韻、根本的な考えの道筋を残してくれます。「私はなぜこんなにも徐京植のエッセイに惹かれるのだろうか？」という問いを立ててみたいと思います。時代と人間の痛みと傷に対して切々と共感する心、尖鋭な論点を扱いながらも淡泊で美しい文体など、いくつかの理由を探すことできるでしょう。ここにつけ加えて私は、生涯を境界に立つ人として生きてきた彼の生そのものが、このように美しくも悲しい思惟の力が込められた文章を書かせる原動力なのではないのかと思います。ディアスポラであり、ある社会の少数者として、差別、歴史的な傷と苦悩を目の当たりにし、そして潜り抜けた徐京植だからこそ、こうした文を書くことができたのでしょう。

もちろん、明らかに幸運が作用したとも言えるでしょう。徐京植は、二〇一五年に何回にかけて成り立った私との対話において、その幸運について繰り返し強調したことがあります。「今、このように物を書いて私の本が祖国に翻訳されている状況を考えてみれば、私はあまりにも幸運児です。兄も『お前は運が良い奴だ』と話したことがありますが、私自身もそう思います」(四月二四日)、「私は幸運を得たので、その幸運の結果物を私個人が独占してはいけないと考えます。母、父、兄妹、家族、多くの在日朝鮮人、不幸にして去っていった数多くの先輩と後輩達の視線を常に感じています」(八月五日)、「多くの在日朝鮮人は、私と同じような機会を得られることなど想像もできないでしょう。彼らも自らしたい話がたくさんあるはずなのに、そのような機会を得られなかった人が大部分です。私を取り巻く幸運をよくわかっているので、最善を尽くしてできるだけ正直に申し上げようと努力してきました」(八月一七日)。自身に与えられた幸運を冷徹に認識したゆえにこそ、彼は「私は不幸に生きて、不幸だという話も出来なかった人々の側に立ちたいです」(八月一七日)と述べたのでしょう。私はこのような態度が、単に儀礼的な謙遜ではないと思います。徐京植らしい態度だと思います。

この文を書いている今年の最後の日の時点で振り返ってみると、二〇二〇年は憂鬱と悲観で綴られた一年だったと思います。コロナ禍の事態がなくとも、世界のあちこちで新たな野蛮と後退を目撃することになりました。現在の韓国でも、改革政権は、政権運営の序盤期に比べて非常に難しい状況に直面しています。政権の持つ諸々の限界、人事の失態という機会を利用した、極右勢力をはじめとする保守陣営の総反撃が展開されています。こうした現象が、ブラジル民主政権の没落と同じような惨めな結果には繋がらないだろうと大言壮語もできないでしょう。全世界的な次元の気候変動とコロナ禍に加えて、韓国と日本、どちらも急激な人口減少、大学の没落、進歩陣営の危機、極右派の浮上という場面に直面しています。偏狭な陣営論理がますます激しくなっていて、自身と異なる立場を持った他者に対する憎しみと軽蔑の感情が増幅されています。

このような現実を目撃するたびに、徐京植の悲観的現実認識が強い共感となって迫ってきます。時に退行する世界と現実に対する幻滅に会えば、私たちは深い虚無に陥るようにもなります。徐京植は二〇一五年五月一二日の対話において、『進歩の虚偽』で見抜く感覚としての虚無主義が必要だ。真の虚無主義者は、自分自身も安全地帯にそのまま置かない。転向を合理化する虚無主義でなく、世の中をさらに深く、正確に見る意味での虚無主義、支配勢力と戦う人々に対して簡単に冷笑しないで、権力者を最後まで批判する感覚を持った虚無主義が本当の虚無主義である。そのような意味で私は虚無主義者である」と述べたことがあります。こうした省察的な虚無が、彼をして引続き物を書かしめる力になっているのではないでしょうか。徐京植は、青春時代、次のように告白したことがあります。

兄たちが監獄にいる時、本人たちがどう思っていたか知らないが、率直に私は特に内容も根拠もない激励、「ああ、明日には良い日がくるでしょう」という話が一番聞きたくありませんでした。凄惨で残酷で希望が殆どない状況を正しく見ないで、安易に慰労のみを求めようとする私自身の弱気なところも嫌いだったし、また、ひとをそのような形で慰めて自己満足に浸る人々も嫌いでした。

（『苦痛と記憶の連帯は可能なのか』一六三頁）

彼は最近の著作でも相変らず空虚な希望とは明らかに距離をおいたまま、深い悲観の中で時代の退行を明確に見据えています。「現在、全世界に広がっていく知的荒廃」（『私の書斎の中の古典』一九四頁）、「自分は相変わらず悲観的であるが、その悲観の質がすこし変化していることに気づいている。いむかしの私は自分が陰湿な暗い地下室に閉じ込められており、どこにも出口がないと感じていた。いまの私は、こんなにも長い歴史を経て、こんなにも多くの残酷を経験したにもかかわらず、人間がすこしもよくならなかったということを悲観しているのである」（韓国版『私のイタリア人文紀行』バンビ、二〇一八年、五一頁＝日本版『メドゥーサの首——私のイタリア人文紀行』論創社、二〇二〇年、三六頁）、「あらゆる場所で、あらゆるものが急速に浅薄になっていく。優れた人々、善き人々は去っていく。要するに、過ぎ去るのだ」（同二七九頁＝一四五頁）。このような表現を記憶します。

私は徐京植の深い悲観主義を目撃するたびに、「私たちに希望が与えられるのは、希望が全くなかった人々によってである」という、ヴァルター・ベンヤミンの閃光のような言葉を想起します。ベンヤミンの言葉は、ファシズムが横行した二〇世紀前半だけでなく、現在のこの時代にも依然として有効だと思います。それならば、逆説的な意味で私たちの時代に残ったその一筋の薄い希望の光は、徐京植の深い絶望に誠実に向き合うことから見出されるべきではないでしょうか。

私たちは皆、「果たして私はまともに生きていっていると言うことができるだろうか。人類社会は良くなっていると言うことができるだろうか」という徐京植の問いから自由でないでしょう。思うに徐京植のこのような懐疑と問いこそが、徐京植の思惟を支えてきた基本的な態度なのでないかと思います。

徐京植は「私はなぜ『もの書き』になったのか」(『詩の力』)の終盤で、「私に残された時間がどれほどであるか予測できないが、『ものを書く』という営みによって自分の役割を果たし、この課題を共有する人々とつながっていきたい」と述べました。私には彼のこの希望があまりにも切々と迫ってきます。願わくは、彼がいつも元気でいてくれて、この美しい連帯の責務が成功裏に成しとげられることを心の底から望みます。

最後に、この大事な席で発表の機会をくださった方々が示してくれた深い連帯と友情の心を、私の心にいつまでも記憶します。本日共にしたこの時間を永遠に忘れません。そして、ようやく真の自由人になられた徐京植教授にお祝いの心をお伝えしたいと思います。至らない発表を最後まで傾聴してくださってありがとうございました。

【付記】

私は今まで、徐京植教授の本やその作家活動を主題に、さまざまな文章を発表してきました。その一覧は左記のとおりです。この文は、下に紹介した論稿のうちから、この学術フォーラムの主題にそくした内容について修正・補足して再構成したものです。それは何よりも、日本の研究者、読者の方々に、韓国の批評家が徐京植をどのように理解し、そして受容したのかについて、紹介したかったという意図からです。

①「亡命、ディアスポラ、そして徐京植」、『実践文学』二〇〇八年夏号。

②「苦悩と知性――徐京植の最近の執筆活動と思惟について」、『世界韓国語文学』四号、二〇一〇年二月。
③「論争と自尊――徐京植の『言語の監獄で』について」、『クリティカ』五号、二〇一二年二月。
④「彼にとって文学とは何か？――徐京植の『詩の力』に対するいくつかの考え」、徐京植『詩の力』ソ・ウニェ（徐恩恵）訳、玄岩社、二〇一五年所収の解説。
⑤「在日ディアスポラ知識人のエッセイに表れた民族主義/脱民族主義――姜尚中と徐京植を中心に」、『私たちの文学研究』五五号、二〇一七年七月。
⑥「孤立に耐えて本を読む――村上春樹と徐京植のエッセイについて」、『黄海文化』一〇二号、二〇一九年三月。
⑦「私が出会った在日韓人文学、その魅力と大切な刺激――徐京植・金石範・金時鐘」、『韓国文学翻訳院主催　在日韓人文学シンポジウム資料集』二〇一九年四月（『非情城市で出会った青みがかった夕方』ソミョン出版、二〇一九年に再録）。

【訳者付記】

引用は、日本版がある場合は韓国版に相当する該当箇所から直接取り、韓国版のみの文献については、訳者が原文から訳しました。なお日本版と韓国版では字句に微妙な違いが生じていますが、右のような方針で統一しました。韓国版を手に取られる方は、ぜひそちらも参照してください。

越境する美術批評

――美術史家・翻訳者として徐京植を読む

崔 在爀

李杏理・訳

はじめに

このたびは徐京植先生の退職記念学術フォーラムで発表する機会をいただき、大変光栄に存じます。私は、東アジア近代美術史を専攻した後、二〇一二年から徐京植先生の美術関連の文章を韓国語（朝鮮語）に翻訳している崔在爀と申します。〈註1〉「연립서가（連立書架）」という小さな出版社を立ち上げて、二〇二二年の上半期に『徐京植 再読』や『私の日本美術巡礼』を出版する計画です。

本日私は、もの書きとしての徐京植先生の出発点であり、韓国の読者に最も親しみやすく、魅力的に思われている「美術」の著作に焦点を当ててお話します。ただし、ここでいう美術とは単に個人的な趣向の産物や備えるべき知識（学問）を意味しないでしょう。これまで徐京植先生がしてきた幅広い話題――人間の生と死、人文精神、苦痛と記憶の連帯、暴力と追放にまみれた時代、国民国家、（脱）

民族主義、そしてディアスポラといった――いずれにも接続可能な、いうなれば先生の思惟と省察の底辺に流れている主題だと思います。（註2）

私が「徐京植」という名に出会ったのは、二〇歳の時、『私の西洋美術巡礼』という小さな文庫本（韓国版）を通じてでした。今振り返ってみると稀有な読書体験でした。美術を、文字どおり「美を表わす芸術」くらいに理解していた私にとって、著者の見せる絵は、あまり「美しく」なく、さらに傷にあえいで呻くように吐き出す文体は、異様に美しくて、どぎまぎしました。美術史の研究者になること、ましてやその人の文章を翻訳することになるとは想像もしていなかった大学一年の記憶です。軍事政権と手を組んだ「文民政府」が始まり、学生運動の基盤が次第に狭くなったあの頃、何よりも私の心に刻まれた文章を引きます。

進歩は反動をもたらす。いや、進歩と反動は手を携えてやって来る。歴史の流れは時として奔流となるが、おおむね気が遠くなるほどに緩慢だ。そして、行きつ戻りつするその過程のいちいちの場面で、犠牲は累々と積み重ねなければならない。しかも、その犠牲がもたらす果実はしばしば厚顔な旧勢力に横取りされるのである。／だが、その無駄とも見える犠牲なしには、そもそもどんな果実も実りはしないのだ。それが歴史というものだ。単純でも直線的でもない。

（『私の西洋美術巡礼』日本版：みすず書房、一九九一年、一〇一頁＝韓国版：創作と批評社、一九九二年、九一頁）

性急な情熱が沸き上がる反面、変化の遅い社会に失望し、苛立っていた歴史学科の新入生にとって、この言葉は楽観的な展望を示すどんな歴史の定義よりも力強い慰めと激励になりました。上の文はプラド美術館を訪問してゴヤの絵を見た後の感想です。先生は同じ半島のスペインと「朝鮮」の歴史を比べながら話を広げていきます。個人的な感想になりますが、どんな歴史書よりも直感的な洞察力で歴史を見抜く思惟が印象深かったです。美術とは、線と色、形を通して視覚的快感を伝えるだけの狭いジャンルではなく、歴史と社会の文脈の中から読み解かなければならない人間の創造行為であるということ、逆にその行為を通じて社会と歴史を映し出すことができる魅力的な力があることを学びました。『私の西洋美術巡礼』の読書体験は、私が大学院に進学して美術史に専攻を変える契機の一つになったといえます。

「私」の西洋美術巡礼——自己という境界を越える美術批評

個人的な所感から話し始めましたが、『私の西洋美術巡礼』は、韓国の多くの読者に似たような記憶と感想を持たれているのではないかと思います。出版されてから三〇年近く経った今でも、人びとのあいだで話題にされ、じっくり読まれている理由は、美術評論家の故金潤洙《キムユンス》先生の指摘通り、「通常の意味での美術紀行——のんびりと美術館を歩き回りながら鑑賞するとか、専門的な見方で作品解説を並べた本ではない」からかもしれません。それに続けて、文学評論家の廉武雄《ヨムムウン》氏は次のように評価しています。

美術専門家の著作でないにもかかわらず、あるいは専門家の枠に縛られる必要のない憂鬱な放浪客の視線ゆえに、この本で味わう自由に作品に接近する姿勢と多様な人文学的素養、そして何よりも苦痛の歴史に敏感に反応する鋭い感受性は、狭い意味の専門性を圧倒する魅力として読者を虜にした。今や徐京植は徐兄弟の弟としてではなく、自身の固有名をもってこの地の文化界に登場したのである。

（廉武雄「徐京植の問いが私たちに投げかけるもの」二〇一二年）[註3]

ヨーロッパ的ロマンへの憧れや教養主義的態度があふれる美術「紀行」とは対極にあって、むしろ「苦行」に近い旅程。「美術」と「巡礼」という一見、似つかわしくない二つの単語は、この本以後、一対となって今では我々に身近なものとなっています。

たくさんの読者と評者が、このように「巡礼」という言葉に注目し、共鳴したとするなら、私は、その巡礼の旅に出た「私」という主体に傍点をふってみたいのです。しばしば徐京植先生による美術談義は、近代の深淵で苦しみに喘いだ者たち、抑圧と追放された他者としての芸術家への共感および連帯として理解されます。もちろんそれには同意しますが、そのような態度を理解するためには手順を確認する必要があります。すなわち、そうすべきという当為の義務と意志から出発したものというより、自己（の苦痛）を発見してその境遇から抜け出そうとした悽絶な身悶えが先だったということです。真の美的感受性は人間（他人）が持つ普遍的苦痛に対する出会いと参加から始まると述べ、その模範として徐京植先生の芸術批評を評価した哲学者・金相奉《キムサンボン》先生に対し、徐京植先生は次のように応答しています。

文字通りの意味で「普遍的な苦痛に取り組みたいという願望」は自分にはないと思います。苦痛とは主観的なものであるため自分の苦痛と他人の苦痛は比較できないものです。［中略］事実私は、ある時期から自分の人生が苦しいと感じるようになりました。しかし、抜け出したかったです。関わりたいものではありません。普遍的な苦痛のようなものに私は携わりたくありません。なので、私は「熱望」と言った時、少し違うと思いました。［中略］「地下室」のように感じられる日本という空間、政治犯の家族という境遇、このすべてから抜け出して、少しでも「外の空気」に触れてみたいという欲望からヨーロッパへと旅発ちました。ところが、ヨーロッパの美術館で偉大な芸術作品と出会って、こんなことを感じました。「兄達ならこれをどう評価するだろうか」。この、兄というのは一つの象徴でもあります。苦痛の中に閉じ込められていて、一瞬たりとも外の空気を吸うことができない、そんな人びとの表象です。私のような境遇の人間にとって、ヨーロッパへ行って絵を見るということは、ただの隠密な私的欲望に過ぎません。［中略］しかし、そんな欲望を持って行ったにもかかわらず、私はそこで苦しみに出会いました。「苦痛ってこんなに普遍的なものなんだ」ということを否応なく見出したのです。

（『出会い――徐京植・金相奉 対談』トルペゲ、二〇〇七年、三五六～三五七頁）

普遍的な苦痛を拒否したものの、絵を通じて苦痛が普遍的なものであることを発見してしまう著者特有の執拗な倫理意識があったからこそ、自己憐憫に終わらずに、この本につながったのだといえます。執筆の経緯を自ら以下のように述べます。

一九八三年、暗い心をかかえたままヨーロッパ旅行に出た私は、そこで出会った多くの芸術作品と対話した。それは他者との対話であり、歴史との対話であり、他者の歴史の中に自らを発見しようとする対話でもあった。その対話をなんとかして記録したい、自分の心の中で起きた事件を表現して発表したいと私は渇望し、発表するあてもなく原稿を書き始めた。

（『ディアスポラの眼』ハンギョレ出版、二〇一二年、二二一頁＝日本版『フクシマを歩いて——ディアスポラの眼から』毎日新聞社、二〇一二年、一一四頁）

自己の苦痛から始まったものの、自分という境界を越えて外部の他者にまで拡張され、再び他者の苦しみの歴史を通じて自らを再発見する、越境と循環の（美術の）話はこのように始まります。それゆえに『苦悩の遠近法』（トルペゲ、二〇〇九年＝日本版『汝の目を信じよ！——統一ドイツ美術紀行』みすず書房、二〇一〇年）訳者のパク・ソヒョンによる、「彼の旅行は『旅立つ』ためではなく自分自身に『立ち戻る』ため」だという表現は、実に適切だと思います。さらに閉じ込められた地下室の向こうを覗くような美術という窓は、「私」の苦痛の克服という位相のみならず、「私たち」が属する世界（内部）を疑い、新しい世界（外部）を認知し、乗り越える役割も担っています。

優れた芸術家の芸術を通じて、私たちの閉ざされているこの世界の外部または外があるという事実を知ることになります。それは結局、他者性に対する想像力でしょう。苦しくて暗い地下室だけが閉ざされた世界ではありません。ネオンサインの誘惑があり、食べ物にあふれた中で糖尿病で死んでいかねばならないこんな世界も一つの閉じられた世界なのです。［中略］結局、新自由主義が我々に強いるのも、そうした閉ざされた世界、「これこそが成功した人生だ」という一元的な価値観を注入し、その外部を見ることができなくするのではないかと思います。それを超えて、非常に多様な世界観があると知らせること、私はそれが教養の役割だと思います。

（前掲『出会い』三六九〜三七〇頁）

このように新しい世界を認識する枠組みや、境界線を突破させる媒介が美術であるという事実は、美術史を専攻する私にとって大きな意味があります。アカデミックな美術研究の現場でももちろん、美術を通して社会・歴史・世界の探索が目指されるものの、研究者（発話者）が美術と自分を直接結びつけ、そこに投影することで外縁を拡張していく事例は珍しいからです。

『私の朝鮮美術巡礼』──「ウリ（我々）」と「美術」のあいだに引かれた切れ目

二〇一四年に出版された『私の朝鮮美術巡礼』（バンビ、二〇一四年＝日本版『越境画廊──私の朝鮮美術巡礼』論創社、二〇一五年）は、私が初めて翻訳した徐京植先生の本です。〈註4〉個人的な感慨のみならず、韓国の多くの読者が「彼がたぐり寄せる『祖国』の美術とはどのようなものか？」に関心を寄せ、待ち望んでいた特別な著作だったと思います。ただし、この本もやはり韓国美術を紹介する一般的な教養書とは異なる新鮮さがありました。主流から周辺化されていたり、そもそも知られていない美術家がいることに加え、何よりもタイトルに書かれた「朝鮮」という言葉が与える重みと異質感ゆえです。民族全体を盛り込むには限定的な呼称である「韓国」を避けて選ばれたこの名称は、（多くの韓国人には）歴史上の「朝鮮王朝」や「朝鮮民主主義人民共和国」と混同される恐れがあります。しかし、植民地支配によって混乱と分裂、虐待と差別を経験しなければならなかった「朝鮮」という呼称をそのまま直視しようとする先生の意志表明にもとづいて、採用されました。

同書の序文（日本版では「巡礼の独白——後記に代えて」）に詳しく書かれているとおり、著者と翻訳者、編集者のあいだで、タイトルをめぐってさまざまな懸念と意見が交換されました。候補の一つが（私は見た目にも意味の面でもすぐれたこのタイトルに賛成しましたが）、「ウリ／美術」という、さらに見慣れない名称（表記）でした。「ウリ（我々）」という概念を固定させ、占有することで他者を排除する国粋主義的な危険性が潜んでいることをよく見抜いていた徐京植先生は、このように言います。

「ウリ美術」という概念を自明のものとして疑わない人々は、「ウリ」にも「美術」にも疑念を抱かない。だが、私にとってそれらは疑念だらけであり、その疑念には生産的な意義があると私は思っている。［中略］「美術」という制度もまた近代国民国家の産物であり、国家主義と深くむすびついている。ナチス・ドイツも日本天皇制国家も、彼らの理解する彼らの「ウリ美術」を国家主義イデオロギーの核心に据えたのである。「ウリ美術」という成熟した言葉に、あえて「切れ目」を入れて、「ウリ／美術」と表記しようとしたのはそのためである。この「切れ目」から見えるものが大切なのだ。よって、私が本書で述べるのは正統派の美術評論や美術史とはほど遠い。私はエドワード・サイードの影響のもと主流の語りに対抗的な語りを対置する姿勢を維持してきた。本書もまた同じ立場で書かれている。

（前掲『私の朝鮮美術巡礼』一一～一二頁＝『越境画廊』二八二～二八三頁。ただし最後の二文は、韓国版にのみ掲載）

それゆえ本書は、規定する必要のない所与かつ疑う余地のない「ウリ（我々）」という概念について、「美術」を媒介して「それは誰なのか？」という困難な問いへ転換する作業といえます。

徐京植先生は「我々（の美意識）」というアイデンティティは、固定された固有のものとして抽出することはできないと断言します。そして、多くの我々を構成する脈絡、すなわち「我々の中に流れ込み、矛盾しつつも入り組んだ」コンテクストを強調します。そのような理由から、韓国でアイデンティティが「正体性」と翻訳されていることに違和感を表します。それは「正体」を尋ねて直観的な応答を要求する翻訳語だからです。徐京植先生のお考えの通り、アイデンティティを自分が何に同一化（identify）するのかをめぐる問題意識と考えるならば、一つの国家、単一の血統、揺るぎない伝統が占有するには、「ウリ」の領域は広すぎます。さらに、「私」のアイデンティティが「自分は何者なのか？」という終わりのない問いとその答えであるならば、「私たち」のアイデンティティは、自らが帰属する共同体の自明性について絶えず問いを発し、互いに答えを共有し合うことにほかなりません。

「我々」の美意識に関する問いと問題提起は、越北画家・李快大《イクェデ》を扱った箇所に特に鋭く表れています。この文章は、「李快大生誕一〇〇周年記念学術大会」（大邱美術館、二〇一三年六月一九日）という美術史のアカデミックな場で発表されたものであり、少し特別なケースでした。ここで徐京植先生は、松本竣介と李快大の「自画像」を、藤田嗣治と李快大の「群像」を対面させます。松本との比較は、時代と向き合おうとする意志と近代的自己意識とのあいだの葛藤の発露という面で興味深かったですが、革命的ロマンチシズムを追求した解放期の名作と評される李快大の群像「解放告知」に描かれた戦争画の暗い影を読み取る斬新な考察は、美術史学界に新鮮な衝撃と論争をもたらしました。作品の形式分析や具体的な史料を通じて影響と関係を追跡する美術史学の従来の方法論から見ると、大胆な分析だったためです。徐京植先生がアカデミックな美術史の領域に取り込まれることなく、境界を越えて歴史的想像力を発揮したからこそ可能なことでした。前述の「主流の語りに対抗的な語りを対置」しようとする試みであり、方法論の境界（限界）を越えて「我々／美術」を見る視野をより一層拡張・補完する役割を果たしたのではないでしょうか。

そして帝国日本の文化的植民地支配が終焉を迎えた時に描かれた李快大の「青いトゥルマギを着た自画像」は、「民族としてのアイデンティティと、画家個人としてのアイデンティティを正面から問題にした作品」として、次のような意味を持っています。

イ・クェデという画家を一つのテクストとして解読しようとするより、この画家に流れ込み、相互に矛盾しながら絡まり合っている複数のコンテクスト――東洋と西洋、朝鮮と日本、前近代と近代、植民地支配と被支配、個人主義と集団主義、南北分断と対立……それらが葛藤し相克する「場」として読んでみることのほうが有益ではないかと考えた。［中略］

伝統的な民族衣装を着ている画家が、西洋由来の中折れ帽をかぶり、洋画用の筆とパレットを手にしている姿は、まさに「交錯するコンテクスト」を正直に表明したものといえる。私としては、この絵にトゥルマギなどの民族的表象を描いたことそれ自体よりも、また朝鮮の伝統的描法を導入したことよりも、このように自己分裂的な自己像をみずから直視していることにこそ、むしろ好感を覚える。この自己分裂的な個人像は、まさに分裂を強いられる民族像の反映であるからだ。

（「李快大生誕一〇〇周年記念学術大会」報告＝前掲『越境画廊』一三七・一五二頁）

一方、『私の朝鮮美術巡礼』が、以前の美術紀行と異なっていた点は、生きている美術家たちと出会った対談（インタビュー）の中から編み出した事柄を記録した点でした。巡礼の道には心強い同行者がいたため、徐京植先生はもう一九八〇年代のように一人で絵と向き合い、寂しい道を孤独に歩かなくても済みました。五・一八〔一九八〇年に起きた光州事件を指す―訳注〕を経験したものの民衆美術の主流とは少し距離を置いていたシン・ギョンホ、フェミニズム美術の産みの親であるユン・ソクナム、現代美術のスター作家であるチョン・ヨンドゥ、ディアスポラ作家ミヒ＝ナタリー・ルモワンヌ……。著者が「一つの家族の物語」とも表現していましたが、それは血筋で結ばれた繋がりではなく、どこまでも拡張し出入りすることのできる「我々」が共にする家族会議のような風景でした。私は彼らと交わした対話の中で、青年徐京植を強く押さえつけていた苦痛や闇とは異なる明るい笑いも、たびたび見ることができたのでよかったです。「希望とは、もともとあるものともいえぬし、ないものともいえない」という魯迅の「故郷」を好んで引用する徐京植先生は、三〇年前に書かれた『私の西洋美術巡礼』を、「希望と絶望の狭間にあって、歴史の前に自らのなすべき務めを果たすのみ」と締めくくりました。「務めを果た」して生きてきた者が心強い同行者たちと笑えるのは嬉しいことでした。何よりもインタビューに同行しながら、徐京植先生と美術家たちが持つ熱い情熱と明朗な思考をそばで聞くことができたのは、この翻訳の仕事がもたらしてくれた楽しく贅沢な時間でした。

徐京植の美術観

ここで徐京植先生の美術観が持つ特徴とともに、韓国の読者や美術愛好家、そして美術研究の現場において持つ意味をいくつかに整理しようと思います。

徐京植先生が提示した絵が多くの読者に馴染みのなかった理由は、美術作品で期待された慰安と美しさに相反して、暗く哀れな側面に寄り添って死と追放、虐殺などのイメージを浮かび上がらせるからでしょう。美、または美意識をどのように把握しているかを示す文章を読んでみましょう。

美術に「慰め」や「癒し」の役割を求めることを一方的に非難すべきではないだろう。たしかに、それも美術の価値の一つである。しかし、それだけが価値であるとしたら、私たちが今日、偉大な作品と認めているものの多くはこの世に存在しえなかった。デューラー、グリューネヴァルト、カラヴァッジオ、ゴヤ、レンブラント、ゴッホ、ピカソ、……こうした巨人たちは「きれい」な作品を描いて人間たちを慰めようとしたのではない。たとえ真実がどれほど醜くとも、それを徹底的に直視し、描こうとしたのである。その営みが私たちを感動させるのだ。そこにおいて「醜」が「美」に昇華する芸術的瞬間が生じる。[中略]「美意識」とは「きれいなものを好む意識」ではない。「何を美とし、何を醜とするか」という意識である。自分の「美意識」を再検討するということは、自分が何かを「きれいだ」と感じるとき、それを当然のこととして済ますのではなく、なぜそう感じるか、そう感じてよいのか、を問い返してみるということだ。そうすれば、私たちの美意識が実は歴史的・社会的につくられてきたものであることに気づくであろう。

（『苦悩の遠近法』六〜七頁＝『汝の目を信じよ!』二〇七〜二〇八頁）

徐京植先生は絵を美と醜、快と不快という感覚の問題に矮小化することに抵抗し、歴史的・社会的に作られ、無意識に働く美意識の見直しを促します。もちろんこのような見解は美学という学問分野の成立によってすでに議論されてきました。しかし、先生は堅苦しい理論的な解説ではなく、自分の美意識を守ろうと苦闘したゴヤ、ファン・ゴッホなどが残した作品の中に分け入って、彼らの切実さを鮮明に伝えます。同時代人に受け入れられなくとも、自分の美意識に忠実だった美術家に敬意を表します。醜いもの、愚かなものすべてあわせて私たちが見ないようにしているものを見せてくれた彼らに、「天才的芸術家」という名称を与えているのです。

これに関わって、徐京植先生の美術批評が持つ二番目の特徴は、芸術家の人生と作品を分離して考えることはできないという、一種の「伝記的解釈」に基づいていることが挙げられます。

振り返れば私は、つねに芸術作品の背後に芸術家の人生の物語を読み取ろうとしてきたようだ。私は作品そのものにおとらず、人間としての芸術家に関心を惹かれる。あえて言うなら、私の芸術の見方は「人間主義」的である。

(『青春の死神――記憶のなかの20世紀絵画』日本版：毎日新聞社、二〇〇一年、九頁=韓国版：創作と批評社、二〇〇二年、一一～一二頁)

ここで誤解すべきでないのは、単に美術家の道徳性や政治的正しさと作品を直結させる説明ではないということです。「非政治的なもののように見える芸術の脱政治も政治的なものの産物であり、非政治性さえ政治的なものに対する批判といえる」(前掲『出会い』三八〇頁)という言葉によく表れています。あるインタビューで「芸術家の主観的な意志と情熱を強調し、内容中心的な解釈の反面、形式的な解釈は不足している」という問題を提起することができると、徐京植先生は次のように答えます。

「芸術家の意志と情熱」を最も重視しない。どんなに優れた意志と情熱があっても、つまらない作品しか作れない芸術家も多い。逆に、作家の「意志と情熱」が読みとれないにもかかわらず、作品に異様なほど力があふれる場合も少なくない。これこそまさに美術の持つ面白い側面だ。あくまで重要なのは完成した作品の力だ。ただし、その作品の力は、芸術家の生活背景と彼が携わった社会の歴史的、政治的脈絡と無関係ではないという事実だ。逆にいえば素晴らしい芸術は「言語」を超えたところで、そのような文脈を私たちに物語ってくれるということだ。

（「徐京植インタビュー　ディアスポラの生と記憶、そして芸術」『京郷アーティクル』二五号、二〇一三年八月）

しばしば内容中心的だと指摘されてきた徐京植先生の美術批評に対する批判は、逆に見ると形式批評に対する代案であり補完でもあるという点を積極的に評価する必要があります。たとえば、元美術雑誌記者のとある出版人は、美術大学を卒業して二五年が経ってもなお構図、色、線描などが演出する造形美中心の鑑賞習慣から大きく脱していないと告白し、そのような習慣を反省させ、鑑賞のバランスを取ってくれた著者として、徐京植先生を例に挙げます。そのおかげで「長い間なおざりにしてきた作家の人生と時代状況をもっと考慮しながら鑑賞できるようになり、さらに作品に寄り添えるようになった」と述べています（チョン・ミニョン『美術本を読む――美術本の作り手が読んだおすすめ本56』アートブックス、二〇一八年）。

三つ目は、徐京植先生が韓国社会に投げかけた最も重要な問題意識のひとつであるディアスポラという生き方を、「美術」と結びつけて考察した点です。フェリックス・ヌスバウム、シリン・ネシャット、ザリナ・ビムジ、ムン・スングン、ミヒ＝ナタリー、イングリッド・ポラードのようなあまり知られていなかったディアスポラ芸術家を紹介し、世界の一流アーティストとして評判のインカ・ショニバレとウィリアム・ケントリッジの芸術をディアスポラ的観点から深く読み取ったのです。国民国家の堅固な障壁のもとで、複数のアイデンティティを抱えて生きる自己分裂の状態にある人びと。彼らの感受性が繰り広げる美術の力を証言する一方で、これが「躊躇のない闊達な、ボーダレスな生き方」とか、自由でロマンチックな「ノマド的生き方」のような言葉で消費・回収されやすいことを警戒しました。在日ディアスポラの知識人として徐京植先生が行ったこうした作業は、もしかすると「越境する美術批評」というこの発表のタイトルと最も密接する部分かもしれません。もっと繊細に噛み締めなければならない問題ですが、私の勉強不足と時間の都合上、これからの課題として残そうと思います。

徐京植先生は、自分が美術に魅了される理由を、「言語」に頼らない芸術行為だからだと述べたことがあります。美術は、言葉だけではつかみきれない隙間を「こじ開ける」ものだとも言いました。言語的思惟と表現の限界から脱して人間観を絶えず拡張する美術というジャンルへの深い関心は、次の表現につながります。

もの書きの私はかねてから「言語の監獄」の囚人だと述べてきた。それも植民地支配者の言語である「日本語」という監獄に。「美術」は私が持つ言語表現の限界を自覚し絶えずその限界に挑戦するように駆り立てた。私の文章には美術作品がたびたび登場するが、美術作品は文章の挿絵ではなく、文章も美術作品の解説ではない。文字と美術のあいだの緊張感のある対話である。

（前掲「徐京植インタビュー　ディアスポラの生と記憶、そして芸術」）

上の言葉には先生が持つディアスポラとしてのアイデンティティ、作家としてのアイデンティティが同時に表れています。そして文章と絵が互いに従属せず、境界を越えて対話しようとする志向性を見てとることができます。

ともにゆく音と色の世界

徐京植先生に初めてお会いした二〇一一年以降、韓国と日本にあるさまざまな美術館に同行しました。作品の前で屈託なく笑ったり、真っ先に喜びを抑えきれないような少年の表情をする先生の姿が、私は好きでした。先生がわずか一五歳で、自らの弱い部分を抑え込んだ瞬間を思うからです。

ふたたび　音の世界、色を楽しむところへ
戻ってはならない［中略］
ぼくは　この今のつよいぼくを　崩してはならない
（鈴木喜緑「許して」『現代詩人全集』第一〇巻、角川文庫、一九六三年、二五一頁）

中学二年生だった在日朝鮮人の少年は、右の詩を読んで、「周りの日本人には絶対に自分の心を許さない」と決意しました。しかし少年は三〇代前半になり、「別の世界」を覗いてしまいました。初めての西洋美術巡礼の道程で、再びその詩を思い浮かべて、著者は次のように告白します。

自分が身を置くべき場所は、［中略］音も色もなく熾烈な闘争だけがあるような世界なのだ。もともと私はそういう世界の人間であり、そういう世界に帰っていくべき存在なのだ。／凄絶なほど、孤独だった。異次元の世界を覗いてしまったからだ。

（『私の西洋音楽巡礼』韓国版：創作と批評社、二〇一一年、八七頁＝日本版：みすず書房、二〇一二年、六〇頁）

一五歳の少年が立てた目標からすれば失敗といえますが、その失敗があったからこそ、おそらく徐京植先生にも、私たちにとってもどれほど幸いなことだったでしょうか。強くなろうと自らを律する心と、否応なく現われる――というより、すぐさま告白してしまう――弱さ。鳥肌が立つほど色彩と音楽に魅了された身体の素直な感覚とそれにともなう峻烈な意識による自己統制。もしかすると私は、あの相反する感情の振幅に惹かれて、先生の筆をたどって読んだのかもしれません。先に引用したとおり、徐京植先生にとってヨーロッパに赴いて絵を観ることは「ただの隠密な私的欲望に過ぎ」ないにもかかわらず、そこで「苦痛」と出会いました。そして、凄まじい孤独感の中で見つけてしまった「異次元の世界」は、幸い先生の中に入り込みました。

徐京植先生が提示した、絵を見るときの模範的な方法は「美的感覚による直感的受容と知的な批評の反復運動」です。イギリスの美術史家ケネス・クラークの著作を参照したものですが、たとえばこうです。

著者は序文で述べている。「最初にまず私は、絵を一個の全体として見る。その主題が何であるかを認めるよりずっと前に、私は全般的な印象というものにうたれる。」それから細部に目をやり、綿密な検討に移る。すぐに「批評的能力」が活動を開始する。その作業を続けるうちに感覚が疲労を感じ始める。「私の考えでは、純粋に美的な感覚（と呼ばれるもの）を楽しむことのできる時間は、オレンジの香りを楽しむ時間より長くはない。」／この「オレンジの香り」というあたりの記述に、読者である私は「うーむ、上手いな」と感心する。

（韓国版『私の書斎の中の古典』木の鉛筆、二〇一五年、一一七頁＝日本版『抵抗する知性のための19講――私を支えた古典』晃洋書房、二〇一六年、一一〇〜一〇一頁）

この部分を読むと、私は徐京植先生がより頻繁に、さらに多くの「うーむ、上手いな」の世界を楽しんでくれること、そしてその面白さを私たちに伝えてくれることを願ってやみません。

二〇年余り美術史を研究し、関連する文章を書き、翻訳もしてきた私は、出版という新しい領域に足を踏み入れました。美術史研究を始める前の「徐京植読書体験」が、私にとってどのような意味をもたらしたのかを冒頭で書きましたが、出版を始める前に接した徐京植先生の文章もやはりどこか道しるべとなるものでした。

徐京植先生はパウル・ツェランを引用して、詩を書く行為を「投壜通信」のようなものとしました。「弧島の漂流者がガラス瓶に手紙を入れて海に流す通信のことだ。誰に届くかわからない、誰かに届くとしても何年後のことか予測もつかない、届いた相手から返信があるとも限らない、それでも誰かに届くことを願い、見えない誰かに向かって話しかけること」だ。出版もいわば「投壜通信」のガラス瓶だとおっしゃいました。「この壊れやすい小さな瓶がなくては、作家や詩人が『外部』や『未来』に向けて通信を発することもできない」と。そして言葉はこのように続きます。

作家が孤独であるように出版人も孤独だ。しかし、作家と出版人は協同して、未来のための「投壜通信」を流し続けなければならない。

(前掲『ディアスポラの眼』二二二頁＝『フクシマを歩いて』一一五頁)

先生の歩いた巡礼の軌跡を届ける者として、今後は、未来のために「投壜通信」を流し渡す協働者として、これからも共に歩みたいと思います。徐京植先生は「文章を書くということは、空き瓶に手紙を入れて海に浮かべて送るような、あるいは暗闇に向かって石を投げるような行為だ」と述べました。出版人として、初めて編もうとしている『徐京植 再読』は、先生の投げたガラス瓶と石ころが、ただ遠く暗いところを彷徨うばかりではなかったということを思い起こすための作業でもあります。

最後に「私にとって芸術は、息の詰まるような地下室に開けられた小さな窓のようなもの」とした徐京植先生の言葉にもう一度思いを馳せます。「その小さな窓のおかげで生きてこられた」という文章はたくさんの人の心を締めつけ、ともにその窓から人間と世界を見つめる旅に出かけようと促しました。『私の朝鮮美術巡礼』の後記で、先生は少し疲れたと言い、「しばし巡礼の杖を下ろして、木の上にでも座って休みたい」とおっしゃっていました。とはいえ、終着点ではなく、「中間報告」に過ぎないように、先生の終わりのなき美術巡礼への旅路を広げてくださることを祈ります。今回の発表により、徐京植先生と大切な縁で結ばれた皆さまに会い、貴重な時間をともにできて嬉しいです。重ねて心よりお礼を申し上げます。

【註】

〈1〉これまで私が翻訳した徐京植先生の著述には『私の朝鮮美術巡礼』（バンビ、二〇一四年＝日本版『越境画廊――私の朝鮮美術巡礼』論創社、二〇一五年）、『私のイタリア人文紀行』（バンビ、二〇一八年＝日本版『メドゥーサの首――私のイタリア人文紀行』論創社、二〇二〇年）、『私のイギリス人文紀行』（バンビ、二〇一九年＝日本語版『ウーズ河畔まで――私のイギリス人文紀行』論創社、二〇二一年）の単行本があり、「帝国と遊ぶ／帝国をからかう――インカ・ショニバレとの対談」（『インカ・ショニバレMBE――きらびやかな庭へ』大邱美術館、二〇一五年）、「〝私たちの時代〟の秀逸を見つめる」（『周辺の美学――ウィリアム・ケントリッジ、周辺的考察』水流山房・国立現代美術館、二〇一六年）などの展示図録に掲載されている文章があります。

〈2〉徐京植先生の美術著作に関する繊細な読解と批評は、先に発表された権晟右先生もすでに言及されています。権晟右先生の「徐京植論」のうち、特に美術著作に関する文章は「亡命、ディアスポラ、そして徐京植」（『実践文学』二〇〇八年夏号）、「苦悩と知性――徐京植の最近の執筆活動と思惟について」（『世界韓国語文学』四号、二〇一〇年）が代表的です。

〈3〉廉武雄「서경식의 질문이 우리에게 뜻하는 것」、『프레시안〈プレシアン〉』二〇一二年四月二〇日。
https://www.pressian.com/pages/articles/4503#0DKU

〈4〉以下、この章は前掲『私の朝鮮美術巡礼』の訳者後記を中心に抜粋、加筆したものです。

【訳者付記】

引用は、日本版がある場合は韓国版に相当する該当箇所から直接取り、韓国版のみの文献については、訳者が原文から訳しました。なお日本版と韓国版では字句に微妙な違いが生じていますが、右のような方針で統一しました。韓国版を手に取られる方は、ぜひそちらも参照してください。

徐京植からの応答

本日はありがとうございます。このシンポジウムの提案をいただいた時、日本でよくあることですが、「いや、私なんかとても」とか謙遜をすべきかしばらく考えたのですが、このシンポの趣旨は、私がまな板に乗ってみなさんの批判や分析を受ける素材になれというお話なので、お断りすべきではないと考えました。私個人ということもありますけれど、在日朝鮮人というなかで自分が占めている位置というものに関する、一種の責任感もそこには働いたと思います。そういう意味で、定年を前にして裁きの場に座るような緊張感を持って臨んでおります。

私は専門的な訓練を受けた研究者ではありませんから、自分が耳学問や勘を頼りに進んできた弱点の多い人間だということは重々承知しているので、いろいろと批判を受けることになったとしても甘んじてそれを受けようという気持ちでおります。本日は今までのところ四人の方から私の想像以上に寛大で適切なコメントをしていただいて、嬉しく思っております。「応答」というほどのものではありませんけれども、お話をうかがって思ったことを簡単に申し上げていきたいと思います。

〈鵜飼報告・高橋報告〉について

まず、鵜飼さんのお話をお聞きして、鵜飼さんの方が私より少し年下ではあるけれども、あらためて同じ時代を同じ場所で暮らしてきた、成長してきたという感がしました。『「民族」を読む——20世紀のアポリア』（日本エディタースクール出版部、一九九四年）という拙著は、私にとって（兄たちに関する本を別とすれば）最初期の著作にあたります。藤田省三先生のお勧めで法政大学の非常勤講師になって、まだ右も左もわからなかったときに、市村弘正先生が自分と対談するようにと提案してくださって、私としては緊張しながら力を込めて取り組んだ仕事です。鵜飼さんがそれを深く読んで記憶してくださっていたことに感謝します。

余談ですが、その本のカバーには靉光《あいみつ》の「眼のある風景」という絵を使っています。それは私がひじょうに強い印象を受けた絵でして、カバーに使用する許諾を得ようとして、まだご遺族といいますか、奥様がご存命中で、連絡をとるととても喜んでくださって、靉光の絵は今の若い人たちはあまり知らないというお話をされました。そのとき、私は「若い人」の一人だったわけです。

なぜその話をするかというと、今年、私は「芸術学」という授業の最終授業をやりまして、大学で教えるのは終わりになったわけですが、最後に取り上げたのがこの靉光の「眼のある風景」です。一九三八年に日本が戦争へと真っ逆さまに転がり落ちているときに超現実主義的な手法で描いた一つの眼が、不吉な未来を見つめているという図柄ですけれども、今まで学生にそれを見せたときにはアニメとかSFとか怪獣とかを連想するケースが多かったんですね。今年度もそうかなと思ったら、何か怯えてるみたいだとか、寂しそうだとか、じっと見つめているると引き込まれるようだ、などという感想がありました。おそらく今の世相、コロナもちろんありますが、世界的に見て不安に満ちている世相というのが、学生たちの心の奥のそういう感受性を掘り起こしたという感じがして、私自身の定年にもそれはふさわしいことだったなと思うとともに、靉光の一九三八年の作品はまだ生きている、生き続けていると思いました。そんなところに、鵜飼さんから、思いがけなくこの本の話が出たので、とても感慨深く聞いていたところです。

私はその非常勤講師時代に『20世紀の千人』全一〇巻（朝日新聞社、一九九五年）という小評伝シリーズの分担執筆という仕事を引き受けることになりました。鵜飼さんも執筆者中の一人でおられました。そのとき私はまだ先の見えない状況におりましたが、それでも「もの書き」になるということだけは決めていたので、その仕事をもの書きの道場みたいなものと考えてとにかく引き受けて、自分なりに一生懸命書きました。

『20世紀の千人』では四七人について書きました。編集者は『朝日ジャーナル』という硬派の雑誌の副編集長を長く務めて、その名を知られていた千本健一郎さんで、まさに「道場」よろしく、厳しく鍛えられました。締め切りギリギリの深夜二時とか三時にようやく書き上げた原稿をファックスで送信しますと、三〇分とたたないうちにガタガタと音を立てて、千本さんからの返信をファックス機が吐き出します。そこでオーケーをもらってから初めて床につくのですが、気が昂ってなかなか眠れないのです。このシリーズで私が分担した四七人の小評伝を、のちに『過ぎ去らない人々——難民の世紀の墓碑銘』（影書房、二〇〇一年）という書籍にまとめました。

また、このシリーズで取り上げたことを契機とし、それをさらに掘り下げて『プリーモ・レーヴィへの旅』（朝日新聞社、一九九九年）という著書を完成させることもできました。担当編集者は今は亡き渾大防《こんだいぼう》三恵《みえ》さんでした。この仕事には相当苦労もし、健康を少し損ねもしましたが、思い返せば、あの経験は「私の大学」だったと思えます。共同執筆者の一人でもあった鵜飼さんのおかげで、そんな頃のことを思い出しました。

鵜飼さんについてもう一つ思い出したのは、こんなことです。韓国のビョン・ヨンジュ監督が元「慰安婦」のハルモニたちが共同生活している姿を撮った「ナヌムの家（韓国語原題「低い声」）」という映画が日本で上映されたとき、右翼が妨害活動をして、スクリーンに消火剤を撒いたのですね。そういうとき、別の件で鵜飼さんと電話で話していたら、「きょう今からその件の記者会見があるので、自分はそれに行く」とおっしゃって、「こういうときは駆けつけた方がいいですよ」とひじょうにあっさりと誘ってくれて、鵜飼さんに背中を押されてその記者会見に行ったのです。その記者会見でのやりとりそのものに、私が指摘してきた「日本リベラル派」の「主体の空洞化」という問題が現れていたと思っていますが、そのことは別の場所で何回か述べていますので、ここでは詳しく申しません。

つまり鵜飼さんは活動家的な軽快なフットワークの方で、それに感心するとともに、大いに啓発されました。東京経済大学で鵜飼さんと「多文化主義批判」というタイトルで対談をしたこともあって、その内容は雑誌『インパクション』九九号と一〇〇号（一九九六年一〇、一二月）に掲載されております。

鵜飼さんのおかげでパレスチナ人の映画監督であるミシェル・クレイフィと出会う得難い機会も得ま

した。のちにクレイフィとエイアル・シヴァンが映画「ルート181」の上映のため来日したときには、鵜飼さんのご協力を得て、この二人を東経大に招いて特別授業や座談会も行うことができました。これも「私の大学」での貴重な一コマでした。

大雑把な話になりますけど、鈴木道彦さんが書かれたものを読むと、ちょうど一九六〇年代に鈴木さんがフランツ・ファノンを翻訳された頃に、フランスではアルジェリア人たちの独立闘争とそれへの支援運動があって、ひじょうに激しい闘争がありました。鈴木さんはそれを現地フランスで日本人留学生として目撃しながら、その状況を在日朝鮮人に当てはめると何が見えるかということを考え始めたわけです。鵜飼さんの場合は鈴木さんの系譜を継ぐというと当たっているかどうかわかりませんが、フランス思想・文学を学びながら同時に、関西の在日朝鮮人たちとも交流があり、もちろん学生闘争と交流がある。つまり、いったんフランス経由で入ってきた反植民地闘争の思想を日本の実践の場との出会いのなかでもう一度磨くというか揉むということが、キャリアの出発点にある。これは大きなことだと思います。

私がフランツ・ファノンについて語ったということを思い出させていただきましたが、ファノンが鈴木道彦さんなどによって紹介され始めたのが私の高校生の頃です。高校三年生のときにみすず書房から『フランツ・ファノン集』（海老坂武・鈴木道彦ほか訳、一九六八年）という一巻本が出て、それを受験生の身でわからないながらに読みました。同じ在日朝鮮人の先輩でたいへん優秀ではあるけれど不遇だった方が「こういうものを読め」と勧めてくれたという記憶があります。その先輩など在日朝鮮人の一部に、したがって私自身にも、たとえば「民族統一」「民主化」など朝鮮民族としての個別的な闘争課題を、世界史的な反植民地闘争という大きな潮流のなかにいかに位置づけるか、いかにして世界の民族解放闘争と連帯していけるかという問題意識がありました。一九六〇年代から七〇年代にかけて私が経験していた日本社会の、特に京都、関西の空気のなかで、フランスにおける反植民地闘争の思想と当時の日本の学生闘争、たとえば日韓条約反対運動というようなものが出会った、あるいは出会い損ねて現在があるというべきでしょうか、そういうことをあらためて考えさせられました。鵜飼さんはそうやって歩み始めた道を今日までずっと一貫して歩かれて、オリンピック反対運動にも、この数年熱心に取り組んでおられる。本日は、私自身うろ覚えでしかないようなことまで綿密に読んでくださって、貴重な発言をいただいたことに心から感謝します。

高橋さんは一九九五年に日本でクロード・ランズマンの「ショアー」という映画の上映運動をなさり、鵜飼さんとともにその実行委員を務められました。私はこの重要な映画を日仏会館に観に行った記憶があります。そのときは初対面の高橋さんとちょっと会釈したという感じでした。その翌年にアウシュヴィッツ・ツアーを計画したときに、自分も一緒に行くとおっしゃったので、同行することになりました。それ以来のお付き合いですけれど、その後は今日のお話に出てきた九七年のシンポジウム「ナショナリズムと『慰安婦』問題」、それ以降はたとえば「君が代・日の丸」法制化反対とか教育基本法反対あるいはNPO前夜とか、そうした活動を一緒にやり、ご負担をかけ、ご迷惑もかけました。その過程を通じて、一貫してひじょうに心強い仲間であったと思っています。

とても印象深かったことは、高橋さんと知り合って間がない頃、実践活動はしてこなかった、という謙遜の意味で、自分はずっと勉強ばかりしてたということを絶えずおっしゃっていたことです。正統派アカデミズムから不意に出現した稀な実践者といいますか、社会参与者という印象でしたね。だからそういう点では、こういうとお二人の双方に対して失礼かもしれないけれど、鵜飼さんとは対照的な印象でした。鵜飼さんは活動家的な方で、高橋さんは正統派研究者という感じです。「勉強ばかりしていた人」が一九九〇年代の半ば、日本における「証言の時代」の現場に突然現れた。これだけでも驚いたのですが、そういう人がそれ以来およそ二五年間、一貫して研究と同時に実践や参与の道も歩まれました。私が近距離から見ている限り、それ以降のすべての週末はそうした活動に捧げられたのではないかなと思っているところです。まことに驚嘆すべきことだと思っています。

加藤典洋氏の『敗戦後論』(単行本化は一九九七年、講談社)のことをおっしゃったんですけれど、私は一九九五年の「敗戦後論」から九六年の「戦後後論」にかけてのブームは、重要な出来事だったと思っています。右派や保守派はもちろんですが、いわゆるリベラル派が、自己肯定、自己愛のために捻り出したトリッキーなレトリックが、あれほど多くの方面から、とくに『朝日新聞』等のリベラルジャーナリズムから歓迎されて、現在までそれは続いています。現在でも内田樹氏のようなフォロワーが現れているということから見ると、あれはネガティヴな意味で、戦後日本思想史における重要事件の一つだったと思います。

私は時々、九〇年代の日本にもし高橋哲哉がいなかったらどうなっていたかと想像するのですが、それは先に述べた実践活動だけではなく、加藤典洋の議論の弱点というか、もっとはっきりいうと欺瞞性といいますか、それをあれほど明晰に指摘する論者が、ほかにはなかなか見当たらないということです。そういう意味で、高橋さんはひじょうに重要な存在だと思います。本日は貴重な発表をいただき、重ねて感謝いたします。

次に、「知識人」という言葉について申します。私は日本生まれ日本育ちで母語も日本語ですが、「知識人」という言葉を使うたびに、日本の人たち、特に日本の知識人たちと語感が全然違ってしまっているなと、長い間感じていました。「われわれ知識人」と私が言うと「いや、私は知識人ではありません」という反応が必ず返ってきました。「知識人」だということは特権をひけらかす意味ではなく、むしろその逆なんだけれどと思いながら、日本と韓国の間にある大きな差異の一つはそこかなと思ってきました。韓国の文脈では、一九六〇年の四月革命、李承晩を追放した革命ですけど、それ以来今日まで、闘争の主役は変遷してきましたけれども、基本的に社会変革において知識人の果たす役割というものに対しては、知識人自身の自負もあるし、社会からの期待もあります。

私自身は、一九六七年にジャン＝ポール・サルトルの『知識人の擁護』（人文書院、一九六七年）が出たとき、高校二年生でしたが、それを読んだ記憶があります。「アンガージュマン」という言葉も当時覚えました。それから、エドワード・サイードの『知識人とは何か』という本、日本で翻訳（平凡社）が出るのは一九九五年ですが、これも自分にとって大切な本です。「知識人」であるということはかつてひじょうに重要だっただけではなく、今日ますます重要性を増していると私は思っています。知識人は悪びれることなく、自分があらゆる偶然や幸運の結果得ることができた「知」を、社会に還元することに誠実でなければならない、そう私は思っています。そういう意味では、お二人は、たとえば渡辺一夫、森有正、加藤周一など、日本における善き知識人の系譜上にあると思っています。そういうお二人にさまざまに啓発されたことは私にとっても、とても幸運なことでした。

私が鵜飼さんや高橋さんとお付き合いできた過去およそ二五年という時代は、いわゆる階級闘争とか民族解放闘争という図式が社会主義圏の崩壊とともに一頓挫した後、新自由主義グローバリズムが全世界を席巻して一元支配を樹立した時代と言えるかもしれません。それは「戦後民主主義」の日本が、長く続く反動期から安倍政権を通じて極右国家へと至った道と言えると思います。

私は、兄たちのこともあって最良の戦後知識人といえる何人かの先生の謦咳に触れる幸運を得ました。たとえば日高六郎、加藤周一、藤田省三、古在由重、安江良介、詩人の茨木のり子といった方々です。現在の日本社会を見ると、そういう方々の系譜はほとんど断ち切られたと思わざるを得ません。いま言った方々のお名前も、鶴見俊輔さんを例外として、ほとんど人々の口に上らない。本日は私が応答する立場でありながらこういうことを言うのはどうかと思いますが、鵜飼さんや高橋さんにはこの系譜を継いで発展させる日本の知識人として、今後も活躍していただきたいと強く期待しています。

あえて言うと「戦後知識人」から「冷戦後知識人」へ、ということになるでしょうか。あるいは「ポスト・ポストモダン知識人」へでしょうか。一九九〇年代はいわゆるポストモダンが流行した時代です。もちろんそこには肯定的な要素もありました。それまで流通していた大文字の主語を脱構築する、「ナショナリズム」とか「男性」という既得権の主体を解体するとかということですね。その肯定的な要素を受けとめ発展させながら、さらにその先の時代を見通していくという思想的作業をやっていただきたいのです。ごく少数ではあったけれど、また孤立してはいたけれど、確かに存在した日本の善き知識人たちの系譜を、継承・発展させていただきたいというのが私の希望です。

先ほど高橋さんが、私と出会って以降、「ナショナリズム」という問題をいつも深く考えてきたとおっしゃったことは、私にとってとても喜ばしいことでした。多くの場合は、深く立ち入って考察せず、「ナショナリズム」と分類してレッテルを貼り付けることだけで満足する日本の知識社会のなかで、高橋さんが占める独特な、重要な位置だと思います。

なお、鶴見俊輔さんについては、私はかなり留保があります。九〇年代から現在まで、たとえば『朝日新聞』を中心とするリベラルのマスコミにおいて、鶴見さんは圧倒的な存在でした。鶴見さんをどう見るかということが日本の知識人、戦後思想を考える上でたいへん重要な問題、いうならばアポリアだと私は思います。全体主義的な共産主義に対する批判、市民運動、個人の再発見、雑誌『朝鮮人』の発刊やベトナム戦争脱走兵に関する援護活動などなど、多方面で鶴見さんが果たした貴重な役割を高く評価する点で私は人後に落ちないつもりです。ただし、その鶴見さんの影響の山脈から、たとえば「自己中」を唱える加藤典洋氏のような存在が出てきた。九〇年代の半ば以降は、その人たちが目立つことになりました。そこに、日本リベラリズムの自己肯定の衝動のようなものを、私は読み取ります。

先ほど高橋さんが言われたとおりですが、「正しすぎるのは良くない」という言い方は、本来国家とか大文字の正義に対する抵抗だったはずですが、逆の機能に転落しました。その過程を鶴見さんご自身はどう見ておられたのか。その人たちは鶴見さんにとっての正当な継承者なのか、そのあたりをもっと厳しく検討すべき時ではないかと思っています。私自身にはそんな力はないのですが、ここにおられる高橋さんと鵜飼さん、それに若い研究者の方々にも問題提起させていただきたいと思います。

〔権報告・崔報告〕について

権晟右さんと崔在爀さん、本当にありがとうございました。私は率直に感激しております。二〇〇六年度から〇七年度にかけて、東京経済大学から研究休暇をいただいて、韓国に二年間滞在しました。その当時の仲間（とくに高橋さん）に大きな迷惑をかけながら韓国に行ったということもあります。結果的に、それは少なくとも私にとっては、きわめて重要な人生の転機となりました。お二人のほかにも、韓洪九《ハンホング》さん、権赫泰《クォンヒョクテ》さん、金相奉《キムサンボン》さんのような立派な方々と出会うことができました。そして、私の韓国滞在中の産物として、『汝の目を信じよ！――統一ドイツ美術紀行』（みすず書房、二〇一〇年）や『植民地主義の暴力――「ことばの檻」から』（高文研、二〇一〇年）、『詩の力――「東アジア」近代史の中で』（高文研、二〇一四年）などといった著作を出すこともできました。もしその機会がなかったらどうだったかと考えると、あの経験はとても大きかったという思いを新たにします。

ただ同時に、政治的・経済的・文化的理由で、それができない多くの在日朝鮮人同胞がいることも忘れたくありません。能力として劣っているわけではないのに、日本社会との政治的関係、および朝鮮の南北分断という政治的理由によって、自由な韓国滞在や、韓国内の同胞との交流ができない人たちがいます。「文化的」というのはごく簡単にいうと言語の障壁ですけれど、本日、崔在爀さんが言ってくれたように、この文化的障壁のなかには美術も含まれます。「これが××民族にとっての美だ」

という本質主義的意識の障壁にどう立ち向かっていくのか、どう乗り越えていくのかという課題があります。多くの在日朝鮮人にとっては、とても難しい課題です。しかも在日朝鮮人は日本社会ではヘイトスピーチに取り囲まれながら孤立し、分断されている。仲間がどこにいるかもわからない状態になってます。東経大に職を得たおかげといえますが、私にとって、二年間韓国に滞在し、素晴らしい人たちに出会い、自分の話を理解してくれる人たちがいたという「発見」ができたのは、例外的な幸運だったと思います。

権晟右さんは淑明女子大学での講演会を準備してくださって、そこでの話が「私はどうしてもの書きになったのか」という講演記録として『詩の力』に収められています。私自身は自分の韓国に対する知識不足と言語表現力の足りなさに常に複雑な思い、端的にいうとコンプレックスを持っているわけですが。権晟右さんが私に励まされたとおっしゃったのと逆の意味で、私は権晟右さんをはじめとする韓国の素晴らしい友人たちに励まされてきました。

もう一つ、「エッセイ」という表現形式について申します。なぜエッセイを書くのかという問いは、私にとって深く厳しい問いです。私はエッセイで自分を観察し語ります。「自明な自分」、「自分とはこれだ」という前提から出発するのではなく、自分を分節化して観察する、そしてそれを語るということを、仕事の方法としていつの間にか持っていて、それにエッセイという形式がひじょうにマッチしているということだろうと思います。

日本と韓国のエッセイの違いを権さんも話されました。どちらが正しいということではありませんが、両者は随分と違うなということは私も思いました。ヨーロッパの本格的なエッセイも、これらとは違う意味で存在しますけれど。私がエッセイを書いて、たんに在日朝鮮人がいろいろ書いているなという以上に、韓国でエッセイとして受容されているものとは異なる何らかの発見や出会いを、韓国の読者にもたらしたのだとすれば、面白いなという気持ちでおります。

それから、白楽晴さんたちのことですが、当時「民族文学論」といわれたのは、植民地時代の抵抗の民族文学を再発見し、再読する動きのことで、それは先ほど鵜飼さんが親切に想起してくださった白さんの「知恵の時代」という考えにつながっていくものです。私はその「民族文学論」という議論をするときの「民族」という範疇に、自分は含まれているのだろうか、いないのだろうか、もし含まれていないのだとしたら、「民族」という概念や範疇そのものを拡張し、再定義する方向で検討する必要があるのではないかと考えてきました。それは現在も続く長い課題です。そのことも思い出させていただいて、ありがたく思いました。

私が韓国で親しい人たちや私を歓迎してくれる人たちと会うのは、実は「韓国」の一部としか会ってないのだと思っています。私はそういう見方、感じ方を離れることができません。韓国は地理的にだけでなく、分断された社会で、私とは思想的・文化的にまったく違う立場の人たちも多くいます。それから私が書いたものについて、そこから立ち昇る日本的な匂いとか、日本統治時代の追憶に愛着を覚える人もいます。もの書きがその読まれ方まで指図することはできないのですけれど、それは私としては不本意というか、ちょっと違うんだよ、と思っています。私はひじょうに警戒心の強い人間、端的にいうと「小心者」ですから、気をつけ気をつけ、韓国の方々と交流してきたのですけれど。権晟右さんのような慎重にして深い読みをしてくださるということはとてもありがたいことでした。

李良枝《イヤンジ》について少し話します。芥川賞をとった在日朝鮮人女性作家・李良枝は、直接の面識はありませんが、私の学生時代の後輩です。その人が自分と祖国との関係を死にものぐるいで模索して、探っていったテーマがこの「由熙」という小説に表現されています。しかし私が見るところ、その貴重な葛藤は無残な結末に終わっています。そのことを、「ソウルで『由熙』を読む」という文章に書きました。無残な結末というのは、つまり、きわめて困難な精神的彷徨の末に、自分の生まれ育った富士吉田の町から見る富士山の有り難さに思わず頭を垂れるという結末なんですね。彼女は若くして亡くなってしまいましたが、ひじょうに惜しむべき才能だったと私は思います。ですから、富士山の有り難さの前にもう一つ踏ん張って、より絶望的でもいいから、その先まで行って欲しかったという気持ちです。もちろん、それはつまり「まだ生きている」われわれの課題でもあるということです。

崔在爀さんは、東京藝術大学の大学院博士課程に在学されていた頃から面識があって、東経大で私がやっていた若い人たちとの勉強会にも何回か参加してくださいました。今となっては翻訳だけではなくて、たとえば私が韓国の大邱美術館で李快大について話をしたときなど、大事な場面で通訳をしてくださる貴重な存在でもあります。それから今日のお話を聞いて思いましたが、私が自分より若い世代の韓国知識人の思考方式を知る上でたいへん大きな助けになった、教師のような存在と言ってもいいと思います。

私は「朝鮮美術」と、その概念のレベルから格闘しながら、『私の朝鮮美術巡礼』(日本版書名は『越境画廊——私の朝鮮美術巡礼』論創社、二〇一五年）という本を書いたのですけれど、その頼もしい同行者であり、支援者でもありました。今は「日本近代美術散策」というエッセイを、崔さんの翻訳で韓国の『月刊美術』に連載中です。これは何事でもないように思われるかもしれませんが、日本の近代美術が日本の近代というものと骨がらみに絡みついている以上、その作品を韓国に紹介するということは、実はひじょうに困難でもあり、危険でもある作業なのですね。つまり、日本近代美術を一方的に称賛するものでもなく、さりとて固定的な立場から非難して事足りるものでもない。日本近代美術というものが形成されていく文脈を解きながら、そこに登場した個々の魅力ある美術家たちを紹介し、同時にそれが韓国および朝鮮とどういう関係にあるかを絶えず想起させるようなものを書かなければならない。また「朝鮮」の内部に浸透している「日本」を対象化するということは、自らを解剖するのと同様な作業でもあります。なかなか困難な仕事です。これは私の定年後も続いていく仕事ですので、崔在爀さんという頼もしい同行者とともに頑張っていきたいと思っています。

長くなりましたがあと一言。ディアスポラや境界人という名付けについてです。韓国では、良くも悪くも、私が「ディアスポラ」という言葉を普及させたという人たちがいます。それが事実かどうかは私にはわかりませんが、『ディアスポラ紀行——追放された者のまなざし』（岩波書店、二〇〇五年）という、日本では岩波新書で出した本が韓国で翻訳されてかなり読まれたということはあります。良くも悪くもというのは、そのことをある意味では理由のある形で辛辣に批判する人たちもいるということです。

批判のポイントは、ディアスポラという一般化された言い方をするなということ、植民地支配を受けたという側面を絶えず肝に銘じるべきだということです。それは先ほど高橋さんが言われたような「ナショナリズム」というものをたんに観念のなかでだけ相対化して事足れりとするような姿勢と通底するものをそこに感じ取る人たちからの批判だと思っています。私はこの批判に理解できる点があるので、これを無碍に撥ねつけるつもりはなく、いつも留保付きでこの言葉を使いながら、しつこいくらい注釈していくことに努めているわけです。

私自身を規定している複数の分断線を見つめ、自分はどこからきたのか、どこへ向かうのか、なぜこのようであるのか、そういう文脈をできるだけ知的に分節化して自己理解をしようと私は努めてきましたし、これからもそうしていくつもりです。それは新たな連帯のためにも必要なことです。まるごとの「日本人」とまるごとの「在日朝鮮人」が、あるいはまるごとの「在日朝鮮人」とまるごとの「韓国国内人」がまるごと理解し合うということはありえないし、むしろそういう幻想を持つことは危険だと考えています。それぞれの存在を規定している文脈を分節化しながら、どの部分で自分たちは共感し合い、批判し合わなければならないのかを明らかにしていく作業を、今後も続けたいと思います。

四人の発表者の方々に心からのお礼を申し上げて、私からの応答といたします。

comment 1

「在日朝鮮人の昭和史」というアポリア
――徐京植氏とポストコロニアリズム

本橋 哲也

在日朝鮮人は、旧宗主国である日本からみると、みずからが行った植民地支配の結果、自国内に居住することになった他民族であり、朝鮮民族の側からみると、植民地支配を受けた結果、海外離散することになった在外同胞であるといえます。したがって、在日朝鮮人をめぐるさまざまな問題の解決の基礎には、旧宗主国、旧植民地国双方の側からの「植民地支配の正しい清算」が置かれなければなりません。

(徐京植『皇民化政策から指紋押捺まで――在日朝鮮人の「昭和史」』岩波ブックレット、一九八九年、五頁)

はじめに

この小稿で試みるのは、徐京植氏が「在日朝鮮人」として「昭和」から「平成」に至る年月を日本で生きてこられた歴史を、アジアにおける植民地化と脱植民地化という文脈のなかで捉えることである。それは、徐氏の個人史がそのまま日本の脱植民地化の未了という現代史に重なるという時代的偶然だけでなく、日本を含めたアジアにおけるポストコロニアリズムの課題を明らかにするためには、徐氏のような「在日朝鮮人」の経験と軌跡をコロニアリズムとポストコロニアリズムというヨーロッパ中心的近代世界の枠組みのなかで位置づけることが必要だからである。そのためには、一九四五年以降の日本の敗戦後の歴史における、日本国内の「一国平和体制＝日米安保体制」と、日本以外のアジア（沖縄を含む）における「軍事独裁体制＝米ソ冷戦下での内戦」との共存というアポリアを認識し、その矛盾を世界の植民地主義の歴史という文脈に拘束された近代日本の成り立ちから考える作業から始めなくてはならないだろう。

冒頭に引用したように、徐京植氏は最初期の単行本としてその後の人生を決定づけたと言っても過言ではない『皇民化政策から指紋押捺まで』のなかで、在日朝鮮人の「昭和史」こそが、「旧宗主国、旧植民地国双方の側からの『植民地支配の正しい清算』」の鍵であると述べ、それがひいては、いまだに世界の各地で噴出している軍事的・経済的・文化的暴力や差別を解決するための実践的で思想的な参照項となることを明確に認識して、作家として教育者として仕事をしてこられた。植民地支配を近代国民国家の必要条件と捉える拙稿が、氏のそうした仕事への補注となれば幸いである。

コロニアリズムの歴史――欧米編

考察の前段階として、まずは西洋的近代世界におけるコロニアリズムの歴史をいくつかの出来事を通して概観しよう。

植民地主義の歴史を「コロンブスの新大陸到着からはじまる西洋近代世界」のそれとして把握する場合に、まず焦点を置くべきなのはイベリア半島である。それはスペインとポルトガルという両国が、ヨーロッパにおける植民先進国として最初の植民地帝国を築き、後発のオランダ、イギリス、フランスの模範にして追い落とすべき敵となったと同時に、国籍／言語／文化の三位一体を根幹とする近代国民国家の先駆けとなったからである。

七世紀に中東で発現したイスラームを信奉する軍事勢力が、北アフリカを通って西ヨーロッパを南方から侵攻することになるが、ターリク・イブン・ズィヤード将軍の率いる軍隊がイベリア半島に侵入したのが、七一一年で、この後しばらくは東側のイスラーム勢力が西側のキリスト教勢力に対して優位に立ち続ける時代が続く。ジブラルタルという地中海から大西洋への出口となる要衝は現在イギリス領だが、この名称もジャバル・アル・ターリク（ターリクの岩山）という、八世紀初頭のこの征服に由来すると言われる。しかしイスラーム勢力によるイベリア半島支配は一一世紀ごろから退潮に向かい、いわゆる「レコンキスタ」、つまりキリスト教勢力から見た「国土回復運動」が開始されていくことになる。

ヨーロッパにとって、イスラームが「外部の他者」であったとすれば、もうひとつの他者、いわば「内部の他者」とも言うべき存在は、長年ヨーロッパ各地に居住して文化的にも商業的にも重要な役割を果たしていたユダヤ人である。しかしユダヤ人に対する迫害も頻繁で、たとえば一三九一年六月にセビーリャで起こった反ユダヤ人暴動はスペイン全土に波及した。つまりイスラームとユダヤの排斥によってヨーロッパにおけるキリスト教的アイデンティティが確立され、それがいずれ植民帝国となってゆくスペインの思想的骨格をなしていくことになるのである。

一四六九年にはカスティリア王国のイサベルとアラゴン王国のフェルナンドとが結婚し、ここにスペインという国民国家支配の基礎が築かれる。そのような政治的・宗教的枠組みのなかで、これから略述する国家内外の異分子の包摂と排斥が着々と進行していくのだ。まず一四八〇年には異端審問制度が設置され、おもにキリスト教への改宗を装った「隠れユダヤ人＝マラーノ」を取り締まる任務が課せられる。「マラーノ」とは「豚」を意味する隠語で、豚肉を忌避するユダヤ人の風習から来た差別語である。こうしてスペイン領内には、元からのキリスト教徒、改宗して新キリスト教徒となった「コンベルソ」、隠れユダヤ人としてスペイン領内に住み続ける「マラーノ」、そして異人としてやがて国外に追放される運命にあったユダヤ人という四層構造が成立した。このような国内事情が、同時代に開始されていく植民地経略と密接に結びついていたことが重要である。

さて植民地の歴史を理解しようとしている私たちにとって、西洋的近代の出発を象徴する年である一四九二年だが、この年スペインでは「西洋的近代」の終末期を生きている私たち自身の存在をいまだに規定しているいくつかの社会的範疇で、その後の世界のありようを決定づけた出来事が同時多発的に起きた。まず軍事的側面では一月にイスラーム勢力の最後の砦であったグラナダのアルハンブラ宮殿がカスティリア女王イサベルの軍隊の前に陥落、レコンキスタが完了した。次に言語的側面において、ラテン語学者であったアントニオ・デ・ネブリハが、俗人にも習得可能な共通語を作り上げるべく『カスティリア語文法典』を出版する。これによっていわゆる「方言」と区別される「正しい標準語」が制定されることになる。さらに注目すべきことに、ネブリハはイサベル女王に捧げたこの本の序文で、「言語は帝国の道具であります」と述べ、言語の規範化が他者の排除と征服に向かう過程を予告する。すなわち国内では「国語」とカスティリア語が規範となり、国外では植民地征服の過程でカスティリア語を使う「文明人」と、それへの回路を持たない「野蛮人」という差異化がなされていくのである。後に言及するコロンブスとそれに続く航海者たちの「新大陸到着」も、即座にヨーロッパ諸言語へと翻訳され、グーテンベルク以来ヨーロッパの知識産業の興隆を支えていた出版技術に支えられて、植民地征服への欲望を社会に喚起していったのである。

宗教と政治との関係に目を転じると、一四九二年三月三一日にユダヤ人追放令が正式に制定され、ここにヨーロッパにおける「内部の他者」の排斥と包摂が法制化されて、政府が宗教を国家統合のイデオロギーとして活用するという、その後の近代国民国家のパターンが成立することになった。追放の期限翌日となった八月三日に、スペインから最後のユダヤ人が出立し、同じ日にコロンブスがスペインのパロス港を出港したと言われる。旧いヨーロッパを象徴していたユダヤ人が新たな離散を遂げた日と、やがて新たなヨーロッパを図らずも発見することになったコロンブス（彼自身ユダヤ人だったという説もある）の出立の同時性――インド到達をめざした船隊が離散するユダヤ人を見送るという歴史ドラマの一コマさえも想像できる私たちにとって、植民地主義の歴史を顧みることは、このような古い異人の追放と新しい異人の征服との同時代性を歴史の過渡期に読み取ることにほかならないのである。この後スペインのユダヤ人は、ポルトガル、ギリシャ、トルコ、北アフリカ、イタリア、オランダ等へ離散し、その後の近代史において重要な役割を果たしていくことになる。

コロンブスがインドに着いたと亡くなるまで信じていた彼の誤解によって、その後「西インド諸島」と呼ばれる土地に到着したのは、後述するように一四九二年の一〇月だが、彼は真西に真っ直ぐに航行すれば、インドに到着すると信じていた。すでに同じ年にニュルンベルクのマルティン・ベハイムが世界最初の地球儀を作成していたから、知識人の間では地球が平面ではなく球体であることは知られていたが、コロンブスとそれに続く多くのヨーロッパ人航海者たちの「新大陸」への航行を容易にしたのは、天体さえ観測できれば海洋上でも自分の位置を計測できる六分儀の発明であった。一四九二年が西洋植民地主義の出発点として重要なのは、このように軍事（政治）、言語（文化）、宗教（民族）、外交（経済）、科学（テクノロジー）という近代国民国家の要件をなす国内外における自他の境界線の構築が同時多発的に起きたことによって、西洋的近代の必要条件であった植民地征服の素地が準備されたからである。

さてここからは所謂「大航海時代」と、それに続く西洋近代国家による植民地獲得の歴史を見るとしよう。コロンブスが現在のバハマ諸島のひとつであるグァナハニ島に到着したのは一四九二年の一〇月一二日。イタリアのジェノヴァ生まれのコロンブスは、スペインのイサベル女王を後ろ盾とし、ドイツのフッガー家からも資金援助を得て、西回りによるインド航路を開拓しようとした。当時のヨーロッパ商人にとって、地域紛争の絶えない地中海やイスラーム勢力が支配する陸路ではなく、大洋を横断する海路によってインドに到着し、シルクロードや東南アジア諸島からインドに運び込まれる香辛料や絹織物、陶磁器といった産品を得ることは大きな魅力であった。東回り航路はすでに一四八六年にポルトガルのバルトロメウ・ディアスがアフリカ南端の喜望峰回航に成功、続いて一四九八年にヴァスコ・ダ・ガマがインドのカリカットに到着して東回り航路が開かれ、その後ポルトガルに膨大な富をもたらし始めていた。これより先、一四九四年にはトルデシーリャス条約が締結され、ローマ法王の認可の下に、スペインとポルトガルで世界は東西に二分された。その結果として、やがてスペインはアメリカ大陸を経てフィリピン諸島まで、ポルトガルは東南アジアを経て日本までその版図を伸ばしていくことになる。

いわゆる「世界一周」についても見ておくと、一五一九年九月にマガリャンイスが五隻、二三七名の船員とともにスペインを出航、西回りで西インド諸島には迅速に到着したものの、そののち南アメリカの南端を通過するのに一年以上かかったので、一五二〇年一一月にようやく、その後英語読みでマゼラン海峡と呼ばれる難所を通過する。その後、太平洋を横断したマガリャンイスたちはフィリピンに到着するが、そこでラプラプ王の軍隊と戦って、マガリャンイス自身は落命する。その後、東インド航路を逆にたどって、たった一隻の船、一八名の生存者が一五二二年九月に、ついにスペインに帰還した。

ということは、最初の世界一周者はこの一八名ということになりそうだが、事実はそうではない。大航海時代の歴史はすでにグローバルな物流・人流を可能にしていたからである。記録によればマガリャンイス船団のある奴隷（名前は残されていない）は、フィリピン諸島に到着したとき、現地住民の話す言葉を聞いて理解できたという。つまり彼は、かつてこの地域からスペインにまで連れて来られた奴隷だったのだ。よって最初の世界一周者は誰かというと、歴史上この男をおいてほかにない。もちろん西洋以外に目を転じれば、一六世紀以前にも世界周航を果たした船があった可能性は十分にあるだろうが、ここでのポイントは誰が最初の世界一周者であるかということよりも、遠洋航海術、奴隷貿易、植民地経略という西洋的近代の諸条件を形作った底流には、すでに商業的・文化的グローバリゼーションの運動があったということであり、それゆえにこのような主流の歴史に隠された英雄が存在したという事実のほうだ。植民地主義の歴史を再審することは、このようなオルタナティヴな（alter-native＝原初に戻って変革する）歴史の探求であり、「正史」には記録されなかった事蹟を想像することにほかならないのである。

次に、南北アメリカ両大陸におけるスペイン植民帝国の基礎となった、先住民のジェノサイドという血塗られた歴史に目を転じるとしよう。現在のメキシコの地では一五二一年八月にスペインの隊長エルナン・コルテスがアステカ帝国のクアウテモックをとらえ、首都テノチティトランが陥落。一五三三年八月にはフランシスコ・ピサロがインカ帝国の王アタワルパを処刑、一一月に首都クスコが陥落してインカ帝国が滅亡する。コルテスやピサロに率いられた少数のヨーロッパの軍勢が、膨大な版図を長年にわたって支配していた帝国を短期間で亡ぼした背景には、軍事テクノロジーだけでなく、情報テクノロジーの優越、すなわち先住民間の軋轢を把握、利用して現地民同士を戦わせる戦略が有効だったこと、そして何よりヨーロッパ人がもたらした病原菌に耐性を持たなかった先住民人口の大量死という、今後の南北両アメリカ大陸の激烈な人口変化があった。二つの帝国が支配していた領土における金銀鉱山の獲得に続いて、一五四五年にボリビア南部のポトシ銀山が発見されることで、スペインの世界帝国化と、新たに鋳造される貨幣による世界経済の変革をもたらしたことも忘れてはならないだろう。

一五六五年にはスペインによるフィリピン侵略が開始されるから、一四九二年からおよそ四分の三世紀余りで、西回りによる植民征服は地球を半周したことになる。ここで興味深いことは、スペインの世界帝国化は同時に「インド」のグローバル化を引き起こしたということだ。つまり、コロンブスは西回りで「新大陸」に到着し、そこをインドと誤解、ないしは希望的に曲解したので、そこの住民がインディオ（スペイン語・ポルトガル語読み）とかインディアン（英語読み）などと呼ばれることになった。こうして南アジアの東インドとアメリカの西インドとが同時に存在するという複雑な事態が出来する。このインドの遍在化は、スペイン人が新しい土地や国を侵略征服していく過程で、つねに先住民をインディオと名づけていくことで、グローバルな次元を獲得する。（それに対して、植民地帝国として並び立っていたポルトガルは、現地の民族名をある程度採用したので、たとえばトルデシーリャス条約に従って、ポルトガルが到着した東端の国である日本の人口は「ハポネス」と認識されていた。かりにスペイン人がポルトガル人よりも先に日本に辿りついていれば、日本列島は「中インド諸島」とでも呼ばれることになっていたかもしれない。）よってフィリピンにおいても、イベリア半島生まれのスペイン人は「ペニンスラレス」（半島生まれ）、現地生まれのクレオールは「インシュラーレス」（現地生まれ。後にスペイン植民帝国を築いたフェリペ二世に準じて「フィリピーノ」）となり、そして先住民が「インディオ」と呼ばれる三層構造を形作り、やがて中層のフィリピーノが中核となってフィリピンという国民国家ができていったのである。

さて、ここでいよいよアジアへと視点を移せば、このヨーロッパ勢力による世界の植民地化が、日本にも大きな影響を及ぼしていたことがわかる。まず、日本の海外侵略の嚆矢となる豊臣秀吉の「朝鮮征伐」（文禄・慶長の役）は一五九二年から九八年までで、ちょうどスペインにおけるコロンブスの航海の百年後ということになる。続く時期に北米大陸では、英国による最初の恒久的植民地ジェームズタウン建設（一六一三年）、そしてメイフラワー号のプリマス到着と最初のアフリカ黒人奴隷のジェームズタウン到着（一六二〇年）、そしてポウハタンとオペチャンカナウの兄弟による「イースター蜂起」と呼ばれた先住民側からの最初の大規模反植民地闘争とその弾圧（一六二二年）という、後のアメリカ合州国の基礎が形作られた。

その後、日本は徳川時代の鎖国、米国はヨーロッパ、アフリカ、アジアからの労働力の移入による国内産業の発展と先住民の撲滅という対照的な道を歩むが、一九世紀半ばの植民地主義の完成期において、この二つの国家の道筋が出会うことになる。すなわち一八四六年から四八年の米国・メキシコ戦争の結果、テキサス、ロッキー山脈西側（ニューメキシコ、アリゾナ、ユタ、ネバダ、カリフォルニア）を領有し、大西洋だけでなく太平洋への出入口を獲得した米国は、自らも海外植民地の支配へと乗り出し、その手始めが日本であった。それが一八五三年のペリー艦隊による浦賀来航に繋がるのだが、ペリーは米墨戦争におけるメキシコ上陸作戦の論功行賞として東インド艦隊司令官に任じられたからこそ、この任務を担ったのである。

このような文脈で見てゆけば、世界的な植民地化の動きのなかで、日本の「西洋的近代化」もイベリア半島に端を発したグローバルな植民地化の動きが西回りでアメリカと太平洋を通過して起きたことがわかるだろう。そのような動向に対する後発の近代国民国家である日本の反応が、いわゆる「明治維新」だったのであり、それは端的に言えば、明治新政府による「西洋的植民地化」への参画、すなわちアジア隣国への侵略であった。このことを念頭に置きながら、次節では、今度は日本の明治維新以降の植民地主義の進展を見ていこう。

コロニアリズムの歴史——日本編

ヨーロッパ近代的な国民国家として自立を目指し、それがゆえにヨーロッパ型の植民地主義国家の成型を目論んだ日本の動向を、一九世紀の後半から見ていけばわかることは、最後発の植民地主義国家としての日本が自らの被植民地化を免れるために目指したのが、ヨーロッパ的植民地支配の歴史のなかでも例を見ないような急速で強権的な、それゆえ多大な無理と犠牲を伴った近代化＝植民地獲得であったことだ。それが一世紀近くにわたるアイヌ民族や琉球民族に対する「内国植民地化」に続く、台湾、朝鮮、中国、およびアジア太平洋諸国に対する「外国植民地化」と侵略戦争とに帰結し、同時に明治・大正・昭和と三代の天皇の臣民としての忠誠と服従を国民に教唆・強制するジェンダー・階級・人種・民族にわたる強固な差別構造を構築したのである。以下、年表で日本の近代国民国家＝植民地経略体制の構築と挫折を概括しよう（次頁の略年表を参照）。

太字にしたが、一九二八（昭和三）年に、徐京植氏の尊祖父が日本に来日したという出来事に注目すれば、徐家の「在日朝鮮人」としての歴史は、まさに「昭和史」とともにあったという事実が確認できる。このように在日朝鮮人の来歴を日本国家の他者征服と他国侵略の歴史のなかに置いてみれば、こうした個別の事例が決して偶然ではなく、日本の植民地国家としての成立のための十分条件を証す

コロニアリズムの歴史——日本編＝略年表

西　暦	事　項
1868	王政復古令、五箇条の誓文:天皇親政による明治新政府発足
1869	蝦夷地を北海道と改名
1875	江華島事件:朝鮮に対する「砲艦外交」
1877	西南戦争
1879	「琉球処分」
1889	大日本帝国憲法、皇室典範制定
1890	帝国議会開会、教育勅語発布
1894	日清戦争(〜1895)
1895	下関条約:遼東半島・台湾・澎湖諸島を獲得したが、独仏露の三国干渉によって遼東半島は放棄
1902	日英同盟(〜1932)
1904	日露戦争(〜1905)
1905	ポーツマス条約:南樺太の領有権、旅順・大連の租借権、長春・旅順間の鉄道利権等を獲得し、日本の韓国支配権を承認させる
1910	韓国併合
1914	第一次世界大戦勃発:青島占領
1915	対華21カ条要求
1918	シベリア出兵(〜1922)
1919	ヴェルサイユ条約:パラオ、マーシャル諸島などの南洋諸島を委任統治
1923	関東大震災:各地の自警団などが、6000人以上とも言われる日本在住の朝鮮人を虐殺
1928	**徐京植氏の祖父(朝鮮忠清南道出身)、日本居住**
1931	満州事変
1932	「満州国」建国
1937	盧溝橋事件:日中戦争勃発
1941	コタバル、真珠湾、ルソン島、香港などを侵略:アジア太平洋戦争勃発
1942	マニラ占領
1945	敗戦

る一つの事象だったことがわかるだろう。「在日朝鮮人の昭和史」も近代植民地主義のグローバルな展開の一環であったこと――この事実は、日本の近代化の原動力であった植民地主義が、つねにすでに、スペイン～イギリス～アメリカという三つの帝国の枠組みのなかにあったということと同義である。そしてこのことは、日本がアジア太平洋戦争で敗戦し、アジア諸国がその植民地支配から解放された一九四五年以降の出来事をポストコロニアリズムの文脈で検討するとき、さらに明確になる。それを次節で、日本国内の出来事と、日本以外のアジアで起きた出来事とを対照しながら示すことによって、確認しよう（次頁の略年表を参照）。

ポストコロニアリズムの歴史――アジア編

このように見てくれば、アジアにおけるポストコロニアリズムの課題が明らかになってこないだろうか？　すなわちそれは、日本の「一国平和体制＝日米安保体制」と、日本以外のアジアにおける「軍事独裁体制＝米ソ冷戦下での内戦」との決定的なギャップを認識すること、そしてその隔絶を依然として、世界の植民地主義の歴史という文脈で近代日本の成り立ちから考えること、これである。徐京植氏が『在日朝鮮人の「昭和史」』のなかで課題として提起していた「旧宗主国、旧植民地国双方の側からの『植民地支配の正しい清算』」のためには、少なくともこの認識と考察から始めなくてはならない。

ポストコロニアリズムの歴史――アジア編＝略年表

西　暦	【日本】	【日本以外のアジア】
1945	敗戦とアメリカ軍による占領統治	朝鮮・台湾が日本の植民地支配から解放 ベトナムにおける日本軍政統治が終了 中国における国共内戦の再開
1947	新憲法が施行	
1948	戦犯処刑(昭和天皇延命)	大韓民国、朝鮮民主主義人民共和国成立(朝鮮半島の南北分断固定化)
1949		中国革命
1950	朝鮮戦争による特需景気	朝鮮戦争(冷戦対立国家の代理戦争)
1951	**徐京植氏、京都市に生まれる**	
1952	対日講和条約／日米保条約(4月28日) 戦傷病者戦没者遺族等援護法公布(4月30日) 全国戦没者追悼式開催(5月2日)	
1953		朝鮮戦争休戦(南北分断国家の半永続化)
1954	第五福竜丸、米水爆実験で被災	フランス、ベトナムで敗北
1956	経済白書が「もはや戦後ではない」と宣言	
1960	安保闘争の敗北と日米安保体制の永続化	韓国4・19革命 南ベトナム民族解放戦線結成
1961		韓国軍事クーデター(朴正熙政権成立)
1964	東京オリンピック／新幹線開通	
1965	日韓条約締結 ベトナム戦争による特需景気	米国による北ベトナム爆撃開始 韓国軍ベトナム派兵(～1973)
1966	高度経済成長の本格化	中国文化大革命
1971	**徐勝・徐俊植兄弟が朴正熙政権によって投獄**	
1972	沖縄返還	日中国交回復
1974	日本企業のアジア進出が問題化	ジャカルタで反日暴動
1975	高度消費社会の浸透	ベトナム戦争終結
1976～	公害企業のアジア移転	南北ベトナム統一
1978		ベトナム軍のカンボジア侵攻
1980		韓国、光州事件
1986		フィリピン、マルコス政権打倒
1987	バブル景気(～1991)	韓国で軍政が終了、民政へ
1989	**徐京植『皇民化政策から指紋押捺まで――在日朝鮮人の「昭和史」』出版**	
1991	旧日本軍「慰安婦」金学順、日本国提訴	

comment 2

徐京植さんはいかにして人に影響を与えるのか

――「徐スクール」の一員として

澁谷 知美

徐さんから受けた影響＝ギフト

徐京植さんはいかにして人に影響を与えるのだろうか。筆者の経験をもとに考えるのが、この小論の目的である。問いへの答えは多岐にわたるが、ここでは次のふたつを指摘したい。第一に、人間のいやらしい面を見のがさない洞察力によって。第二に、リベラリスト的定型句を否定することによって、である。

以下では、徐さんから筆者が受けた影響を列挙したのち、その背景にどんな徐さんの言葉があったのかを示す。きわめて個人的な経験の述懐ではあるものの、最終的に示したいのは「徐京植の言葉が人を動かす力」である。徐さんのこれまでの仕事をつうじて現代文化と人文主義の未来を考える本書の趣旨に照らして、徐さんの言葉が持つ力について論じることはあながち的外れではないと考えている。

すこし自己紹介をする。筆者は東京経済大学で「ジェンダー論」を担当している。徐さんがかつて担当していた「人権とマイノリティ」と同時期にできた科目であると聞いている。一九九七年、東京経済大学において、男子大学生による韓国からの女子留学生にたいするセクシュアル・ハラスメントが起きた。このことを深刻に受け止めた大学がこれら二科目を設置し、それぞれの専任教員として徐さんが、そして遅れて筆者が採用されることになった。

科目設置の経緯を聞いたときは、直接そう告げられたわけではないものの、マイノリティの権利について考えられる学生を育ててほしいという大学からのメッセージを読み取り、課された責任の重さを感じないわけにはいかなかった。そして、年に何回か、なにかの拍子に筆者のカウンターパートが徐さんであることを思い出しては、人間性のスケールと知性の深みにおける彼我の違いに消え入りたい気持ちになるのだった。

そのようなわけで、徐さんとは「同僚」であるのにちがいないのだが、主観的には「徐スクール」の一員であるという意識が強い。徐スクールとは、徐さんに学ぼうとする人びとのゆるやかな集合のことで、筆者の造語である。徐さんは、特別ゲストが来るゼミや、大学の授業の一環として実施される韓国スタディ・ツアー、自身が登壇するシンポジウムなどがあると声をかけてくれた。筆者は学生に混ざってそれらに参加した。すると、私以外に社会人がいる。たびたび会う常連もいる。単位や学位とは無関係に徐さんから学ぼうとしていた人びとだった。

徐さんが幅広い人びとに自分の言葉を伝えようとしたのは、ある種の「不安」にかられてのことだと認識している。徐さんは現代人に求められる教養とは「他者への想像力」であると述べている。たとえば、戦争で爆弾を落とされる側の苦しみや痛みを想像する力は、戦争に抵抗し、平和を築くための基礎的能力である。「だから、このような基礎的能力を欠いたまま、若者たちが社会に出てゆくことが、私には不安でならないのだ」[註1]。私や常連は若者ではなかったけれども、右傾化し、ナショナリズムが増長する現代日本にあって、「他者への想像力」は大人であっても容易に失いがちだし、そもそも持ち合わせていない人も多い。そのことにたいする危機感が、社会人を含む広い層への徐さんのアプローチの背景にあったのだと推察する。

徐スクールで学ぶうちに筆者が徐さんから受けた影響は無数にある。まず、失いかけていたアートへの関心をふたたび持つようになった。二〇〇九年、徐さんがアートについて話した席で、大画面いっぱいにオットー・ディックスの「戦争」が映し出されたときの衝撃は今も忘れられない。防毒マスクを付けた顔が戦争の近代化を体現している一方、ひっくり返った兵士の脚は弾丸に貫かれた傷跡が生々しく、いかに戦争が近代化されようと人体のもろさは克服できないことを物語っていた……というのは二次的な感想で、一次的な直感は、グロい、でも、なんだか目が離せない、というものだった。その後まもなく刊行された『汝の目を信じよ！――統一ドイツ美術紀行』を徐さんからいただき、ディックスが「醜悪なるものへの強度の愛憎」を持っていると評されていることに深く納得した[註2]。

ケーテ・コルヴィッツの名を知ったのも徐さんの影響である。徐さんと佐喜眞美術館長・佐喜眞道夫氏の対談をおさめ、二〇一五年夏に放送されたＮＨＫ「こころの時代」に、連作版画「戦争」の一枚である「母たち」が登場した。母たちがスクラムを組み、スクラムの内側の子どもを守りながら、外敵を警戒するかのように外側に目線をやっている。そのまなざしは勁《つよ》さにあふれているようでもあり、おびえを宿しているようでもあって、惹きつけられた。右側の子どもの顔が猫のように見えたことも印象を強くした。徐さんが指摘していたように、単に「母性のすばらしさ」とか「母の強さ」というだけでは語り切れない味わいがコルヴィッツの作品にはある。その後、普天間の佐喜眞美術館と、ベルリンのケーテ・コルヴィッツ美術館で実物に対面してきた。徐さんの評論は、一枚の版画のために人をして長距離移動させる力がある。

これらの影響は、三〇代半ばになって入学した「スクール」の師である徐さんからの、いわばギフトであって、その一つひとつを指折り数えるのは、楽しく、心おどることである。だが、数える指を折る瞬間、思わず居ずまいを正し、厳粛なおももちになる影響＝ギフトもある。それは、植民地主義国家・日本の人間として自己省察するようになったことだ。

これは自分の加害者性を認識することを意味していた。長年フェミニズムに親しんできた筆者は、「被害者」としてのものの見方や、言葉の紡ぎ方には習熟していた。しかし、植民地主義を清算していない日本という国の人間として、自己の加害者性にどう向き合うべきか、どうふるまうべきかということには、正直、慣れていなかった。というより、今も試行錯誤している。

以下では、徐さんの著作を引きながら、植民地主義国家・日本の人間としての自己省察をもたらしたもの、つまり、冒頭に挙げた、人間のいやらしい面を見のがさない徐さんの洞察力と、リベラリスト的定型句の否定について見ていきたい。

人間のいやらしい面を見のがさない洞察力

ある人のなにげない言動に、当人は隠そうとしているけれども隠しきれない、あるいは当人も気づかない利己的な欲望がにじむとき、他人はそれをいやらしいと感じる。徐さんの筆は、そうした表層と深層の差異がかもしだす人間のいやらしい面を鋭くとらえ、これでもかと描きだし、読者を慄然とさせる。

なかでも、一九八〇年代の韓国に留学し、のちに「韓国通」と呼ばれるようになる日本人の当時のふるまいをとらえた「ソウルで『由熙』を読む」の文章は、強烈だった。

> 私の知る日本人ジャーナリストは、私の母国語を私よりずっと流暢にしゃべり、私には歩くことのできないソウルの街の様子を細かく描写してみせた。その知人が留学中にソウルで知りあった李良枝のことを「ヤンジが、ヤンジが」と親しげに語るのを、苦々しい思いで聞いたものである。〈註3〉

李良枝《イヤンジ》は在日朝鮮人の小説家である。一九八〇年から一九九二年まで、日本と韓国を往来しながら作品を発表していた。〈註4〉彼女は日本人留学生のあいだで有名だった。当時は全斗煥《チョンドゥファン》による軍事政権の時代であり、徐さんの兄である勝《スン》氏と俊植《ジュンシク》氏を含む多くの政治犯が韓国の獄中にあって、徐さんは韓国に出入りできないでいた。〈註5〉「私には歩くことのできないソウルの街」のくだりは、そうした背景を念頭に読む必要がある。

徐さんが意図しているかどうかはわからない。しかし、「『ヤンジが、ヤンジが』と親しげに語る」日本人の描写は、韓国に親しみをもつ日本人がおかしがちな、「私には在日朝鮮人の知り合いがいるアピール」を書き留めていると私は読んだ。

こうした解釈が導き出されたのは、かつて私自身がそうしたふるまいをしていたからにほかならない。在日朝鮮人の知人がいるという事実の報告を淡々とするそぶりを見せつつ、その根底には、自己の人脈の広さや、人種差別とは無縁の「リベラル」な人間であることをアピールしたい欲望があったことをまざまざと思い出した。自身のことながら、いや、自身のことだからこそ、人間の表層と深層の差異がかもしだすいやらしさに目をそむけたくなり、えもいわれぬ恥の感覚にとらわれた。

「私には在日朝鮮人の知り合いがいるアピール」は、たんにいやらしいというだけではなく、罪悪でもある。在日朝鮮人の名を借りて人脈の広さや「リベラル」な人間に見られようとすることは、マイノリティを持ち出してマジョリティである自己の点数を上げようとする行為である。これは他者、しかも民族間の権力勾配において自分が踏みつけにしている他者を道具的に使うということであって、二重の搾取である。〈註6〉

中学時代、学校の帰りが一緒になった日本人のTという生徒がカタコトの朝鮮語を徐少年の前で披露するエピソードも、人間のいやらしさを嫌というほど描きだしている。徐少年には呪文のようにしか聞こえない言葉をTは二、三度繰り返したのち、「えーっ、これ朝鮮語やぞ。おまえ、チョーセンやのに、わからへんのか」と騒いだ。Tは朝鮮から引き揚げてきた父親に習ったのだという。わからないながら、徐少年は、このことをTからの好意のサインと受け取ろうとした。

徐少年は呪文の意味を母に尋ねるが、ちょっと曖昧な表情を見せてから、「何言うてんのかわからんわ」とだけ言って家事に立ってしまう。少年が大学生になったとき、記憶の底からTの呪文がよみがえってきた。それは「ウリ、タンシン、パーネッソ」だった。徐青年が辞書で調べてみると、「わたしたち、あなた、惚れた」という単語の羅列だった。そのときの気持ちを、徐さんは「食物と信じて口に入れたものが濡れ雑巾だったような、えもいわれぬ気分」と表現している。そして次のように考察している。

わたしたち、あなた、ほれた……。

植民地時代に朝鮮半島にいた日本人が、それも妻子もちの男が、こういうカタコトを口にするのはどういう場合だろうか？

おおかたTの父は朝鮮の遊郭か飲み屋ででもこの言葉を憶えたのだろう。そして朝鮮の娘たちをつかまえては得意になってこの言葉を吐いていたのではないか。

母が曖昧な表情を見せた理由も、これで察しがついた。

引き揚げから十数年たって、わが子の学友に在日朝鮮人がいると聞き、羽振りのよかった植民者時代への懐旧の情がこみ上げてきたのだろう。それで、ひとつその在日朝鮮人を試してみろとばかりに、こんな言葉をわが子に教えたのだろう。息子が、「あいつ、わからへん言うとったで」と報告したとき、この元植民者はどんな表情を浮かべ、何を思ったのだろうか。〈註7〉

このTの父親が持つ植民地主義者としてのいやらしさを、むかつきに耐えながら分節化するならば、こうなるだろう。表層的には、「この言葉を知っているか」という質問を息子をつうじて、朝鮮人の少年にしただけに見える。一方、深層には、いくつかの優越感にひたろうとする欲望があることが推察できる。少年が言葉の意味を解さなければ、少年の母語を少年以上に知っている優越感にひたることができる。少年が言葉を解して顔を赤らめたり、怒ったりすれば、相手の感情をゆさぶることができた優越感にひたることができる。被侵略民族の女を性的に支配したことのある自己と、被侵略民族に属する少年との落差を楽しむマインドもあったかもしれない。

朝鮮人である徐少年が言葉を解さなくても、解しても、Tの父親にとっては「勝てる」勝負なのである。その「勝てる」勝負を、朝鮮人から母語を奪った日本人が朝鮮人にたいしていどむ。幾重にも醜悪である。そして、同様の醜悪さをきっと自分もどこかで発揮してしまっているのだろうという不安をぬぐえない。

ところで、人間のいやらしい面を見のがさない徐さんの洞察力は、自身に向かうこともある。次兄のすすめで京都学芸大学（当時）の附属中学に進学した徐少年は、太宰治の「思い出」を読み、銭湯に行くときも自慢たらしく中学校の制帽をかぶり、教師＝小権力者の同情を得るためにうなだれる演技をする作中の少年（太宰の分身）をはげしく嫌悪する。だが、少年と自分との共通点に徐少年は気づく。

そう思い始めると、もはやとめどもなかった。わたしにも「名門校」に合格したことを得意がる気もちがなかったと言えるか。大事のためとか何とか言い訳をつけているが、詰まるところわたしは「エリート」の一員に加えられたことを喜んだではないか。さらに、たとえば、あの英語の時間の出来事にしても、自分では何か大きなものへの抵抗のつもりだったが、周囲の注目を得たい、同情を買いたいという気もちがなかったと言いきれるか。いわば「うなだれてみせた」だけではないか。〈註8〉

「あの英語の時間の出来事」というのは、教師がI am a Japanese. という構文を生徒一人ひとりに復唱させたときのことである。「ジャパニーズ」ではない徐少年は一言も発することができなかった。教室中の視線を全身に感じ、教師に再三うながされて、少年は意を決して述べた。「でも、ぼくは日本人と違うし……」。授業中は「余計なこと」を持ち出さずに自分の指示にしたがえと、教師は不快そうに言うだけだった。〈註9〉

つらい出来事である。日本人の生徒には自己の民族的アイデンティティと合致する構文を復唱させ、朝鮮人の生徒にはそうさせなかったのだから、本来なら民族差別として糾弾されるべき事案である。徐少年にいっさいの非はない。なのに、やっとの思いで言葉を絞り出した自己にいくばくかの演技性、つまり本稿でいうところの表層と深層の差異がかもしだす、いやらしさを嗅ぎ取っている。

徐さんの文章に接していると、自らが持つ超能力に苦しめられる物語の主人公を思い出す。他人のものであれ、自分のものであれ、人間のいやらしさを人一倍するどく察知してしまう洞察力は、徐さんの人生を苦しくするものなのではないか。徐さんを苦しくさせているそもそもの原因が日本人による植民地主義である以上、徐さんの側に問いを差し向けることは適切ではない。そのことを理解しつつも、人間のいやらしさをこれ以上なく的確に言語化する徐さんの筆致に、ついそんなことを考えてしまう。

リベラリスト的定型句の否定

植民地主義国家・日本の人間として自己省察するよう、筆者の背中を押した第二の要素は、徐さんによるリベラリスト的定型句の否定である。ここでは、「平和憲法のおかげで戦後の平和と繁栄が守られた」などの護憲運動で聞かれる定型句、そして、「私はたまたま日本にいる在日日本人にすぎない」といった反ヘイト運動で筆者が耳にした定型句を挙げる。後者は反ヘイト運動にかぎらず、いろいろな文脈で、ナショナリズムと距離を置きたい「良心的」な日本人から聞かれるものである。

二〇一五年、私は安全保障関連法案の反対運動を学内で開始した。法案のニュースに接したとき、これは反対しなければならないと直感した。そのうち、全国の大学でグループを作り、反対声明を出す研究者が続々と出てきた。しかし、東京経済大学で運動を組織する人が出てくる気配はない。やむをえず自分で声明文をまとめ、詳しい同僚にチェックをしてもらって、学内で賛同者をつのった。自発的に動いたはじめての運動だった。

そのさい、徐さんにも賛同者になっていただけるよう依頼した。みずから動いたことを徐さんはおおいにねぎらってくださったのち、賛同者になることを丁重にお断りされた。このたびの反対運動は既存の日本国憲法にもとづく立憲主義の堅持を主張として含んでいる。しかし、憲法一条は天皇制と天皇個人の戦争責任（および植民地支配責任）を不問に付すものである。植民地支配を受けた朝鮮民族の一員として、この運動に賛同することはできない、と。〈註10〉

やってしまった、と頭をかかえた。被侵略民族の人びとにとってみれば、憲法一条は、植民地主義を精算しないという日本の「意志」をあらわすものだったのだ。そんな条文を含む憲法を守れとうたう運動に、よりによって被侵略民族の人を誘ってしまうとは。あまつさえ、運動に参加できない説明をさせてしまうとは。無知にもほどがある。

そして、徐さんは、憲法九条にも言及された。これについては、のちに発表された「憲法九条、その先へ――『朝鮮病』患者の独白」に詳しい。

「平和憲法のおかげで戦後の平和と繁栄が守られた」とか、「戦後七〇年間、憲法九条のおかげで一滴も血を流さないですんだ」といった言い方には、私は自己中心主義と欺瞞の匂いを嗅いでしまう。

私が憲法九条を守るべきだと主張する理由は、それが「日本国民」の平和を守ってきたから、ではない。それが、日本による侵略戦争の無数の犠牲者（連合国兵士や自国民のみならず、それに数倍する被侵略民族の人々）の血と涙で贖《あがな》われたものだからだ。〈註11〉

文章は、こうつづく。日本国民の多くは、米国を中心とする連合国の強大な軍事力に敗北したという観念を持っているが、それは事実の一面でしかない。実際には、中国人民をはじめとする侵略される側のたゆまざる抵抗が日本の侵略を打ち負かした。したがって、憲法九条はいわば、戦後の再出発に当たっての「再び侵略しません」という国際公約とも言える。その約束を、（侵略された側への）相談も了解もなく放棄することは許されない。〈註12〉

そもそも「一滴の血も流さないですんだ」というのは事実ではない。朝鮮戦争では、日本は米軍の兵站基地となり、朝鮮人と中国人の血を流すことに加担した。秘密裏に掃海作業に派遣された日本人の血も流された。朝鮮戦争のみならず、ベトナム戦争、湾岸戦争、イラク戦争でも、日本は他者の血を流すことに加担した。「流されたのが『日本人の血』でさえなければよいというのか？（前述したようにそれも虚言であるが）ここには自分さえ安穏であればという自己本位な心性が現れていないか？」と徐さんは問いかける。〈註13〉

九条への徐さんの疑問を口頭で伺ったのはごく簡潔にであったけれども、後日、徐さんから「憲法九条、その先へ」を掲載した『詩人会議』二〇一六年八月号のコピーを手渡していただき、読んで、ふたたび頭をかかえた。

「平和憲法のおかげで戦後の平和と繁栄が守られた」、「戦後七〇年間、憲法九条のおかげで一滴も血を流さないですんだ」という定型句は、反安全保障関連法案の集会やデモのみならず、あらゆる護憲運動で「良心的」な人びとから聞かれるものだった。私も、それを信じて疑わなかった。

しかし、それは被害者の存在が目に入っていない、ひとりよがりな主張にすぎなかったのである。九条の本質は、加害者が「もう加害をしません」と対外的にする宣言なのだった。加害事実への反省もなく、加害者が自分の身が「守られた」と得意になって話すことの醜悪さ、そして不公正さ。自分が関心を持っているジェンダーの問題（性暴力やDVなど）に置きかえればすぐにわかることが、エスニシティの問題になるととたんにわからなくなる。その自己の不明に、頭をかかえたのである。平和だ、護憲だなどと言いながら、しょせんは、一国主義リベラリストに過ぎなかった。

もう一つ、徐さんによるリベラリスト的定型句の否定の例を挙げたい。

二〇一三年、韓国人ほか外国人が多く暮らす新大久保で、日本人による外国人にたいするヘイトスピーチ・デモがあった。私は当時、在外研究で韓国に居たが、ヘイトスピーチに対抗するイベントにカンパを送るなどして応援していた。二〇一四年に日本に帰国したあとは、反対デモに参加したり、ヘイト行動の規制を求めるスピーチを（数えるほどであったが）したりして、できる範囲で民族へイトに反対する意思を示していた。

それは、いろいろな偶然によって日本に来た外国人を身近に感じる過程でもあり、自分もまたいろいろな偶然によって日本に生まれただけ、という所感を持つにいたる。ほかの反ヘイト活動をする人びとからも同様の所感を聞くことがあった。同時に「在日日本人」という言葉も聞いた。確たる定義は不明だが、「在日外国人」からの連想であることは明白で、日本という国家と同一化できない日本人、というニュアンスの言葉として私は受け取った。これもまた今の自分の気持ちにぴったりだ、と思っていた。

だが、「私はたまたま日本にいるだけの在日日本人」という気分が甘えに過ぎないことを徐さんの文章によって突きつけられる。二〇一七年刊の評論集『日本リベラル派の頽落』におさめられた「『日本人としての責任』をめぐって――半難民の位置から」の一節を読んだときのことである。

日本国民の皆さん、自分はたまたま日本に生まれただけであって「日本人」であるつもりはないとか、自分は「在日日本人」に過ぎないとか、どうかそんな軽口は叩かないでいただきたい。あなた方が長年の植民地支配によってもたらされた既得権と日常生活における「国民」としての特権を放棄し、今すぐパスポートを引き裂いて自発的に難民となる気概を示したときにだけ、その言葉は真剣に受け取られるだろう。そうでないかぎり、「他者」はあなた方を「日本人」と名指し続けるのである。〈註14〉

冷や汗が流れた。自発的に難民となる気概など、私にはない。にもかかわらず、「たまたま日本にいる在日日本人」などと気楽な立場から吹いていた。植民地支配で得た特権を省みることもせず、安全地帯からデラシネを気取るなど、「支配者しぐさ」そのものではないか。

そして、この徐さんの論考がかつて読んだことのあるものだったという事実が冷や汗をいっそう冷たいものにした。『日本人としての責任』をめぐって」がはじめて発表されたのは一九九八年だ。前年におこなわれたシンポジウム「ナショナリズムと『慰安婦』問題」の内容が書籍化されたときに、シンポジウムでの発言を補足する論考としておさめられた。当時も、そしてその後も、私はこれを読んでいる。しかし、読んでいただけで読めてはいなかったのである。そのくせ「徐スクールの生徒」を気取っていた。汗顔の至り、というほかない。

徐さんの文章は、社会学者・上野千鶴子氏にたいする批判の延長線上で書かれたものである。上野氏は、「フェミニズムはナショナリズムを超えられるか」を問う文章のなかで、「国民」というのは「わたし」を作り上げているさまざまな関係性のひとつにすぎず、「単一のカテゴリーの特権化や本質化」を拒絶すると述べた〈註15〉。

しかし、徐さんによれば、「そんなことは当然」である。個人がいろいろな関係性によって作り上げられていることを所与の前提として、ある集団の他の集団に対する加害責任が問題となっている場では、「あなた」という存在の、逃れようのないその一側面こそが名指しを受けているのである。その名指しに応答しないことは、「はぐらかし」であり「対話の拒絶」である〈註16〉。

上野氏の所業は、いわば、カテゴリー（あるいはアイデンティティ）は被構築物にすぎないという普遍的なテーゼによって「日本人としての責任」の引き受けを拒絶するものである。同様のことは他の日本人「知識人」もおこなっている。一九九六年五月、元「慰安婦」の女性たちの証言をおさめた映画『ナヌムの家』が右翼からの上映妨害を受けた。妨害に反対する「良心的」知識人の人びとは、上映を継続する声明を出し、記者会見をおこなった。

そのさいに聞かれたのが、「『ナヌムの家』は特定の国を指した映画ではないんだ。普遍的な戦争と性暴力を語っている映画なのだ。それなのにこれに対して右翼国家主義者が反発している。だから言論の自由を守らなければいけないんだ。表現の自由を守らなければいけないんだ」という発言だった。徐さんはこの発言にたいして当惑をおぼえたという。

しかしそうだろうか。もちろん、映画製作者の意図、あるいはそこに込められたメッセージは普遍的なものであるけれども、しかしそこにおける日本人の当事者性をそういう形で解除していいんだろうか。日本がかつて犯した戦争犯罪、現在それがあらわになってきている、そのことに対する対処がいま日本人に問われているという認識でこれを受け止めなければいけないのではないか。〈註17〉

戦争と性暴力の普遍性を持ち出して、言論の自由や表現の自由という、これまた普遍的な価値に横すべりさせる知識人。それにたいし、徐さんは「日本人に問われている」という一点が忘れられていることを批判している。〈註18〉

「リベラル」な人であればあるほど、「日本人」というカテゴリーまたはアイデンティティを引き受けることを拒絶する。そこには、カテゴリーやアイデンティティを本質化することや、日本ナショナリズムにからめとられることにたいする警戒がある。

が、徐さんが「『日本人としての責任』再考」で図式化したように、日本人というアイデンティティを本質化することなく、「日本人としての責任」を認め、引き受けることはいかようにも可能である。〈註19〉また、高橋哲哉氏が上記の一九九七年のシンポジウムで述べ、その後も実践しつづけているように、ナショナリズムの掟に服従することなく、そして、国民国家への融合や同一化をすることもなく、「日本人としての戦後責任」を負うこともまた可能である。〈註20〉

ギフトをもらいっぱなしにしないために

以上、筆者が徐さんから受けた影響（植民地主義国家・日本の人間として自己省察するようになったこと）をもとに、人間のいやらしい面を見逃がさない徐さんの洞察力と、リベラリスト的定型句の否定について見てきた。

自己の内なる植民地主義を省察する視線を獲得したこと。これは、いわば徐さんからのギフトである。だが、省察するだけでは不十分だ。日本人の反省ポーズなど、徐さんは見飽きている。二〇〇〇年に「日の丸・君が代」に反対するある集会に徐さんが寄せたメッセージは辛辣だ。「教え子を戦場に送るな」「自己否定」などの定型句をかつて叫んでいたリベラリストの姿を「その時その時は、まんざら嘘八百でもなかっただろうに」と皮肉をこめて論評し、時間が経つと「誰もかれも何喰わぬ顔、どこ吹く風」になってしまったことに呆れている。的確すぎて、グウの音も出ない。〈註21〉

徐さんからのギフトをもらいっぱなしにしないためにはどうすべきか。植民地主義を清算すべく動きつづけるしかない。民族的マイノリティを幾重にも搾取するような日々の言動を改め、社会運動における定型句の誤りを批判し、憲法一条に内在する植民地主義を指摘し、天皇制の廃止を現実的な課題とし、遅きに失しているかもしれないが、元「慰安婦」の女性たちへの国家賠償を日本政府に求める。やるべきことは山積している。

この運動で勝てるのかは、わからない。負けるかもしれない。というより、負ける公算が大きい。

それでも闘いつづけなければならないのだと、徐さんは言った。絶望は許されないという意味なのだと、徐スクールの末席で受け取った。

【註】


〈1〉徐京植『夜の時代に語るべきこと――ソウル発「深夜通信」』毎日新聞社、二〇〇七年、三四頁。

〈2〉徐京植『汝の目を信じよ！――統一ドイツ美術紀行』みすず書房、二〇一〇年、一一七頁。

〈3〉徐京植『植民地主義の暴力――「ことばの檻」から』高文研、二〇一〇年、一七三頁。

〈4〉李良枝『李良枝全集』講談社、一九九三年、六八五～六八八頁。

〈5〉徐前掲『植民地主義の暴力』一七三頁。

〈6〉民族的マイノリティの知り合いがいることをもってマジョリティが民族差別から自由であることをアピールしようとすることの論理的誤謬は、近年、I have Black friends. 構文の誤りとして、つとに知られるようになっている。同構文とは、「私には黒人の友人がいる」ことをもって、白人がレイシストではないことを示そうとする構文のことである。

〈7〉徐京植『子どもの涙――ある在日朝鮮人の読書遍歴』高文研、二〇一九年、一七七～一七八頁。

〈8〉同前、一〇六頁。

〈9〉同前、九八～九九頁。

〈10〉同主旨は、徐京植『日本リベラル派の頽落』高文研、二〇一七年、三八～三九頁。

〈11〉同前、三三頁。

〈12〉同前、三三頁。

〈13〉同前、四〇～四一頁。

〈14〉同前、三三九頁。

〈15〉上野千鶴子『ナショナリズムとジェンダー』青土社、一九九八年、一九七頁。

〈16〉徐前掲『日本リベラル派の頽落』三三八～三三九頁。

〈17〉日本の戦争責任資料センター編『ナショナリズムと「慰安婦」問題』青木書店、一九九八年、六五頁。

〈18〉「言論や表現の自由」が日本人の加害責任（あるいは日本の植民地主義による被害）を糊塗する構図は二〇一五年にも繰り返された。数々の事実誤認のうえに「慰安婦」が「日本軍と同志的な関係にあった」と主張する本『帝国の慰安婦』をものした朴裕河《パクユハ》が、二〇一四年六月、元「慰安婦」の女性たちによって「虚偽の事実を流布し、名誉を傷つけた」として刑事告訴された。二〇一五年一一月、ソウル東部検察庁が「名誉棄損罪」で朴を在宅起訴したのを機に、上野千鶴子を含む五四人の研究者などが朴への刑事告訴にたいする抗議声明を出し、「韓国の憲法が明記している『言論・出版の自由』や『学問・芸術の自由』が侵されつつあるのを憂慮せざるをえません」と述べた。これに対して、翌月、日本を含む韓国内外の研究者や活動家、三八〇人が声明を出し、朴の刑事責任を問うのは適切でないとしながらも、検察の起訴が被害女性によってなされた点を考慮すべきであり、問題の本質が被害女性への人権侵害ではなく、学問と表現の自由の問題へ移ったことを憂慮した（金富子「上野流フェミニズム社会学の落とし穴——上野—吉見論争とその後を振り返る」、『商学論纂』五八巻五・六号、中央大学商学部、二〇一七年、一二六～一二七頁）。

〈19〉徐前掲『日本リベラル派の頽落』三六六頁。

〈20〉日本の戦争責任資料センター前掲、五七頁。

〈21〉徐前掲『日本リベラル派の頽落』三一～三二頁。

comment 3

徐京植氏による問いと思想的拡がり

李　杏理

創造的な行為

私が徐京植さんの文章と出会ったのは、私がまだ日本式の通称名を使って生活していた高校二年生の時だ。当時、私には「韓国人」と言える要素が国籍以外何もないと考えており、きょうだいとともに帰化するかどうか悩んでいた。それを当時通っていた高校の恩師である高和政《コファジョン》さんという在日朝鮮人教師に相談すると、徐京植著『分断を生きる――「在日」を超えて』（影書房、一九九七年）を貸してくれた。

そのなかの「新しい民族観を求めて――ある在日朝鮮人の『夢』」において徐京植さんはまず、次のように述べる。すなわち、植民地支配と冷戦によって引き起こされた分断状況と、世界的規模で朝鮮民族が離散したことによる問題が克服されない限り、真の脱植民地化は不可能である。

その上で次のように洞察する。

在日朝鮮人の大多数は現在では日本語を母語とし、日本国の領域内で生活しており、その経済生活は包摂されている。……在日朝鮮人は、「朝鮮人」の「民族」としての資格を主張すればするほど、自分自身は「民族」の枠からこぼれ落ちると言うアンビヴァレンスに引き裂かれるのである。

（『分断を生きる』一一三頁）

朝鮮語も歴史も知らず「民族としての資格」がなく、韓国に親戚も居ないために痕跡すらない私のような存在が、「在日朝鮮人の大多数」であるという記述に新鮮な感覚を覚えた。それまで、民族とは言語や文化などのなんらかの「同質性」を共にするものであり、日本で生まれ育ったにもかかわらず民族名を使う在日朝鮮人は「民族にこだわっている」と考えていたからだ。「新しい民族観を求めて」ではこうも書かれている。一般的な「民族」の捉え方は、土地、言語、文化といった「ある固定的な『民族』観念を前提とし、『資格』と言う思考方式に縛られている」（同一一四頁）。

帝国主義と植民地支配によって本来属していたはずの共同体から引き裂かれた朝鮮人のような経験は第三世界人に共通する普遍的経験である、ということ。在日朝鮮人のような存在は世界中に居るんだという視界の開けるような気づきだった。いつも自分が居るべきでないところに居るような感覚で、どこにも帰属先がなく、行き先もない自分と世界をつなげてくれる出会いだ。

在日朝鮮人の経験は、「朝鮮人」全体の歴史的経験の重要な一部分である。在日朝鮮人が自らの経験する差別や疎外の原因を深くとらえ、それへの抵抗において自己を表明していくならば、その闘いは、脱植民地化と分断克服の過程を闘っている「本国」や他の地域の同胞たちと互いに繋がりあうはずである。（同一一五頁）

朝鮮民族が経験した歴史のなかに、根こぎにされた離散者の経験があるということ。敗戦後七五年を超えた今も民族差別が根強くあり、ヘイトスピーチが蔓延し、外国籍であれば住まい探しも仕事探しも過酷な日本社会。そうした差別や疎外は、単発的なものでも、少数の悪意ある集団による局所的なものでもなく、国家機構（警察・法務など）をはじめ公的言説によっても醸成されてきた構造的な植民地主義が要因にある。そのように民族本質主義的な共通項ではなく、差別と疎外の原因を深くとらえることが、朝鮮半島や第三世界、在日朝鮮人の歴史経験と類縁する離散者たちと互いに繋がりうる営みなのだ。

先ほど鵜飼さんが「祖国」派／「在日」派の分裂を超えうると述べたとおり徐さんの議論は、固定的な民族観および国民概念、帝国内モデルマイノリティ論をも問う内容だといえる。この新しい民族観に出会ったことで私は、「差別や疎外の原因」について、そしてそれへの抵抗について深く考えるようになった。私の祖父は日本人だがその背中には大きな傷——アジア太平洋戦争で日本軍がベトナムを侵略していった時に日本兵として受けた砲弾の痕があった。その後に世代間で連鎖した家庭内暴力、そして朝鮮人である母の苦悩。血統主義的な「民族」を軸に語ろうとするとこぼれ落ちてしまうこれらの経験もまた、帝国主義の歴史の所産といえる。家族の歴史に侵略者の形跡がある一方で植民地出身者ゆえの疎外があるという引き裂きを単純化したり、忘却するのでもない生き方が可能であるということを徐京植さんの言葉から学んだ。

そして、純血主義などの「固定観念から自分自身を解放し、［中略］われわれ自身の生き生きとした民族観を練り上げなければならないであろう」（同一一五頁）といった徐さんの言葉は、アイデンティティを確定するのではなく、つねに新たな「共同性」を示す創造的な行為である。かつて出自を隠していたような自分も、民族に対する固定観念を前提とし、日本民族中心主義を補強していたのではないかと突きつけられるほかなかった。

『ディアスポラ紀行――追放された者のまなざし』（岩波書店〈岩波新書〉、二〇〇五年）においては、次のように言う。

> 朝鮮語も朝鮮文化も知らずに育ち、自分は「朝鮮人」なる者であると実感した事も無い在日朝鮮人二世、三世の中に、それでも「朝鮮人」である事を引き受けて生きようとする者たちがいる。それは「民族意識」や「愛国心」が強いからなどということではなく、むしろ、幾分か、このような道筋においてであろう。つまり、自らの尊厳を主張するための反抗である。その道はたやすいものではない。（同一七九頁）

愛国心や民族へのこだわりが強いから朝鮮人であることを表明するのではない。自らの尊厳を守るためにこそ表明するのである。これは私にある出来事を想起させる。母が印刷工場で働いていた時、同僚のAさんがBさんについて、母に陰口として「Bさんは朝鮮人らしいよ」と噂した。母もBさんも通名で働いていたため、同僚のAさんは母もまた朝鮮人であることを知らなかった。母はその場ではお茶を濁す程度だったかもしれない。家に帰ってその話を私にした母は「朝鮮人で何が悪いの」と言っていた。『ディアスポラ紀行』を読んだ時、その母の言葉が思い出され、シナプスのように結合した。このとき母は、自分の心を守ることができていたんだな、と思った。これらが決め手となって私は本名宣言しようと思い至った。

問いの現在性

人間・徐京植と初めて会ったのは、李珍宇に関する講演会（NPO前夜セミナー）だった。

一九五八年に二名の日本人女性殺害の容疑で逮捕された在日朝鮮人青年の話だ。当時の報道では、「朝鮮部落」出身の得体の知れない「怪物」による犯罪というストーリーでおどろおどろしく表象された。李珍宇は、物的証拠もないままに自白を引き出された。結局、三ヶ月たらずのスピード審理で死刑が確定し、間もなく執行された。「怪物の影――『小松川事件』と表象の暴力」と評した徐さんの語りからは、冤罪だったか否かという検証を超えて、この事件にはどのような社会的な背景があるのかを問う視点が貫かれていた。何が李珍宇を容疑者に至らしめたのかという、生育環境や本人の手紙の分析はもちろんのこと、彼をまなざす日本社会に切り込んでいく。

「小松川事件」の表象は一九五〇年代から六〇年代にかけて、きわめて政治的な効果をもった。その後、その記憶は抑圧され、いまあらためて事件を問題にする人はほとんどいない。しかし、「朝鮮人」という「怪物」の薄ぼんやりとした姿は、その表象がどのように造られ、どんな効果をもったのかについての記憶が失われたまま、人々の心理の奥底にわだかまっており、時として、ぬっとよみがえる。それは原因のわからない怯えのような感情として残りつづける。

（「怪物の影」、徐京植『植民地主義の暴力』高文研、二〇一〇年、五九頁）

在日朝鮮人の置かれてきた境遇や、日本社会から逸脱せざるを得ない理由に目を向けることがなければ、ただの怪しからぬ、死刑にすべき存在となる。ネット空間をはじめ、在日朝鮮人を「犯罪者」や「潜在的な不法者」として表象する言説は今も跡を絶たない（最近では二〇二〇年八月にも、NHK広島によるTwitterアカウントにおいて、事実の検証もなく、解放直後の在日朝鮮人による「犯罪」表象が繰り返された）。社会の埒外に置かれたアウトサイダーがなぜ犯罪の周辺に存在するのか。李珍宇という一人の人間に向き合い、その心の襞の奥の方を繊細に汲み取る感性と、巧みな語りに圧倒された。

そして私は二〇〇六年に東京経済大学に入り、徐京植さんの授業や自主読書会に加わった。その後一橋大学の大学院に進み、日本における「外国人犯罪」表象の端緒である、在日朝鮮人による「密造酒」の問題を研究テーマに選んだのも、ジェンダー史への関心に加え、右のような観点に引き込まれたからである。敗戦後の日本では自家製酒の取り締まりが強化されたが、人種に基づくプロファイリングによって客観的証拠もなく、朝鮮人集住地が捜索の対象になった。これらの取り締まりが、報道をはじめ公的言説にも影響を及ぼし、敗戦後に外国人と犯罪を結びつけるプロセスにあった。

さらに徐京植さんの言論活動は、在日朝鮮人の抵抗を世界史の課題に位置付けようとするものである。

それは第一に、先に述べたとおり、帝国主義と植民地支配が地球上の無数の人びとを、本来属していたはずの共同体から引き剥がしたという時代認識だ。帰属先のない在日朝鮮人のような存在は、ディアスポラとして世界各地に存在している。

第二に、脱植民地、分断克服を求める声は第三世界に共通しており、さらにそれへの反発として排外主義が跋扈する状況もまた、旧宗主国・帝国に共通のものであるという捉え方だ。二〇〇一年のダーバン会議ではかつての植民地、第三世界の代表が侵略行為の不正を追及し平和裡に賠償を求めたが、米国とイスラエルの退席で話はまとまらず、その後、九・一一が起きた。二〇〇〇年代に日本で朝鮮民主主義人民共和国バッシングと在日朝鮮人の微罪に対する強制捜索が続出したのも、このような世界情勢と連動している。

こうしたなかで、徐京植氏の問いは、今こそ有効なものだ。

一九九〇年代以降、日本で多文化共生が謳われたあとにあっても、韓国・朝鮮籍者の不安定雇用率は高く、入居差別や職場でのレイシャルハラスメントの事例が跡を絶たない。たとえば、フジ住宅の会長主導で「韓国人は嘘つき」などのヘイトや歴史否定を含む文書が社内に配布されたため、パート従業員の在日韓国人女性が訴えて、大阪地裁では損害賠償の支払いが命じられた。このように日本の企業文化や公共圏では、差別的な意図が意識されないまま、マイノリティの生存を脅かす社会的な排除がなされている。その結果、いまだに多くの在日朝鮮人は安定した職や社会的成功から逸脱してしまう。これらは、ヘイトスピーチのような明示的な差別よりも暗示的で蓄積された差別として構造化されているといえる。

かつて徐京植氏が、敗戦後の日本は、象徴天皇制や戦後責任の否認といった「既成事実」を積み重ねて成り立ってきた、そのような既成事実化されたあとに生きるあなた方若い在日朝鮮人の苦労は相当なものだろうと言葉をかけてくれたことがあった。植民地主義と天皇制、国民主義が当たり前に強化されていく日本にあって、日本語でこれらを問題にする論者はますます限られている。このことがまた、歴史的な不正義に関する認識を歪め、ヘイトスピーチや排外主義を許しているといえる。

このような日本にあって、徐京植氏は稀有な存在だ。帝国主義の歴史および人種主義的な社会制度を克服することは、マイノリティを救済するためではなく、日本人マジョリティが国家や資本からの疎外、搾取と暴力を見つめ、現在の社会構造から自らを解き放つために必要な営みであるといえる。また、その変革のヒントを得るためには韓国における民主化闘争史や、移民・難民と交差性をふまえた多様な労働運動、同時代的になされてきた #MeToo 運動、障害者運動と動物解放運動からも学ぶことができるのではないか。いずれも、差別と暴力をもたらした近代資本主義と植民地主義の歪みを共有しているからだ。

むすびにかえて

私は徐京植氏の問題提起から、家父長制、優生主義、環境破壊にもとづく帝国的生活様式をも根源的に問う、新たな脱植民地と反差別の論理へと問いを開いていきたい。なぜならば、ナンシー・フレイザーらが『99%のためのフェミニズム宣言』(人文書院、二〇二〇年)で指摘する通り、人種的暴力もジェンダー暴力も、単なる秩序の乱れや別個のものではなく、構造に組みこまれた条件だからだ。民族差別に反対することは、性差別に反対することと連なってはじめて徹底的かつラディカルたりうる。また、社会秩序に深く根を下ろしたこれらの暴力を理解し、是正しようとするなら、経済的暴力、市場、警察、国家的暴力、出入国管理体制、帝国主義的軍隊による国を越えた暴力、環境的暴力を飲み込んだ近代資本主義総体への批評がますます求められている。

私は、在日朝鮮人の経験を踏まえた脱植民地主義の言論を発展させていく上で、二つの視点が欠かせないと考える。一つは、在日朝鮮人内部の差異、複合差別・交差性への視点である。私は、徐京植さんとの出会いを経て、母や自分の経験が朝鮮人であるのみならず、女性であるがゆえの苦悩、その差別と疎外の原因を深くとらえ、日本の植民地主義的な家父長制をも問うようになった。

もう一つは、いまも過酷な状況にある入管収容者、移民・難民への差別排外主義をも問うような反植民地主義・反レイシズムの思想的拡がりである。植民地主義と分断を克服しようとする営みには、いまこの社会で見捨てられた人びとを中心に据えた取り組みが欠かせない。二〇二一年三月、名古屋出入国管理局でスリランカ女性のウィシュマ・サンダマリさんが適切な医療を受けられずに死亡した。パートナーのＤＶから逃れたが、その助けを求める声すら警察や入管によって無視された。衰弱状態にあったウィシュマさんのみならず、コロナ・ウィルスの蔓延下で密室に閉じ込められることは死と隣り合わせである。こうした入管による強制収容と本国送還が続く現代日本で移民・難民が立たされている苦境に、在日朝鮮人の歴史との連続性を見る。移民・難民を「生きるに値しない」とする社会では、恣意的な法策定により、在日朝鮮人を含むあらゆるディアスポラが出入国管理や排他的な法執行に左右されるだろう。のみならず、そのような収容と暴力の技術は社会全体に波及していくことになると予見する。

第Ⅲ部　芸術表現をめぐる二つの対話

対論 映像制作を共にした二〇年

鎌倉英也
徐京植

徐京植が発するメッセージ——鎌倉英也

今、皆さんのお手許にあります徐京植さんと制作した番組のリスト（本書三四二〜三四三頁参照）ですけれども、これらは僕が関わった番組だけです。徐さんはほかにもさまざまなディレクターとNHKの番組を作られています。ケーテ・コルヴィッツというドイツの芸術家について沖縄の佐喜眞美術館で佐喜眞道夫館長と対談された番組がありますし、「日曜美術館」という番組に出演されて、ナチス・ドイツに迫害されたフェリックス・ヌスバウムという画家についてもお話されています。徐さんが出演された番組はたくさんあるわけですが、今日は、徐さんと僕との関わりについて話せとのことでしたので、このリストには、僕がディレクターとしてご一緒した番組だけを載せた次第です。

番組リストでおわかりのように、僕がディレクターとして徐さんと制作した番組は、この二〇年間で一三本を数えます。二〇〇〇年九月放送のアレクシエーヴィチさんと出演された『破滅の二〇世紀』という番組に始まり、アミラ・ハスさんと対話された『紛争の地から声を届けて』という二〇一七年の番組が今のところ最後ですね。それからもう三年もたったのかと思ってちょっとびっくりしたんですけれど、昨今はコロナ禍によって、徐さんと一献傾けながらということも出来なくなってしまいました。かれこれ二〇年ほど、徐さんとは、いろいろなことを飲食をともにしながら話し合ったり、相談したりしてきたんです。家族ぐるみでそういうお付き合いもさせていただいてきた。得がたい関係を結ばせていただいた方で、僕にとって、徐さんは師であり、大切な友人です。

今回、このような機会をいただき、徐さんとの番組をひとつひとつ思い起こしながら考えたんですが、徐さんのメッセージは、番組はちがっても一貫して同じと言いますか、ひとつのことをそれぞれの現場から角度を変えてお話されているように思います。そこには、論点を支える大切な〝柱〟がある。最初から意図して立てた〝柱〟ではないのですが、今になってふりかえって見ると、いくつもの〝柱〟があったと思います。

ひとつは、徐さんの人生から紡ぎ出されてくる「ディアスポラ」や「マイノリティ」といった問題です。在日朝鮮人としてご自身が抱えておられる、このような日本社会の現実を生きるという問題と密接に結びついている思想の表現ですね。それが、東アジアで問われるべき問題にも普遍化される。最大の責任の所在がある日本という国家や日本人の体質が、植民地支配や戦争を経た後もほとんど変わっていないということが、この二〇年間の徐さんとの番組を見るとよくわかってきます。

もうひとつは、アウシュヴィッツの証言者であったプリーモ・レーヴィの作品や人生から見えて来

徐京植出演番組

<table>
<tr><th>放送日</th><th>番組名</th></tr>
<tr><td>2012年12月23日</td><td>《こころの時代》小さき者に導かれ
牧師・東海林勤× 徐京植（ETV、60分）</td></tr>
<tr><td colspan="2">※東海林勤さん：1932年生まれ。日本基督教団稲城教会、大泉教会などで40年以上にわたり牧師を務める。日本キリスト教協議会（NCC）総幹事、高麗博物館初代理事長などを歴任。1970年から80年代にかけて軍事独裁政権下にあった韓国の民主化運動に金大中氏らと関わり、徐兄弟解放に尽力した。「原子力行政を問い直す宗教者の会」のメンバーとして原発問題にも取り組む。番組放送から8年後の2020年8月20日、老衰のため逝去。</td></tr>
<tr><td>2014年12月7日</td><td>《こころの時代》ガザに「根」をはる
パレスチナ人弁護士 ラジ・スラーニ×徐京植（ETV、60分）</td></tr>
<tr><td colspan="2">※ラジ・スラーニ（Raji Sourani）さん：1953年パレスチナ・ガザ地区生まれ。弁護士としてパレスチナ人の人権擁護活動に携わり、イスラエルやパレスチナ当局によって何度も投獄される。1985・86年アムネスティ・インターナショナル「良心の囚人」、1991年ロバート・F・ケネディ人権賞。1995年、ガザ市内に「パレスチナ人権センター」を設立し、世界に向けて占領下のガザの実態を発信し続けている。徐京植さんとは2003年、2014年の来日時に、2回にわたって長時間の対話を行い番組化。</td></tr>
<tr><td>2017年4月9日</td><td>《こころの時代》「小さき人々」の声を求めて
作家・スベトラーナ・アレクシエービッチ× 徐京植（ETV、60分）</td></tr>
<tr><td>2017年12月3日</td><td>《こころの時代》紛争の地から声を届けて
「ハーレツ」新聞記者 アミラ・ハス× 徐京植（ETV、60分）</td></tr>
<tr><td colspan="2">※アミラ・ハス（Amira Hass）さん：1956年エルサレム生まれ。ヘブライ大学を卒業後、イスラエルの新聞「ハアレツ」紙の記者となった。パレスチナ人を取材するためガザ地区やヨルダン川西岸地区ラマラに在住し、取材活動を続けている。イスラエルの占領の実態を鋭くルポするその記事は、故エドワード・サイードもしばしば引用するなど、高い国際的評価を受けている。2017年9月に来日し、東京、京都、沖縄、広島で取材、講演。徐京植さんとの対話は、10月10日、東京経済大学で行われた。</td></tr>
</table>

※ディレクター鎌倉英也の番組に限る。

徐京植出演番組

<table>
<tr><th>放送日</th><th>番組名</th></tr>
<tr><td>2000 年9 月4 ～5 日</td><td>《ETV2000》破滅の20 世紀～スベトラーナ・アレクシエービッチと徐京植～前編・後編（ETV、45 分・2 回）</td></tr>
<tr><td colspan="2">※関連番組：2000 年 11 月 4 日《NHK スペシャル》ロシア・小さき人々の記録
※スヴェトラーナ・アレクシエーヴィチ（Svetlana Alexandrovna Alexievich）さん：1948 年ウクライナ生まれ。ベラルーシ人ドキュメンタリー文学作家。「戦争は女の顔をしていない」「チェルノブイリの祈り」などソ連体制下に生きた「小さき人々」の声を構成する独自の証言文学を確立し、2015 年ノーベル文学賞受賞。徐京植さんとは 2000 年、2016 年に対話した。2020 年 8 月、ベラルーシ大統領選挙でのルカシェンコ再任に反対する市民の抵抗運動に呼応し、「政権移譲調整評議会」幹部に就任するが、友人や仲間が次々と逮捕拘禁される中、9 月 28 日国外脱出。現在、ドイツに亡命中。</td></tr>
<tr><td>2002 年8 月11 日</td><td>《世界・わが心の旅》イタリア　過ぎ去らない証人（BS1、45 分）</td></tr>
<tr><td>2002 年9 月29 日</td><td>《ハイビジョンスペシャル》プリーモ・レーヴィへの旅～アウシュビッツ証言者はなぜ自殺したか～（BS ハイビジョン、90 分）</td></tr>
<tr><td>2003 年2 月5 ～6 日</td><td>《ETV2003》アウシュヴィッツ証言者はなぜ自殺したか～
作家プリーモ・レーヴィへの旅～　前編・後編（ETV、45 分・2 回）</td></tr>
<tr><td colspan="2">※ギャラクシー賞テレビ部門2003 年グランプリ</td></tr>
<tr><td>2003 年9 月6 日</td><td>《ハイビジョンスペシャル》パレスチナ 響き合う声～
E. W. サイードの提言から～（BS ハイビジョン、90 分）</td></tr>
<tr><td colspan="2">※関連番組：2003 年4 月26 日　《BS プライムタイム》サイード「イラク戦争」を語る～開戦前夜・カイロ～（カンヌ国際映像祭参加作品）
※エドワード. W. サイード氏は、番組収録後の2003 年9 月25 日に逝去した。</td></tr>
<tr><td>2008 年4 月6 日</td><td>《こころの時代》離散者として生きる　作家・徐京植（ETV、60 分）</td></tr>
<tr><td colspan="2">※徐さんのご推薦によりノミネートされた、2008 年作品「記憶の遺産～アウシュビッツ・ヒロシマからのメッセージ～」は、石橋湛山記念早稲田ジャーナリズム大賞・ドイツ国際映像祭金賞を受賞</td></tr>
<tr><td>2011 年8 月14 日</td><td>《こころの時代》シリーズ 私にとっての3・11
フクシマを歩いて　作家・徐京植（ETV、60 分）</td></tr>
</table>

るさまざまな問題ですね。徐さんは、プリーモ・レーヴィの著作を、韓国で政治犯として囚われていたお兄さんたちの解放のため奔走されている頃に読まれたということです。魂が共鳴しあったというべきか、やはりプリーモ・レーヴィという人物は、徐さんにとって普遍的な扉を開いた方なんだろうなと思います。あらためて番組リストを見ますと、僕は徐さんと出会ってからわずか二年後に、『イタリア 過ぎ去らない証人』という番組を作っているんですね。徐さんと出会って以来、僕も徐さんの本は数多く読ませていただいてきましたが、これが徐さんの著作を原案にして作った最初の番組となったわけです。

徐さんの人生の大きな原点のひとつとなっているプリーモ・レーヴィという存在ですが、またその一方で、プリーモ・レーヴィについての番組を編集していて気づいたことは、徐さんにとって、パレスチナの問題もまた非常に重いものであったということです。その後の番組でパレスチナについて徐さんが直接会って対話する機会があった人物は、ラジ・スラーニという弁護士と、アミラ・ハスという新聞記者の二人でした。二人とも、ガザ地区やヨルダン川西岸地区というパレスチナの閉じ込められた空間で暮らしています。その閉鎖された牢獄のような社会で生きている人間が語る言葉は、やはり在日朝鮮人というマイノリティとして、日本社会のマジョリティのなかで目に見えない檻に囲まれているような感覚をお持ちであろう徐さんの言葉と、深く響き合ったのではないかと思います。

ナチスの迫害を受け殺戮されたユダヤ人が、戦後はイスラエルを建国し、パレスチナの人々を蹂躙していく。実は、アウシュヴィッツに囚われていたプリーモ・レーヴィは、そうしたイスラエルの暴力に反対する声明に署名しています。それによって彼は同胞のユダヤ人社会のなかでも孤立していく。

単なる〝集団〟とか〝枠組み〟に属していることだけでは捉えられない人間の存在、その尊厳のようなものが、パレスチナとユダヤ人社会という二つのことから浮かび上がってくる気がするのです。

徐さんが対話された方々は、いずれも決められた境界の内側に身を置いて安心しているような人たちではありませんでした。印象的だったのは徐さんのお兄さんの解放運動にも取り組んだ東海林勤さんという牧師で、徐さんが恩人と呼んでいた方でしたが、東海林さんは一緒に解放運動をされるなかで、韓国の監獄に通い続けた徐さんのお母様の呉己順《オギスン》さんのことを深く心に刻んでいらした。呉己順さんがどのように大きなものに抵抗していらっしゃったのかということを、東海林さんは間近でご覧になってしっかり考えておられた。そんな人間としての東海林さんの深い思いを、徐さんは対話の相手として引き出されていました。

最後にもうひとつ、徐さんとの番組の柱をあげるならば、それはやはり、徐さんにとって大きな問題として横たわっている福島の問題です。福島の問題というのは、いうまでもなく原発事故による放射線被害の問題、被曝の問題になるわけで、そのような側面で捉えることももちろん重要なんですけれども、徐さんはさらに、あの原発事故が我々に問いかけていることは何かということを突き詰めて考えておられた。単に放射線の問題ということだけではなく、そこから引き起こされる社会の分断や、被災した人間たちを社会が忘れ去り切り捨てていくことに対する抗いのあり方を、徐さんはいつも考えていました。その視座は、アレクシエーヴィチと共通するものがあるように僕には思えます。

福島に関しても、徐さんとは、『フクシマを歩いて』という六〇分の番組を作っています。原発の爆発から半年も経たない福島へ一緒に旅して撮ったドキュメンタリーです。そのなかで、徐さんは「同心円のパラドクス」という印象的な言葉を語っておられます。僕がここで乱暴に要約させていただきますと、要するに、汚染が激しい被災地にいる人たち――「同心円」の中心近くにいる人たちは、あまりに厳しい現実の只中にいるものですから、自分たちが置かれている不安な状況は忘れたい、それについては触れてほしくないという感情が起きる。しかし、その中心から波紋の輪のように円が離れるにしたがって位相が変わってゆく。そして、「同心円」のいちばん外側の、中心からもっとも遠い場所あたりになると違うことが起こる。

福島第一原発事故の後、もっとも敏感に、適切に反応したのは遠く離れたヨーロッパの国々でした。イタリアでは、稼働が停止した原発をベルルスコーニ政権が二〇二〇年までに復活再開させようとしていましたが、福島の事故から三カ月後の六月にその是非を問う国民投票が行われ、九五%が原発再稼働に反対という結果を出して政府の計画を中止に追い込んだばかりでした。ドイツも原発をすべて停止する関連法案を決定していましたし、スイスも既存の原発の停止を決めていました。

ここで、徐さんの言う「同心円」のことを考えますと、被災地だけでなく日本という社会自体が「同心円」の中心近くにいるような状況で、思考停止状態に陥っている。日本という「同心円」の中心から離れた場所の人の方がはるかに厳しく現実を見ていたということが後からわかって来るのです。その状況は、おそらく現在も変わっていない。深刻な「実害」であるにもかかわらず「風評被害」などと言葉を置き換える。現実に対する認識を掘り下げることを放棄し、被害を矮小化して通り過ぎよう、忘れようとしたがる。

この二〇年間、徐さんがさまざまな番組のなかでメッセージされてきたことは、今、さらに状況として悪くなっているように僕は感じます。そんななかで、僕にとって、徐さんの「同心円」の話は、いまだにとても響いてくる透視図でもあるのです。

鎌倉英也の映像制作の姿勢——徐 京植

鎌倉さんとは二〇年来の仲で、またこの大学を二〇年間勤めて退職するということは、ちょうどアレクシエーヴィチの番組を作ってから二〇年ということです。奇妙というか偶然というか、ちょうど節目になります。まず、鎌倉さんという人について申し上げますと、この人は最初お会いした時は若手でした。まだ四〇歳になる前ですね。その前にすでに、『チョウ・ムンサンの遺書——シンガポール・BC級戦犯裁判』（一九九一年）という名作のドキュメンタリー番組を作っておられます。初任の名古屋局にいた頃ですかね。趙文相《チョウムンサン》さんという日本軍BC級戦犯として処刑された朝鮮人についての作品です。

それで、その時にお知り合いになられた李鶴来《イハンネ》さんという、元BC級戦犯の方が東京におられて、鎌倉さんはその方についても、その番組をきっかけに三〇年間取材し続けていらっしゃる（この対談から四カ月後の二〇二一年三月二八日逝去）。もちろん、彼は映像作家としてのフォローを越えて、私が韓国にサバティカル（研究休暇）で滞在中に、李鶴来さんがご両親のお墓参りをする旅に同行して、それを撮るために韓国に来られた。いずれそれは作品になると思います。

それから、加藤周一先生がお亡くなりになりました。加藤先生が本学でシンポジウムをなさった時も、鎌倉さんには大変お世話になりました。加藤さんとの公私にわたる鎌倉さんの映像は、一部ですが映画に編集されましたね（『しかし それだけではない。――加藤周一 幽霊と語る』二〇〇九年）。そういうことを非常に広くなさっている驚嘆すべき人物です。

これはある種の偏見かもしれませんが、私は他のメディアの方々からも依頼を受けて取材に応じることがあっても失望することが多かった。あまり勉強をしないままに取材してくる。たとえば、こちらが非常に精神を集中して話したら、次の瞬間、「はいオッケー。今の言葉を、角度を変えてもう一度」と指示を出したりする（笑）、そういうこともあって。人が魂で話をしたことを単なる素材として分解して組み立てるっていうような仕事のやり方をずっと叩き込まれてきた人たちなんでしょうね。しかし、鎌倉さんは全然そうではない。むしろ、その被写体となる人物がどんな人で、何を書いているのかということをとにかく勉強して撮る。鎌倉さんとクルーを組むカメラマンの中野英世さんという方も、アングルがどうだ、照明がどうだといった撮り方の話は全然せず、私の本を熟読しておられるのですが、それについても批評がましい話は全然せず、酒の席で控えめに話される。

この番組リストにある作品の大半は夜中に、自由でくつろいだ会話のなかから作られたと言ってもいいはずです。それは私にとって非常にありがたいことで、正直に言うと、初めの頃は、私の兄弟の救援に役立つことでNHKが番組制作費を出してくれて広報になるようなことならやってみようかって気持ちが皆無だったわけではない。だけど、鎌倉さんたち素晴らしいクルーにお付き合いいただいて、それが解消して、私自身にとってもとても有益な仕事になったのは、非常に幸いなことでした。

私自身も過剰な介入だったと思うけれど、「こういう場面は要らないんじゃないか」とか、「ここはもっとこう撮った方がいい」とか、気軽に言えるような関係になりましたね。たとえば、プリーモ・レーヴィの番組のなかで、アオスタ渓谷のドーラ川のほとりで半月を見上げていた場面。あれは偶然の産物なのですけど、あそこで私がレーヴィの本（『周期律』）の一節を朗読しました。あれは現場のどこかで朗読しようと思って用意して日本から持って行ったのですが、事前にその打ち合わせはしませんでした。だから偶然の産物なのですが、ぱっと予告なしに挟みこんでも即座に真意を理解して受けとめてくれる、鎌倉さんはそういう素晴らしい人なのです。

もうひとつだけそういうことを言うと、福島原発事故の現場で撮影した『フクシマを歩いて』では、萱浜《かいばま》というところの海岸に大津波で漂着した廃材が積み重なっていて、私はその光景を見ながら即興的にシュールレアリスムの話をしました。あれは何かインスピレーションのようなものが上の方から降りてきたような瞬間でして、ああいうことがあるとは想定していませんでした。そこがどういう場所かも知らずに、とにかく行ってみようかと行ってみたのです。

いつもそういうやり方なのですね。あの一面に漂着物の広がった情景を見た瞬間に「これだ！」って言ったのです（本書カバー・章扉写真）。そこで語った、原民喜の詩についての話は、あの時に私から出た話なんです。でも、もし事前にあそこに行ってああいうものを作ろうということで取材に動いたら、こういう作品は出来ないのですよ。だから、この人は現場の即興性というものを最大限に生かす。しかし、それは山勘とかではなくて、非常に深く素材そのものを研究しているからこそ可能となっている。多分そういうことだろうと思います。

そこで思うのは、NHKの良い面と悪い面というのがあるとしたら、鎌倉さんの作品性をできる限り小さいものにしようとするのがＮＨＫなのだということです。ミュンヘンの国際ドキュメンタリー映画祭から『プリーモ・レーヴィへの旅』を招待上映したいという話が舞い込んだ時にも、ＮＨＫは「監督鎌倉英也の作品とは言えない。著作権はＮＨＫにある」と難色を示したといいます。つまり、「君はＮＨＫの駒だ」というわけですね。私は、あの作品はＮＨＫが作ったのではなく、それよりもＮＨＫという場所で、鎌倉さんと同志の方々が作ってくれた作品だと思っています。

『記憶の遺産──アウシュビッツ・ヒロシマからのメッセージ』（二〇〇八年）という作品は、石橋湛山記念早稲田ジャーナリズム大賞を受賞されましたが、その授賞式に登壇した鎌倉さんは、ＮＨＫの上の人がたくさんいる前で、「皆さん、ＮＨＫでは全体主義が進行しています」と、そういう一言から受賞スピーチを始めた（笑）。そういう方なんですね。

私は東京経済大学で初めて正規職について、人に発信する側になって、鎌倉さんに出会ってテレビ番組で発信してもらって、あらためて考えてみても信じられないくらいの僥倖だったと思っています。鎌倉さんと作った私の登場する作品のいくつかは、韓国でも紹介されていますし、そういう意味でも東アジアの一角におけるささやかな文化的抵抗の記録になると思います。

出会い──アレクシエーヴィチとの出会いを媒介として

鎌倉　徐さんとはじめて出会ったときのことをお話したいと思います。徐さんとの最初の番組となった『破滅の二〇世紀』は、実は、『ロシア　小さき人々の記録』という番組の制作過程で生まれて来たものなんです。この番組は、アレクシエーヴィチさんの証言文学に登場する人たちの〝その後〟をアレクシエーヴィチさんと共に訪ね、彼女自身の人生の道のりも重ね合わせながら描こうと企画された番組でした。そのプロデューサーだった桜井均さんや編集の鈴木良子さんと番組編集中にいろいろ話をするなかで、この徐さんとの『破滅の二〇世紀』という番組は生まれたんです。

ロシア、特にシベリアやベラルーシ、チェルノブイリの原発事故があったウクライナ――そこはアレクシエーヴィチが生まれた場所でもありますけども、そういった地域を駆け巡る旅はスケジュールに追われ撮影に費やせる時間も限られてしまいます。僕らクルーは、ひとつひとつの現場でアレクシエーヴィチさん本人が考えたこと感じたことを映像として落とし込んだり、じっくり彼女に向き合ってインタビューすることがなかなか出来ずに日本に帰国して編集していました。

そうしたなかで、桜井さんや良子さんに言われたのは、「もう一度、アレクシエーヴィチにひとつひとつの出来事について何を感じ、どんな思索をしたのか、きちんと聞ける機会があればいいね」ということでした。ベラルーシは遠い国ですし、無理は承知のダメ元でアレクシエーヴィチさんに連絡してみたら、「東京という街も一度は見てみたいと思っていたから、行ってもいいよ」って返信をくれたんですね。「じゃあ、ぜひ来てください」ということで、日本にお招きしたんです。

それで、ちょっと欲が出ましてね（笑）。今回の来日で聞ける話を、『ロシア 小さき人々の記録』に挿入する彼女のインタビューの素材として使うだけではあまりにもったいない。せっかくアレクシエーヴィチさんが来るのであれば、彼女が見てきたもの、思うことと共鳴するような、対話によるインタビューはできないだろうか。そうした場をしっかり作ることによって、僕らはもっと深く勉強できるのではないかと思ったんです。これは、『ロシア 小さき人々の記録』という番組を作る上でとても大事な礎になると考えまして、「ETV２０００」（現：「ETV特集」）で対談番組を作ろうということになりました。

それで、アレクシエーヴィチさんの視点や論点と響き合う対話ができる人物を探すことになったのですが、その時に、桜井さんから真っ先に名前が挙がったのが徐さんだったんです。誰もが知っている有名人ではないが、現在の日本社会や歴史に対して非常に厳しい見方をしている人だと。恥ずかしながら、実はそれまで、僕は徐さんのことを知りませんでした。池袋だったですかね、喫茶店に桜井さんと二人で徐さんに会いに行きまして、はじめて一緒に話しました。

アレクシエーヴィチさんも当時はほとんど無名の作家でしたから、僕から徐さんに、「アレクシエーヴィチという名前の、これこれこのような文章を書いている作家がベラルーシにいて、今度、来日するので、対話していただきたいのです」と、申し上げたんです。徐さんは、出演依頼を受けてすぐに「はいはい」と言うような人ではなく、やはり、桜井さんが語っていた通り、非常に厳しい見方をする人でした。その打合せでも、今どのようなことを語り合うべきなのか、どのようなテーマが適切なのか、鋭く何度も僕に問いかけて来られました。

これが、徐さんと僕の長い付き合いの始まりになったわけですが、その時の徐さんに対する第一印象は、決してとっつきやすい人ではないということでした。しかしそれで、「ああ、この人は本物だ」って思ったんですね。それから徐さんのいろんな著作も読ませていただきながら、番組を作っていったんです。

この時の「ＥＴＶ２０００」という番組は、僕はＮＨＫのなかで良心的な番組だと思っていました。ＮＨＫの受信料は、さまざまな学業や仕事などを抱えて〝現場〟に行く時間がない多くの方々の代わりに、僕らがその〝現場〟に足を運び、そこで調べた事実を伝えるための〝寄付金〟のようなものだと思います。ＮＨＫの番組は、「お前らに取材費を託すから、しっかり権力を観察して不条理があったら報告して来い」と背中を押す方々からの〝クラウドファンディング〟で作られている、という言い方もできるかもしれません。こうした市民の〝クラウドファンディング〟で制作されるＮＨＫ番組は、国家権力の介入を許さない一番まともなものになり得ると僕は考えていました。しかしその後、皆さんもご存知の通り、この番組枠には「戦時性暴力」を取り上げた際の編集に不可解な介入が起こり、現場のプロデューサーやデスクが到底納得できない改変が行われるという圧力がかかってくるわけです。

しかし、二〇〇〇年当時はですね、まだ積極的にさまざまなメッセージを発信できた時代だったと思います。もし今、『破滅の二〇世紀』なんてタイトルをつけたら、「何というタイトルつけてるんだ！」って怒鳴られるでしょうね（笑）。今のテレビを見ると、生半可に人を安心させて希望を持たせるような番組が跋扈しているように思いますが、やはりそうではないものを作っていくということができた時代だったと思います。アレクシエーヴィチさんも徐さんも当時はそんなに知られている方ではありませんでした。しかし、この頃のＥＴＶには、そういう人たちが出てくるのを誰も疑問に思わないし、「有名無名なんて関係ない。中身が勝負だ」という制作者としての信念や哲学があったように思います。そうであったからこそ、アレクシエーヴィチさんと徐さんの対話を番組企画として通してくれる人々がいて、実現できたのですね。

アレクシエーヴィチさんと徐さんは、二〇一六年にも再び対話されています。この番組について少し面白い話を付け加えますと、この二〇一六年にアレクシエーヴィチさんが来日した時には、彼女はノーベル文学賞を受賞した世界的な著名人になっていたわけです。すると、番組の提案を採択する権限をもった人たちは、ノーベル賞作家が来て対話するのであればそれなりの著名人で聞けばどうか、という具合に〝アドバイス〟して下さるわけです。たとえば、同じノーベル賞作家の大江健三郎さんはどうか、とかですね。そういう〝ビッグ対談〟になるのであれば、「NHKスペシャル」の枠はどうか、などと言うのです。せっかくの〝アドバイス〟でしたが、僕はそれを拒むことにしました。「NHKスペシャル」になると予算は増えますが、対話の相手はこの人にせよ、というような条件を付けられる可能性があったんです。

僕にとっては、二〇〇〇年にアレクシエーヴィチさんと徐さんが話し合ったことが重要でした。その後の一六年間に何がどう変わったか、問われて来たことは何かを確認することに、非常に大きな意味を感じていました。原発事故ひとつとってもそうです。二〇〇〇年の時には、アレクシエーヴィチさんだけがチェルノブイリという原発事故を体験した当事者だったわけですけれども、二〇一六年には、徐さんご自身もこの日本という場所にいて、福島の原発事故を身近に体験した当事者になりました。しかも、徐さんは福島に何度も足を運び実際に取材されている。そういうことも含めて、一六年の間に世界もガラガラ変わり、それまでの生活を変えるような大きな出来事もたくさん起きた。私たちを取り巻く状況がどんどん悪化するなかで、やはり、僕は対話の相手は徐さん以外にあり得ないと心に決めていたのです。

「ＮＨＫスペシャル」ではなく、アレクシエーヴィチさんと徐さんの二度目の対話を制作する場として選んだ「こころの時代」という番組は、僕にとって、とても大切な番組でした。おしゃべりついでに少し脱線しますが、ここで、「こころの時代」という番組を宣伝させていただきたいと思います（笑）。これはＮＨＫのＥテレで、毎週日曜日の朝五時から放送される六〇分の番組なのですが、とっても良い番組なんですよ（笑）。というのは、多くのＮＨＫの番組が受信料収入に直結する視聴率を稼げというプレッシャーを強く受ける状況のなかで、この番組は放送時間帯が時間帯なだけに――朝五時に起きて見るのは、普通の人は難しいですよね――視聴率の呪縛からは解放されているんです。ＮＨＫ職員だってほとんど見ていない（笑）。そういう番組であるために、さまざまな意味での〝圧力〟を免れているのです。

そうであるからこそ、今の私たちに必要なこと、問われていることは何かを、出演される方の人生や思想にじっくりと耳を傾けることで掘り下げてゆける稀有な番組枠なんです。ドキュメンタリーのディレクターとして僕もこれまでさまざまな番組を作ってきたわけですが、「こころの時代」は、〝人の話をしっかり聞く〟というドキュメンタリーの基本と原点が試される番組であり、それはインタビューする自分の立ち位置や思考が直球で問われることでもあり、下手なナレーションや効果でごまかすことができない、もっとも難易度が高いドキュメンタリー番組のひとつだと思っています。

僕は、この「こころの時代」という番組が静かに地面に染み込むように広がってゆくことを望んでいます。地味に広がることが大事です（笑）。派手に広げようとすると、不毛な視聴率競争の渦に呑み込まれかねないですからね。局内ではなく外で、地味に長い時間をかけて、徐々に広がってゆくのがベストなのです。栄養の乏しい荒れた大地の隅々まで、知らないうちに根を張りめぐらせてゆく柳のように――。実際のところ、徐さんと作る番組も、二〇〇八年から以降はずっと「こころの時代」になっていますよね。これがある意味でとても象徴的だと思います。

徐さんと最初に出会うきっかけとなったのは二〇〇〇年のアレクシエーヴィチさんとの対話。そして、その後、徐さんと数々の番組を共にし、さまざまな場所でさまざまな人と出会う旅を積み重ねたのちに、一六年後に作った番組もアレクシエーヴィチさんとの対話でした。前世紀はまさに『破滅の二〇世紀』だったわけですけれど、その時に〝最悪〟だと考えていたことをさらに上回るような〝最悪〟が、今世紀にはびこっている。隠蔽や改竄も行われ、それが見えづらくもされている。さらに悪くなっているのではないかということを、これまで徐さんと作ってきた番組を見直しながら考えているところです。

徐　二〇〇〇年という時は、世紀の変わり目ということのせいでもないけれど、大きな転換点ですね。アレクシエーヴィチさんの大きなテーマは、いわゆるソ連の崩壊という出来事が、「小さな人々」にとって何を意味するか、ということです。他方で、日本という社会では、冷戦の勝者アメリカと敗者ソ連という、そういう単純化された分け方で、新自由主義的なものが席巻していく契機となりました。しかし、もちろん、アレクシエーヴィチさんは複雑なものを複雑なままに見るという方ですから、簡単には言えないのだけれど、書かれたものを読んだり話していると、ひとつのイデオロギーが勝利してひとつのイデオロギーが敗北するというように、ページを捲って歴史を見ていくということとは違って、そこで生きている人間たちがどういうふうに苦しんだり泣いたりしているかという、そういう話をする人でした。私はそれに正直言って戸惑っていました。それこそソ連・東欧の知識人というものに対して十分な知識もない存在でしたからね。生身の彼女を相手にして困った。

あと、あの地域についても、ラトヴィア、リトアニアからウクライナにかけてのあの地域は、二〇世紀に最もたくさん民間人が死んだ場所なのです。一方ではナチス・ドイツの侵略によって、他方ではソ連のスターリニズム体制によって。そして、その両者がポーランド分割では結託したりする。ということで、踏みにじられ続けてきた場所。しかも、現在、ルカシェンコという独裁者が政権を握っている。そんな場所にいながら、それでも人間はまだ生きていくのか、というのが私の疑問というか考え続けている課題です。

それで、このあいだ二〇一六年に彼女が来られたときにもそのことを尋ねました。それに対する彼女の応答は、この道を進めば我々は勝利できるというような戦略的な話ではなくて——もちろんそういう答えを期待していたわけではないのですけれど、ある意味で非常に茫漠とした広い話になりました。ロシア文学に現れる女性たちはこういう人たちであったとか、あるいはシベリア送りになった恋人とか夫のために、自ら進んでシベリアに行って流刑地に暮らす人たちとか、しかも何世代にもわたって存在するような人々です。そこには希望があるかないかで言ったら、希望はないんです。ないけれども、その、希望のない場所で人はどうやって生きていくかということを、それでも見つめて書き続けるっていうことです。

そのような知的営みは、普通の人間には大変に苦しいことなわけです。私の偏見では、一般に男はその問題をロゴス的に解決したいし、解決できなければ放棄するか敗北するという感じですね。だから、アレクシエーヴィチのような人がいて、活動して書き続けていることが、個人の能力としてよりも、我々が持っている尺度というものがひょっとしたら薄っぺらであるのかもしれないということを気づかせてくれる。

そういう人に着目して、テレビに出演してもらって、しかも相手に無名の少数者である私を起用するっていうのが鎌倉さんという人なのです。

映像制作の現場――『プリーモ・レーヴィへの旅』を例にして

鎌倉 「ETV2000」として作ったアレクシエーヴィチさんとの最初の対話の番組『破滅の二〇世紀』においては、今、思い返して自分でも「そうだな」って思うのですけれど、あの当時は、番組は何を伝え得るかという自問をくり返しながら熱い思いを持って制作する人たちがきちんと存在していたと思います。それは視聴者の方々においても同様です。『破滅の二〇世紀』という地味な番組を、自らの眼で、自立した視方で高く評価してくれる人たちがいました。徐京植さんもそういう方の一人です。

ところが、現在は自分のなかに自らの力で培うべき指標を持たない、あるいは持とうとしない人が増え、代わりに、視聴率とかネット配信したらどれくらいアクセス数があるかなどという外から与えられる数字ばかりを見て気に病む人が増えて来たように思うんです。

昔を懐かしんでばかりいても何も前進はしないのですが、ここで、当時はどのような〝現場〟があったのか、さきほども触れた番組『プリーモ・レーヴィへの旅』について、ちょっと詳しくお話したいと思います。徐さんと僕たちの〝現場〟はどうだったか、どのように番組が生まれて来たかについてです。

きっかけは、僕が数々の番組を一緒に作ってきたクルーである中野英世というカメラマンとある居酒屋で飲んでいる時のことでした。中野さんが鞄のなかから一冊の本を取り出して、「この『プリーモ・レーヴィへの旅』という徐さんの本をドキュメンタリーにできないかな」と言ってきたんです。

実は、僕のクルーは、ロケ期間でない時にもしょっちゅう飲んだりしています（笑）。そこでは、当面の番組とは一見関係のない話題――たとえば、最近はどんな映画を観たか、その何が良かったか、ニュースであんな伝え方をしていたがお前はどう思うか、とかですね――そんなことを延々と話したりする。中野さんは、夕方、居酒屋の開店時間になると、「鎌倉、そろそろ行けるかな」みたいな電話をかけてきて、一緒に街に繰り出すわけです。

中野さんが徐さんの『プリーモ・レーヴィへの旅』の本を持ってきた時もそんな感じでした。見ると、その本には鉛筆やらボールペンで至るところに線が引かれてぐちゃぐちゃ書き込みがある。付箋紙もたくさん貼られて、くり返し読み込んだものと一目見てわかるボロボロの本でした。中野さんは、アレクシエーヴィチさんと語る徐さんに感銘を受け、徐さんの著作をたくさん読むようになった。なかでも、プリーモ・レーヴィにどんどん惹かれていくわけですね。徐さんがトリノで自らの人生を重ね合わせた思索の過程に中野さんは強く惹かれていて、「鎌倉は徐さんとまた番組を作れないかな。一緒に作りたいよ」と話してきたんですね。

僕は、徐さんと出会って以来、徐さんとは何となく馬が合うというか、話が合ったというか――最初は少し怖い人だなと正直思ったんですが――親しく話をする友人といってもいいような関係になっていたわけですが、まだ徐さんに会ったこともない中野さんが熱く徐さんの本を語ることに驚きました。杯を重ねるごとに、中野さんと僕はお互いに徐さんの本の感動した箇所を引用し合い、朗読し合ったりしました。そして、本の朗読で番組を作るべきかというところに話が進んだのですが、二人とも「いや、それは違うな」ということになって、実際に徐さんが〝現場〟を旅するなかで新たな出会いや思索を行う過程を撮らなければいけないね、という話になったんです。本としての『プリーモ・レーヴィへの旅』を単になぞるのではなく、新たな「旅」を作るのだという話でえらく盛り上がってしまって朝まで飲んじゃったんですね（笑）。

すっかり意気投合して「是非やろう」ということになりましたが、それからが大変でした。企画を通してくれる番組がなかなか見つからないんです。そのうち、当時のＢＳ１にあった「世界わが心の旅」という番組枠に目が留まりました。これはさまざまな著名人の方が世界の訪ねたい場所へ旅するという番組です。実際に「世界わが心の旅」をいくつか視聴すると、なかには素晴らしい番組もありました。柳美里さんが父親の人生を訪ねて故郷の韓国に行く番組があったんですけど、それがとても良かった。作家の李恢成さんが遠く故国から離れてサハリンに暮らす人々を訪ねる旅、これもものすごく良かった。

それで、僕はこの番組の可能性に賭けようと思って「世界わが心の旅」を担当している部署に企画を強引に捻じ込んで通してもらったんです。「強引に」というのは、実はこの番組は基本路線としては〝ポジティヴ〟指向が求められていて、場所やテーマの選定も〝ネガティヴ〟系は敬遠される傾向が少なからずあったからです。なので、最初の編集試写の際には担当プロデューサーから、「暗いなぁ。もうちょっと明るくならないのかね」と言われました。編集は変えませんでしたけど（笑）。

このようにして、『イタリア 過ぎ去らない証人』という四五分の「世界わが心の旅」を作ったんですが、そのロケの時、実は、僕らクルーは――徐さんもそうだと思いますが――腹の底ではちょっと違うことも考えていたんです。それは、「世界わが心の旅」という番組の撮影で〝現場〟に行けたら、その機を逃さず、もっと深めて別の独自の映像作品も作れるんじゃないかということでした。中野さんも僕も最初から、この撮影の旅を「世界わが心の旅」の枠だけに収めようと思ってはいなかった。どんな番組になるかわからないけれど、ロケが許される短い期間のありったけ、僕たちのその時その時の発見を撮って来ようと考えていました。なので、現地では、「世界わが心の旅」だけを作るんだったら要らないような場面も躊躇せずに撮影しました。

それがやがて九〇分の「ハイビジョンスペシャル」となって陽の目を見ることになったんです。しかし、この番組も「世界わが心の旅」と同じく衛星放送なので視聴者が限られていました。より多くの方に見ていただきたいと思い、半年後に地上波Eテレの「ＥＴＶ２００３」という番組に企画を通してもらったんです。

これはあとになって人伝《ひとづて》に聞いた話ですが、当時の副部長は「こんな番組は単なる鎌倉の趣味の番組じゃないか」と言って通すのを渋ったそうです。編集の鈴木良子さんはそれを聞いて、「趣味で結構。いい趣味だと思うわ」と笑っていましたけどね(笑)。それでも、何とか通そうとしてくれるプロデューサーの友人たちが支えてくれたおかげで放送まで漕ぎつけました。

「ETV2003」は番組尺が四五分しかない番組でしたので一本だけでは収まらず、前編と後編の二回に分け、二月五日と二月六日の二夜連続で放送されることになったんですが、この放送日というのが何とも象徴的でした。これは年度末近くに当たるわけです。つまり、年度末に番組の枠が埋まらず残った余白に穴埋めで入れさせてもらったのですね。「番組が埋まらないなら仕方ない。入れてやるか」っていう感じで放送させてもらったんですが、それが最終的にはその年のギャラクシー賞で年間グランプリをいただくことになるんですね。そういう体験をしているので、僕は、世の中には評価されずに眠っている番組がとても多いと思っています。この番組はたまたま幸運にも出すことが出来たわけですが、「世間に受けない」とか「視聴率をとれない」とか「儲からない」とかいった観点から排除されてしまったような、本当はとても優れた番組が、ものすごく眠っているにちがいないと思っています。

徐　自分のなかで順位をつけるならば、『プリーモ・レーヴィへの旅』は第一位と言えるほど大きな番組です。私はプリーモ・レーヴィの墓を自分で観に行ったことがあって、それが一九九六年のことです。その年の夏は、高橋哲哉さんらとアウシュヴィッツにも行きました。そこには絵になるような場所がたくさんあるんです。そういうものを見ると、映像にして人に見せたいなって気持ちが強くなり、それでちょうどその話があって実現したのは、幸せな思い出ですね。

お酒を飲んで仕事をすることは必ずしもいいことだと思わないんだけれども（笑）、せっかく美味しいレストランがたくさんあるイタリアに行っているのに、ホテルの隣の手っ取り早い居酒屋でウイスキーを飲んで――ウイスキーを飲むといっても、中華料理屋とかタイ料理屋が出す得体の知れないまがいもののウイスキーなんですよ。「アルコールが効けばいい」とか言って（笑）。そういう人たちなんですよ。一日の仕事が終わると、カメラマンらとても楽しくお話をして、私はそれから部屋に引き上げるのですけども、この人たちはそこからさらに飲みに行ったりして。それが今から思えばすごく大事だったのでしょうね。そうやって私のライフワークを一緒にやってもらったというわけです。

鎌倉　今、徐さんが撮影クルーの話をしてくださったのですが、この旅で印象的だった場面をお話できればと思います。先ほど、徐さんも話されていましたが、『プリーモ・レーヴィへの旅』の番組には、アオスタ渓谷のドーラ川の岸辺に徐さんが佇み、プリーモ・レーヴィの『周期律』の一節を引用しながら延々と語るシーンが出てきます。日没ギリギリに何とか撮れた、薄暮の青暗いシーンです。

実は、その日、アオスタ渓谷の村のカフェで、偶然、プリーモ・レーヴィがパルチザン活動のさなかに逮捕され連行されるところを見たという老人と出会いました。そのおじいさんは、たまたまそのカフェにライブ中継されるテレビのサッカーを観に来ていて、僕らは本当に偶然に出会えたわけですけれども、話を聞くと、そのおじいさんも戦時中、パルチザンとして闘っていたと言うんです。半ば強引に、プリーモ・レーヴィが連行された現場に連れて行ってくれないかと頼みました。

サッカーの試合が始まろうとしていたんですが（笑）、おじいさんは立ち上がってくれました。一緒に店を出ると、僕たちのロケ車に同乗してもらい、徐さんの隣に座っていただいて案内をお願いしました。峠道をどんどん登って、山頂に向かって行くわけですが、その時、その元パルチザンだったおじいさんが、「リベルタ（自由）」についてのとても素晴らしい話を語り出すんです。着いた山頂には、何とプリーモ・レーヴィの詩碑もありました。僕らは鬱蒼とした何もない山頂を想像していたんですが、パルチザンたちの墓もあり、それを見下ろす建物の壁には「リベルタ（自由）のために倒れた者たちへ」という碑文も刻まれていました。パルチザンの墓標があり、傍らにプリーモ・レーヴィの詩を刻んだ碑も置かれている。偶然に偶然が重なり、予想もしていなかったことが次々と目の前で起きたのです。

そんなことで時間はあっという間に過ぎ、アオスタ渓谷の険しい山々に夕陽が沈み始める頃になってしまいました。アルプスの雪の山肌が落陽に染まり、息をのむような光景になったので、「これは撮ろう」と。こういう時、中野さんという人はサッと絵を決めて撮って「はい、よし」とする人じゃないんですね。時間がなくていかに焦っている状況でも、まず対象をしっかり観て最後の最後まで粘る人なので、日が沈むまで動こうとしない。撮り終えた頃には、あたりは暗くなり始めていました。

僕たちは山頂から峠道を転げるように車を飛ばして下りました。実は、徐さんはアオスタに行ったらドーラ川を是非見てみたいと言っていたのですが、その日はアオスタでのロケを終えてトリノに帰らなくてはならない日だったんですね。最後に見るチャンスはないだろうかと、徐さんが暗い車内で地図を広げ、ドーラ川の位置を一生懸命探しているんですけれど、どこがドーラ川なのかわからない。

しかし何と、偶然、日が完全に落ちきる寸前にドーラ川の河岸にたどり着くことが出来たんです。「あぁ、これがドーラ川だ」と思った瞬間、最初にバッと徐さんが車から降りました。その時、僕は、徐さんが何か本のようなものを手にしているのがチラッと見えたんですね。でも徐さんがこれから何をやろうとしているのか、僕にもクルーにもまったくわからない。事前の打合せもない。周囲は刻一刻と真っ暗になってゆき、今から打合せする余裕もまったくない。それでも反射的に中野さんはカメラを肩に担ぎ、録音の甲斐ちゃんがマイクのケーブルをカメラに突き刺して徐さんのあとを追ったんです。徐さんはずーっと黙って川べりを歩いていく。ずんずんずんずん歩いて行くんですね。徐さんもおそらくどこで何をしようとも考えておられなかったと思うんです。それで、僕は一言だけ、徐さんの背中に、「徐さん、川ですね」っていう言葉をかけました。すると、徐さんがおもむろに振り向いて、「そうです。これがドーラ川です」。そして、僕らに向かってしみじみと語り出す。

そこからが、番組に出てくる象徴的なシーンになるわけですね。あのシーンは、実は、全部ワンカットのままで、編集で切っていないんです。非常に長い五分くらいのワンカットになりました。徐さんが先ほどまで僕らがいた山頂を指して、「あの山の上でプリーモ・レーヴィが捕まって……」と語り出すと、徐さんの顔をとらえていた中野さんのカメラは徐さんからパンして山の方向を写してゆく。そのあと、カメラがどう動くかなんてことは誰もわからないのですけど、中野さんは何とそこからカメラを徐さんに戻さず、さらにそのままパンを続け、ぐるっと三六〇度見渡すように回転した後で、再び徐さんの姿をとらえるアングルに戻って来るのです。

三六〇度のパンといえば、周囲のすべての風景が写ってしまいます。その時、ロケの現場には徐さんとカメラマンの中野さん以外にも、僕や録音の甲斐ちゃんもいて、さらに遠く離れた向こうには停車中のロケ車もあり、ドライバーや通訳の方もいました。中野さんの周りには、へたをすると写り込んでしまう人間がたくさんいるわけです。しかし、中野さんは、「これからカメラを三六〇度パンするから、みんな避けてね」なんて決して言わないんですね。近くにいて中野さんのカメラの動きが見える僕らはもちろん、レンズが動いて来ると体を伏せて写らないようにしました。驚いたのは、遠くにいたロケ車のイタリア人のドライバーさんの動きです。それまで暗闇で停車中だということを示すためのハザードランプをチッカチッカ点灯させていたのに、撮影の気配をどのように感じ取ったのか、カメラが向く直前にランプをパチッと消したんですね。

そのような、映像に写っていないことが積もり重なってあのシーンは出来上がっているんです。まさに僥倖といえる瞬間でした。すばらしい旅でした。あんなことはめったに起きない。二、三〇年やって一回あるかどうかというくらいの、そういうシーンが連続して起きた。恵まれた、何かに導かれたような撮影になりましたよね。

徐　そうですね。この話は今までも何度かしてきて、それこそ酒飲みながらやりたいような楽しい話なのだけれど、その、アオスタ渓谷の元パルチザンのおじいさんが、テレビを観にカフェに入って、今から現場に連れて行ってやるって言ってカフェのドアを開けて出ていく、まさにその時に村の教会の鐘が鳴ったんですよ。そういう奇跡のような偶然が起こるんですね。鎌倉さんは、そんなふうに、バットを振ったところにボールが飛んでくるんですよ。小賢しくシーンを組んでどうこうっていうより、狙わずに、そういう映像を撮ることのできる人です。

二〇年をともにして――いまとこれから

徐　私と鎌倉さんは、出演者と番組制作者という立場を超えて、過去二〇年あまりの間、放送であれ、書籍であれ、文化的発信というものは如何にあるべきかということをよく話し合いました。もちろんそれは、綿密な取材に基づいて正確な情報を提供するものでなければなりませんが、しかし、それだけではありません。断片化され数値化された情報を超える何か、いうならば「人間」の嘆きや苦悩の手触りや息遣いが伝わるものでなければなりません。プロの俳優がどんなに熟達した演技をしても表現しきれない何かがそこにあるのです。それを、機を逃さず掬い上げ、過不足なく表現することのできる人が優れたドキュメンタリー作家なのだと思います。

鎌倉さんとの長い付き合いのなかで、気づかされることは、彼がどんな事件を描いているときでも、常に注視し、描いている対象は「人間」なのだということです。ですから、撮影を終えてからも、その過程で出会った人たち（実際の番組には使われなかった場面も含めて）の印象が私自身のなかにも長く残り続けるわけです。

アレクシエーヴィチさんや、福島の被災者・長谷川健一さんも然り、プリーモ・レーヴィの友人であったトリノ在住のユダヤ人女性たち然り、アオスタ渓谷の元パルチザンの老人然り、パレスチナ・ガザ地区の人権活動家ラジ・スラーニさん然り……。これらの人々は、ただ番組制作上の必要から知り合った人々であるに留まらず、いずれも私自身に深く鮮やかな印象を刻んだ人々です。

これらの人々を見つけ出し（嗅ぎ出すと言いたいところですね）、その最良の面を引き出して映像化して提供する。それはもちろん、ドキュメンタリー制作についての基本的素養や技術なしにはできないことですが、それ以上のもの、いうならば「人間」への尽きせぬ関心の賜物であろうと思います。鎌倉さんは言葉の最良の意味で「ヒューマニスト」なのです。そうでなければできない仕事だと思います。

実は、私自身が、その恩恵に浴した一人です。私にも自分自身の置かれた状況を苦しいと感じ、悲観的な思いにとらわれることがありますが、そのたびに思い出すのはこれらの素晴らしい人々のこと、その言葉より、むしろさりげないたたずまいです。あのベラルーシでアレクシエーヴィチさんはいまも頑張っているのだ、あのガザでラジ・スラーニさんはいまも闘っているのだ、と。いずれも鎌倉さんとそのお仲間の存在なしには出会うこともなかった人々です。それは「立派な人」という抽象的な観念ではなく、具体的な生身の存在として私のなかに棲みついています。そして、まったく及ばずながらではあれ、自分自身も他者にとってそういう存在でありたい、そうでなければならない、という気持ちが湧いてくるのです。

いま、放送制作に限らず、文化発信の現場はどこも、大きな困難に見舞われています。私の感じでは、世界は当分、ますます悪い方向へ流れていきそうです。それでも、一〇年、二〇年、いや数十年後になって、あの二〇〇〇年から二〇二〇年にかけての時代は、いかなる時代であったのか、どんな人々が悲哀や苦悩を抱えながら生きていたのか、そのことを誰かが振り返ろうとする時、これらのドキュメンタリー作品は必ずや有力な資料になるでしょう。それは、短期的には効果が見えないかもしれなくとも、人類にとって真の意味で必要であり、有意義な文化的貢献であるに違いありません。私自身も鎌倉さんとそのお仲間のお陰で、このようなやり甲斐のある仕事の一翼を担うことができたことに感謝しています。繰り返しになりますが、私の人生において、鎌倉さんやそのお仲間と出会い、一緒に仕事ができたことは最大の幸運だったとあらためて思っています。

鎌倉　二〇一七年の番組を一緒に作ってから三年が経ちますが、これで終わりではないですよね。実は、徐さんとは以前から、『私の西洋美術巡礼』（みすず書房）というご著書を起点とする旅も映像化しようと語り合って来ました。これは一九九一年の本ですが、それ以後も徐さんは、『ディアスポラ紀行』（岩波書店、二〇〇五年）とか、『汝の目を信じよ！——統一ドイツ美術紀行』（みすず書房、二〇一〇年）といった著作を書き継がれています。さらに二〇一二年には、『私の西洋音楽巡礼』（みすず書房）という本も上梓されました。徐さんの眼がとらえた美術や芸術の奥底にあるものを、まさに〝巡礼〟しながらメッセージしてゆく。今はもう４Ｋだの８Ｋだのといった超高画質の映像作品が出てくる時代になりましたので、これは美術をとらえるには最適なのではないか（笑）。そんな番組が実現できるように、これからも徐さんには一緒に歩んでいただけたらと思います。

（二〇二〇年一二月九日、東京経済大学）

対談　**沖縄という場所からアートを考える**

佐喜眞　道夫
徐　京植

同時代人として

徐　私がこの美術館に初めてうかがったのがいつだったか。美術館ができたのは……。

佐喜眞　一九九四年の一一月ですから、今年（二〇二一年）で二七年目になります。

徐　そうすると、いわゆる少女強姦事件（一九九五年九月、三名の在沖米兵が女子小学生をレイプした事件。沖縄では日米地位協定への批判から反基地の声が高まった）は、美術館ができてすぐのことですね。

佐喜眞　そうです。翌年でした。

徐　私は、おそらくあの事件の直後くらいに来ています。それ以降、たびたび講演にうかがったり、学生を連れてきたり、海外からパレスチナ人のラジ・スラーニさん（弁護士・人権活動家、一九五三年～）、韓国の写真家の鄭周《チョンジュ》河《ハ》さんといった方々をお連れして、ここでお話をうかがい、何本かの

佐喜眞道夫氏（左）と徐京植氏。背景の絵は丸木位里・丸木俊「沖縄戦の図」（佐喜眞美術館蔵）

ドキュメンタリーを撮らせてもらいました。常に「沖縄戦の図」（画家の丸木位里・俊夫妻の作、一九八四年）を前にした、この空間でした。考えてみると、なんだか沖縄にある私の応接間みたいに使わせてもらっています。対談の始めに、あらためて御礼を申し上げます。

今日は、同時代を生きてきた者として、美術を中心にしながら、いろいろなことをお話できればと思います。まず、佐喜眞さんは一九四六年のお生まれで、私より五歳上ですが、立正大学におられて、大学には何年ぐらいおいででしたか。だいぶ武勇伝も立てられたらしいですね。

佐喜眞　当時はフラフラしてまして、大学には七年ぐらいいましたね。入学は一九六七年です。

徐　私は一九六九年の入学です。学年でいうと二つ違いですね。

佐喜眞　私は二浪しましたから。

徐　五歳違いますが、私たちは「同じ世代」といっていいでしょう。当時は、日本の学生運動が、大学や政府に対してだけでなく、党派の間でも争っていて、かなり厳しい時代でしたね。私の周りには、大学に出てこられなくなった友人も、たくさんいます。ただ私は、在日朝鮮人ですから、彼らとはちょっと違う立場でした。学生運動の諸セクトから、誘いめいたものもありましたが、私は君たちとは違う、民族の統一や民主化という大きなテーマがある、それからすれば君たちは大同小異でどれを選ぶということはないと、まだ一八歳で、いきがってそんなこと言ってたんです。お書きになったもの（佐喜眞道夫『アートで平和をつくる――沖縄・佐喜眞美術館の軌跡』岩波書店〈岩波ブックレット〉、二〇一四年）によれば、立正大学で、これは武闘派といっていいのかな、学生運動をかなり盛んになさりながらも、ご自身のルーツというか、バックグラウンドについては、ほかの学生たちとは違うものを感じておられたようですね。

佐喜眞　強く感じていました。武闘派といっても外では機動隊、中では体育会系との闘いですけどね。当時の全共闘の議論の中心には、沖縄奪還とか沖縄解放とか、沖縄がありました。各セクトは、私の名前が佐喜眞ですから、沖縄の前衛が来たと大歓迎します。自分たちの方に取り込もうと、お客さんとして大事にした。しかし、そこでいろいろ議論してみると、彼らは沖縄について何も知らない。抽象的に、政治的なスローガンとして、沖縄をちりばめているにすぎない。だから、やっぱり彼らとは違う、としらけた感じで運動を見ていました。

徐　そこには、いわば植民地人としての私や佐喜眞さんと、帝国の宗主国人との間の温度差というか、視線の違いがあると感じますね。

佐喜眞　沖縄の中身を知らないで、非常に政治的な言葉で沖縄を議論している印象が強かったですね。

徐　当時の沖縄では、祖国の平和憲法への復帰といったスローガンがありましたね。実際には諸党派でニュアンスの違いがあったと思いますが、佐喜眞さんご自身や周りの人たちは、どういう感じだったんですか。

佐喜眞　私は、姓こそ沖縄の佐喜眞ですけれど、戦時中に家族が疎開した熊本で生まれ育ちました。ですから沖縄をよく知らない沖縄人《うちなんちゅ》なんですね。それでかえって、復帰運動でよく使われた言葉、平和、反戦、憲法九条とかを非常に純粋に受けとめました。沖縄を知らずに議論している東京の運動に与することはできないけれども、沖縄に帰って仕事がしたい、沖縄の運動に参加したいと、切実に思ってましたね。

徐　たいへん興味深いお話です。ごく幼い頃から熊本でお育ちになったでしょ。本土に一体化したいとか、本土マジョリティに同化したいとか、そういう志向性があっても不思議はない。在日朝鮮人の中にも、そういう人もいます。だけど一方では、見たこともなく、生まれたわけでもなく、言葉もできないのに、北朝鮮に九万人以上の人々が「帰った」（一九五〇年代末から六〇年代の帰国運動を指す）のは、沖縄の復帰運動と同じ時代ですしね。また韓国に帰って民主化運動をやると言っていた時代でもあります。佐喜真さんのその沖縄アイデンティティは、どうやって育まれたんですか？

佐喜眞　熊本の田舎で、被差別部落もあって差別感の強い土地柄ですから、沖縄に対する差別もあります。コンプレックスを感じてほしくないと、父も母も思ったんですかね。故郷沖縄の良いところばかり話してました。今から考えますとね、戦争で故郷を追い出されたというか、捨てたというか、その故郷が二〇万トンの爆撃で壊れてしまった。その失われたふるさとへの思い入れを一生懸命語るから、いっそう美しい話になる。聞いている子供の私たちには、さらに美しくなるんですよ、沖縄が。だから私の家庭では、沖縄は「行く」んじゃなくて「帰る」場所でした。

徐　「僕のルーツの沖縄はこんなに素晴らしいんだ」と話して、わかちあえる日本の友達は、熊本にいましたか。

佐喜眞　いませんね。それは難しかったでしょう。

徐　そういう意味では、割と孤独な少年だったんですか。

佐喜眞　乱暴な少年でしたね。よく同級生を殴ってました。還暦の時、同窓会があったんですが、私が殴って怪我をさせたやつがたくさんいる。困ったな、どんな顔して会ったらいいのかと思ってました。再会したら、「道夫君は、本当に悪い奴から僕たち弱い者を守ってくれた」と言うんで驚きました。殴られる方もかなり観察してるんですね。暴力少年が生まれる背景には、沖縄に関するいろんなことが、潜在意識の中にあったのかもしれません。

徐　それでも家庭環境としては、たいへん恵まれて育ったわけですね。それに対して在日沖縄人の多くは、たとえば大阪の大正区あたりにいる人たちはそうじゃない。もっと露骨な差別を受けて、相対的に貧しい人たちが多かったでしょう。そういう人たちとの間で、交流や連帯、あるいは対立などはあったんですか。

佐喜眞　直接はないですね。父は戦後の一時期、熊本の沖縄県人会で一生懸命やってましたが、途中から身を退くんです。理由は、ＧＨＱ（連合国軍最高司令官総司令部。実質的には米軍を指す）にしょっちゅう呼ばれて、日本と沖縄は違う、君たちは日本とは異なる民族だ、と言われる。それに乗っかっていく沖縄のリーダーたちが、米軍政下の沖縄に帰郷してどんどん出世していく。父は、それを苦々しく思ったようです。アメリカの分断策に同調しながら、それを利用して出世する県人のあり方に、批判的でした。当時の熊本で県人会にいたのが、後に米軍統治下の沖縄で行政主席になる大田政作さんです。彼は私の父と中学で同級でした。父は「あいつは、アメリカのメッセンジャー・ボーイにすぎん」と軽蔑していました。父はそういうのが嫌でした。ですから、父にはこれからは国際人になれと盛んに言われた。ところが、理念は語るけれども、そのために必要な準備はまったく与えらず、これは迷惑な話でした。

徐　本土に対して沖縄の自立性を主張する立場については、本土と沖縄の違いを利用しようとする動きがあったわけですね。それと逆に、本土の方で沖縄を包摂して利用しようとする動きもあった。沖縄の側では、それにも抵抗するという、両面性があったのじゃないでしょうか。以前聞いた話ですが、戦後の沖縄では、アメリカのもとで自立、あるいは独立しようとする志向性もあったそうですが、それは少数だったのでしょうか。

佐喜眞　よく解かりません。少数派だったでしょうね。

徐　佐喜眞さんのお父さんは、そういう考えはまったくなかったのですか。

佐喜眞　なかったと思いますよ。父は町医者ですから、一心不乱に医療行為に専念していた。生活の現場でものを考えていた。いずれにしても、正義の理念で物事を割り切ることはなかったでしょうね。

徐　こんな話を長くしたのは、私自身も含めて、あの頃、在日朝鮮人はマイノリティとしてどう生きていくべきかという、大きな問いがあったからです。ベトナム反戦の運動でも、佐喜眞さんがおっしゃったように、私の友人も含めて、日本人の学生は非常に漠然とした一般論で、正しいことなのにお前はなぜやらないのか、今からデモに行くからお前も行こうとかね、そういう話です。いや俺は違うんだ、自分の国がいま軍事独裁政権下にあって、それに立ち向かわなきゃならないんだ、という話をしても、とんと理解しない。そういう中にいて、私は周りに、在日の友人たちもいて、議論する相手もいましたけど、佐喜眞さんはそういう意味では、まったく孤独な立場にいて、どういうふうにしてその後の道を決められたのですか。

佐喜眞　確かに沖縄の友人はいなかったですね。残念ですよね。

アートに出会う

徐　そこが不思議に見えるのですが、その後、こちらに帰ってきて美術館を建てて活動をなさる際には、実にスムーズに、うまく周囲と連携して、まわりに溶け込んでやってらっしゃいますね。

佐喜眞　理解してくれる人は、実際には少ないですよ。沖縄戦の真実を描いた絵であると認識できる人は、美術関係者でも少ない。本土でも沖縄でも、画家の本当の願いは観ないで、こういうおどろおどろしいのは駄目だと考える、そういう人がたくさんいるわけですから。それと丸木さん御夫妻

（丸木位里・日本画家、一九〇一～九五年。丸木俊・洋画家、一九一二～二〇〇〇年）は、「中国の核実験」に反対声明を出したことで、共産党にとってはいわば反党分子でしたから、沖縄で強い革新勢力とも、ちょっと折り合いが悪い。ただ、これ（「沖縄戦の図」）を観て、感動してくれる、支えてくれる人は多いです。

丸木さんが沖縄で「沖縄戦の図」を描く時、多くの人が証言して絵のモデルになっています。この美術館が開館すると、そういう方々がたくさん来ましてね。私はこの人物のモデルになった、私はこっちのモデルになったと。丸木さんにどんな話をしたか、制作中の様子がどうだったかとかもね。たっぷり、立ちっぱなしで話すんです。それが二、三年は続きましたね。そういう話を聞きながら、私やスタッフは育てられたところがあります。ですから、知識人という人たちの中で、連携して支えてくれる人は少なかったけれど、一般の多くの沖縄県民の共感に支えられている絵だということを、強く実感しましたね。

徐　佐喜眞さんは一種の境界人ですよね。沖縄の人だけど、沖縄で生まれ育ったわけじゃない。だから、土着性を背景にして主張する立場ではない。しかも、日本本土の立場から発言するわけでもないですしね。

佐喜眞　体験してませんからね。

徐　そういう「あいだ」に立つという位置。ある意味では、孤独だからできる面もあるし、孤独でありながら、なおかつ友人と資金とがあってできるという、そういう立場ですよね。それは非常に珍しいし、非常にうらやましい。一種のロールモデルみたいに思っていた時期があるんです。私はそんな財力もないし、能力もない。

佐喜眞　偶然の出会いがこうなっただけですけどね。私も、沖縄を外から見ている異端児ですよね。

徐　そうそう、それが大事。いま言いたかったことは、そのことです。

佐喜眞　外から見てたから、こういうことができたのかなと。また外にいたから丸木さんと非常に親しい関係を作れたのであって、沖縄にいたら、そういうことはできなかったと思うんです。

徐　加藤周一の先生である渡辺一夫（フランス文学者、一九〇一～七五年）は、ある時代とか物事を、内からも外からも見ることができるのが教養だと言っています。軍国主義の時代の知識人は、日本の中でしか見ていなかった。だから、日本を客観的に評価できなかった。また、外だけでもいけない。そういうことが、佐喜眞さんがやってこられたことの中にある気がします。しかもそれを、住民の方々が共感し、支えてくれたことが素晴らしいですね。

佐喜眞　丸木さんは、この絵はみんなで描いた絵ですと、おっしゃっていました。それはどういう意味か。沖縄に美術館を作ったら、先ほどお話したように、たくさんの人が喜んでやって来て、自分が丸木さんに何を証言したかをたっぷり話していきました。丸木さんは沖縄の怒りのマグマに触れたんです。そして丸木さんの怒りと喜び、共感、共振が連作「沖縄戦の図」全一四部に結実したのです。みんなで描いたとはこういうことかと、よくわかったんです。

　ではそれを、この空間でどう表現したらいいか。今、絵（「沖縄戦の図」）に向き合うかたちで、多数の肖像写真（比嘉豊光撮影）を並べてありますよね。すべて沖縄戦での自分の体験を証言している人の顔です。絵も、そうした証言に基づいて描かれていますから、向かい合わせに置くことで、この空間にそういう意味をもたせています。ここには、修学旅行で中学生や高校生がたくさん来ます。中学生、高校生と言えば、人生で一番敏感ですよね。彼らは、この空間からしっかりそれを感じとるんですね。時々、引率の先生が、館長の話を聞いて、ものすごく励まされた子がこの中にいると言うんです。生徒の中には、いじめられて、死ぬ思いで生きてる子が何人かいる、その子を励ましたんだとおっしゃってくれます。

またある時、感想文をもらいました。「私は今日の今日まで死ぬことしか考えてきませんでした。しかし今日この絵を見て、明日から生きていけそうな気がします」と。一七歳の女の子が、細い字で感想を書いてくれたんです。この絵には、戦争を生きぬいた人々の「生きなさい」という思いが入っていますから、それを感じ取るんですね。それはもう本当にびっくりしました。アートというのは、そういう本質を伝える力がある。私自身が、子供たちのそうした目の変化に、励まされてやってきているところがあります。

徐　ただ、お書きになったものを読むと、大学時代は、特にアートという焦点は定まってなかったようですね。

佐喜眞　まったくないですよ。

徐　美術館を作るまでには、丸木ご夫妻との出会いが大きかったようですけど、学生時代は、アートに関心を持ったり、友人たちとアートについて議論をすることはあったんですか。

佐喜眞　いや、まったく頭弱体強の馬鹿な学生でしたね。美術館を作ろうと思ったきっかけはですね、お金ですよ。私の先祖の土地が米軍に取られて、軍用地になっていた。軍用地の地代は、復帰前は本当に雀の涙くらい安かった。ところが沖縄が日本に復帰すると、本土並みになると地代が六倍になったんです。これが一つの階層を沖縄社会に作り出した。私は沖縄の島ぐるみの闘争の団結を分断する政策だと思い、非常に不愉快になりました。だからこのお金は、生活には使わないと決めて、しばらく銀行に放り込んでました。

ところが三年くらい経った頃、新宿のデパートの店内を歩いてますとね、へんなことが起こったんです。今まで何の関心もなかったデパートの商品が、自分にぐっと近づいてくる。なんだこれはと思って、見ますとね、なんてことはない、商品の一つ一つが貯まった地代で買える身分になって、私の感覚ががらっと変わってしまったんです。ゾッとしました。

お金は、油断すると自分を腐らせてしまう。この金をどう使うか。自分が人間として試されていると感じました。そして私も喜び、社会的に意義がある使い道は何だろうかと迷った時に、入ってくる不労所得は、税金さっぴいたら、あとは全部、絵のコレクションにすると決めたんです。

徐　その時点で、自分の思想が何もない人なら、これで贅沢できると思っちゃう。ところが、それをさせない何かが佐喜眞さんの中に、すでにあったわけですね。それは宗教的なものか、沖縄のアイデンティティかもしれない。そういうものが何かあったんですか。直接教えてくれた恩師みたいな人とか。

佐喜眞　沖縄に住んで、苦しんでる仲間がいるのに、自分たちは疎開していて、沖縄戦の塗炭の苦しみを味わうことがなかった。どこか後ろめたさがあった。ですから、私が最初に集めたのは、我々庶民の文化を豊かにしたものとしての浮世絵でした。浮世絵は江戸文化の華だから、歌舞伎も知っといた方がいい、落語も角力も観ておいた方がいいと、鍼灸師の仕事をしながら、江戸文化にどっぷり浸かってました。で、ある時、気づいたんです。俺は遊び惚けてる江戸の旦那衆と同じことやってるって。これでは申し訳ない。

徐　それに気づいた契機は、いったい何になりますか。

佐喜眞　上野誠（版画家、一九〇九～八〇年、代表作「ヒロシマ三部作」等）の作品を観た時ですね。この絵が目の前に来た時に、「ワァー、どうしよう」って感じがしました。

徐　アートの力が働いたんですね。

佐喜眞　上野を通じて、歴史をだんだん理解しますよね。そうすると浮世絵じゃないなとなる。そもそも原資は軍用地代ですから、罰が当たるなと。軍用地代を反転して生かすという思いで始めたコレクションなんですから。

徐　沖縄戦の凄惨な実情というのは、ただじっとしていれば耳に入ってくるものでも、目で見たりできるものではないし、当時は余計そうですよね。ご自分から進んで資料を見たり、人と話したり、なさったんですか。

佐喜眞　沖縄に帰ってきますでしょう。そうするとおばたちが集まって、御飯を作って、お茶飲みながら話が始まるんですが、最後はいつも沖縄戦のことでしたね。すると先ほどまでニコニコしてたのが、沖縄戦の記憶が佳境に入ると、事実をめぐって大げんかになる。違う、お前嘘言ってるとかですね。そして、それぞれ、ぷんぷん怒って帰っていく。極限状況で刻まれた記憶は、修正がきかないのだろうとハッと思いながらも、困ったもんだと思いましたよ。

それをもとに、東京で友人たちに沖縄戦の話をしますとね、するとどんどん退かれていく。そして誰かが必ず言います。この戦争で犠牲になったのは沖縄だけじゃない。全国が焼野原になったじゃないか。沖縄だけひどい目にあったような顔をするなとね。私としては、ちょっと待てと。君たちが体験した空襲と、沖縄の地上戦はまったく違うってことを説明しなきゃいけない立場に立つ。言いたいし、言わなきゃいけないことは山ほどあるけれど、勉強してませんから言えない。そのことに悶々としていましたね。そういう体験をたくさんしました。

徐　君はそう言うけど、我々は同じ人間じゃないか、みたいな話で、特定の体験を希釈するというか、無化するような、そういう言説がありますよね。

佐喜眞　一九八三年でしたか、丸木さん夫妻が沖縄戦について描いていると新聞で読んだ時点では、二人がどういう人かも知らない。「原爆の図」（丸木夫妻による全一五部の連作画。制作は一九五〇～八二年にわたる）も観たことがないのですが、心の底から本当に嬉しくなった。今でもちょっと不思議なほどです。友人たちに、「この絵を観てくれ、俺が言いたいことはここに描いてある」と言える絵が現れたと、そう思ったんです。

徐　沖縄戦を描く以前のお二人の作品は、その時点ではあまりご存知なかったんですか。

佐喜眞　まったく知りませんでした。しかし沖縄の人間として、お二人にお礼がしたいとまで思いました。沖縄戦を描いている方だということから、おつきあいが始まりました。

徐　なるほど。私のことを申しますとね、私もやっぱり美術に目覚めて、美術に励まされてやってきたという面があります。ただ、今のお話を聞いてると、たどった経験はだいぶ違いますね。私は最初、中学校の修学旅行で行った倉敷の大原美術館が、とても大きなインパクトがありました。住んでるのは京都ですから、岡崎公園の国立近代美術館や市立美術館とか、いい美術館がいろいろあって、西洋絵画、実際は当時だから日本の画家たちが描いた西洋絵画、佐伯祐三などですね、そういうものに強い憧れがありました。それは自分の周りにある、在日朝鮮人の社会とは、かなり隔絶したものでした。在日朝鮮人の一般の家庭に、画集なんか一冊もないし、家族で美術館に行くような文化はなかった。そういうところから、やがてアウシュビッツとか、あるいはケーテ・コルヴィッツの世界の中に、自分のバックグラウンドと共通のものを観るようになった。だから、佐喜眞さんとはちょうど逆方向から進んできた、そういう感じがしますね。佐喜眞さんのコレクションには、ルオー（フランスの画家、一八七一〜一九五八年）やコルヴィッツの作品が多くありますが、それは丸木さんとお会いになった後に集められたんですか。

佐喜眞　いや、それは丸木さんと出会う前ですね。

徐　やっぱり、別のアートとの出会いがあるんですね。

佐喜眞　美術館はね、子どもの頃、私も行ってたんですよ。父が美術愛好家でした。熊本には、まだ県立美術館がなかった。そこで福岡の県立美術館や、久留米の石橋美術館に行ってました。父は非常に忙しい開業医でしたが、休みにたまに連れていってくれる。おそらく新聞なんか読んで頭に入れて、それを子供に喋ったのでしょうけど。青木繁（洋画家、一八八二〜一九一一年）の「海の幸」（一九〇四年）の話など、一生懸命話すわけです。大好きな親父が話すので、こちらも一生懸命聞きました。それで絵を観るでしょ。でも、何を描いてるのか、さっぱりわからんという印象をもって帰った。でも、それが下地になっていた。学生時代に、奈良のことを何かの文章で読んでましたら、小学校の三年生か四年生で観た、青木繁の「天平時代」（一九〇四年）という絵がわーっと浮かぶんですよ。十数年経って、まったく忘れていた絵が、文章を読むことで蘇ってくる。驚きましたね。そんな深いところにまで入ってるのかと。

もう一つ、これも私のアート体験と言えるかわかりませんが、私が中学二年の時に、母が亡くなりました。私は末っ子ですから、母にも姉たちにもずいぶん可愛がられました。父も寂しかったんでしょうね。恋女房を惜しんで、仏壇の横に、広隆寺の弥勒菩薩の複製を掛けていました。仏壇には母の写真もありますから、私は寂しくなるとそこに座って、母に対面する。ふと弥勒菩薩を観てますとね、心の中の悲しい塊がぐーっと溶けていく。そんな感覚を味わったことがあるんです。これには驚きましたね。一体何だろう、どういうことなんだろうと。それからは仏像にぞっこん惚れ込んで、仏像の写真をよく観る少年になりました。同級生の女の子が、どの仏像に似てるとか、このほほの辺りはあの仏像に似てるとか、分析してね。そういう少年でした。

美術館という場を作る――アートの現場、コレクションの思想

徐　美術館を開こうとした際のことですが、当時はポップアートが全盛で、展覧会に行けば、もっぱら抽象画などの世界ですね。そのなかで丸木さんの作品は、一種特別な、ある意味で古いものとして、排除されるところがあったじゃないですか。ご自分のなかでは、何か葛藤というか、苦労はな

かったですか。

佐喜眞　私は単純ですからね。本流の美術家たちのことは無視ですよ。私が気に入った作家だけ。だから私の美術知識はもう非常に狭いですね。あとはみんな、目に入ってこないんです。コレクターって、そんなもんじゃないですか。

徐　うん。うん。そういう自分のコンセプトがないコレクターもいますけどね。投機目的の人たちですね。自分のコンセプトを貫くのが、本当のコレクターですよね。コレクターというと、窪島誠一郎さん（美術評論家、信濃デッサン館・無言館館長、一九四一年～）、ご存知ですよね。いつ頃からのお知り合いですか。

佐喜眞　窪島さんは、上野誠の展覧会を長野県でやりましてね、そこで知り合ったんです。

徐　ああいうコレクターが、よくいたもんですね。

佐喜眞　たいへんな人です。一つの会社を経営できるくらいのセンスも持っていますしね。

徐　好奇心でお聞きするんですけど、コレクターの間で、コレクターはこうあるべきだとか、コレクターの哲学はこれだとかっていう、そういう議論はしないんですか。

佐喜眞　特別にはしません。でも窪島さんとは同じコレクターとして、また美術館の経営もしてますから、共通の悩みが多い。そうすると、お互い酒をよく飲みますから、三日飲んでも話が全然尽きない。

徐　信濃デッサン館は好きで、村山槐多《むらやまかいた》（一八九六～一九一九年）や野田英夫（一九〇八～三九年）の絵を観に、若い頃から何度も通いました。その後、無言館ができた。この無言館をどう見るか、よく考えると、かなり複雑ですね。描き手たちを、純粋な画学生だったとすませて良いのか。無言館の前には、パレットの形をした記念碑があって、犠牲となった画学生の名前が刻まれています。そこに朝鮮人の名前がいくつかある。そのうち三人か四人は、創氏改名後の日本名で出ている。彼らの作品は残っていないそうです。彼らについては、韓国でも、日本の美術学校に行って戦争に動員された人間だということで、関心が低い。いまさら作品を集めようという人もいない。窪島さんは、その画学生たちに愛着を持っている、しかし彼らが銃を構えた先には誰がいたか、そのことも、いつかちゃんと展示したいとおっしゃっていました。

そこでうかがいますが、沖縄は、特に沖縄戦ではたいへんな目にあいましたけれど、アジアから見れば、全体の構造の中では、大日本帝国の一部というより、むしろその先端に立たされていた。それをどう考えるか。こういう美術館をやっていこうとすれば、そうした厄介な問題にもぶつかりますよね。

佐喜眞　そうした加害と被害の問題については、非常に幸いなことに、丸木さんがこの絵の中にしっかり描いてくれています。たとえば、久米島住民である在日朝鮮人・具仲会《クチュンフェ》さんを虐殺する天皇の軍隊の姿などですね。つまり、アジアへの侵略の結末として、この沖縄戦の悲惨さがあったという認識で描かれています。もともと沖縄の普天間基地も、沖縄戦当時、日本軍によって作られたものだし、今その基地から飛び立った飛行機は、十時間も飛べば、世界のどの戦場にも届いているわけです。沖縄の軍事基地は、世界の紛争地と強く結びついている。そういう現実の中で平和を考えてほしい。修学旅行生には、そういった話をしています。

徐　こちらで行なった講演会で、韓国から来たゲストの発言が印象に残っています。彼は朝鮮戦争の最中、釜山に住んでいて、米軍の爆撃機が頭上をかすめて、北の方へ爆弾を落としに飛んでいった。「あの爆撃機はここ（沖縄）から飛んだんだ！　君たちはそれを知って言ってるのか」と。厳しい言葉ですよね。だけど知っておかなきゃならない。そういう重層的な問題を解きほぐしていくことが、今の時代にはなおさら必要ですね。そういうことをここでなさっているのは、素晴らしいことです。

佐喜眞　ベトナムの子供たちの絵を展示する話が持ち込まれた時にも、同じようなことを考えましたよ。ベトナム戦争では、まさに沖縄からB52爆撃機が飛んで行って、悲惨な状況が展開されたわけですね。沖縄はそれを止めきれなかった。それをどう考えたらいいのか。問題をぐっと突きつけられる思いがしました。そういうことを踏まえながら展示会を開催したのですが、まったく考えていない人もいましたね。その時のシンポジウムに、ベトナムの平和博物館の副館長さんが来られたんです。その人に、沖縄の偉い人が手を挙げて、「私たちはベトナム戦争反対の運動を盛んにやった、ベトナムではそれをどう受けとめられるでしょうか」と聞くわけですよ。ちょっとね、顔から火が出て、恥ずかしかったですよ。俺たちは止めきれてないんだから、まずその責任を感じないのかってなりますよね。発言した人は、沖縄の革新運動の中心の長老でしたから、驚きましたよ。

徐　今の話は初めてうかがいましたけど、珍しい話ではありませんね。美術館は、いろんなものが見える。話を聞けば聞くほど、この美術館は、丸木さんの絵だけでは語りつくせない。それが惹きつけられる理由ですね。

佐喜眞　沖縄は確かにあれだけ苛烈な体験をした。でも、沖縄にこだわりすぎて、沖縄しか見えていない場合がありますね。そうではなくて、もっと普遍性を持たせるには、どうしたらいいだろうか。一つは、やっぱり社会的・歴史的な時間軸をちゃんとしなきゃいけない。もう一つは、相手がいますから、朝鮮から見ても、中国から見ても、そうだと納得してもらえるような説明がされなければならない。そういうことを考えましたね。

徐　一方で、こだわることは大事でね。それに対して、「君はこだわりすぎだよ」とマジョリティが言うのは許せない。「佐喜眞君、君はこだわりすぎだよ」、「同じ人間じゃないか」とかね。ただ不当なことに、それをコミュニケートする負荷が、マイノリティにかかってくるんです。私たちが彼らをわからせなければならない。何て不条理なことかと思いつつ、でもそうしなければ、何も動かない。全世界を見ても、そうなってるわけです。民主主義の本国ほど、民主主義がわかってない人たちがいて、周辺のマイノリティによってゆさぶられていく。そういう構造にある。まさに佐喜眞美術館が、沖縄の政治的立場や沖縄の美術を発信するだけでなく、そういう多様な構造が見える場所として機能する、そういう場所であってほしいと思いますね。

佐喜眞　そうでありたいですね。せっかくやってるんだから。

アジアのオルタナティヴ・アート・ネットワークへ

徐　先日、洪成潭《ホンソンダム》（韓国の民衆美術運動を代表する画家、一九五五年〜）の展覧会をなさいましたね。あれは割と最近ですよね。

佐喜眞　あれは本来、洪成潭さんが来ることを予定して企画したんです。辺野古のおじぃ、おばぁと作品を作って、それを展示するはずでした。ところがコロナのために、洪成潭さんが来られない。でも収蔵品があるので、せっかくだからやろうということで、実現したんです。

徐　それからもう一人、イ・ユニョプさん。

佐喜眞　派遣美術団（社会運動の現場に赴き、美術によって闘争を支援する民衆美術運動のグループ）の中心メンバーですね。

徐　貸出依頼を受けて、ケーテ・コルヴィッツの作品を、中国とか韓国に持っていかれたりしてますね。そういうふうに、ここが東アジアのアート・ネットワークの、なんていうか、対抗的な、オルタナティヴなアート・ネットワークの拠点になってほしいと思うんですけどね。

佐喜眞　なりたいですよね。アートの力を使えば、小さな資金で大きな成果を上げられますからね。

徐　コレクターやキュレーター、美術館の運営者同士で、今言ったような問題意識でネットワークを作れば……。

佐喜眞　いやネットワークはね、すでにあるんです。たとえば、東京藝術大学で民族音楽を研究していた小泉文夫（一九二七〜八三年）さんが書いた「アジアの中の沖縄音楽」。読むと、これが面白いんですよ。沖縄音楽を聴いていると不思議な感じがする。沖縄の音楽がアジアの音楽の源流で、沖縄から朝鮮へ、日本へ、中国へ、東南アジアへ伝わって、それぞれの音楽ができたような気がしてくると書いておられる。現実はまったく逆ですよね。昔の沖縄の青年たちが、アジアへ、中国へ、日本へ、朝鮮へ行って、そこで信頼関係を作り上げて、大事なエッセンスを持ち帰ってくる。それによって沖縄の音楽を創ったので、時間を空けて聴くと、沖縄の音楽がアジアの源流のような気がする――民族音楽の専門家が、そう言うわけです。そうした文化的にも深いネットワークが、人々の心の中に現にあるんです。学生時代、韓国や台湾へ旅行したら、行った先々で沖縄の青年というだけで歓待されましたよ。

徐　それは、いつごろのことですか。

佐喜眞　学生時代だから、もう半世紀も前です。五、六人の仲間で行きました。

徐　そんな時期に行く人は珍しいけどな。

佐喜眞　論山（韓国忠清南道の都市）だったかな。あの辺りを回っている時のことです。安宿で飯を食べていると、地元のおじいちゃんが寄ってきて、日本のどこから来たかって聞いてくる。それぞれが答えていって、自分の番で「沖縄です」と答えた。すると、「お前琉球か、琉球ちょっとこっち来い」って自分のテーブルへ手招きして、食え食えと、私だけ大歓待。話が弾むんです。一〇日間の旅で、二、三回、同様なことがありましたよ。だいたいの話の流れは、「それにしてもこの近現代で、琉球も朝鮮も非常にたいへんだった、しかし負けんと頑張ろうな」と、連帯のあいさつになる。びっくりしたわけです。台湾の台中でも同じようなことがありました。五〇年前の台中は非常に田舎でしたが、台湾のおじいちゃんが、「それにしても琉球は素晴らしい文化を持っている」というんです。これにも驚いて嬉しくなりました。私のアジアの理解の根底には、そうした若い時の交流で得た感覚が入ってますね。沖縄は、そういうある種の信頼関係を、東アジアの中で歴史的に作り上げてきてますよ。

徐　先ほどお話したように、自分はすでに民主主義だと思っている人たちのところで民主主義は形骸化してしまい、その精髄はむしろ周縁が保存し、育てている光景をイメージするんです。「周縁化された者が憲法の価値を知る」というテーマで、二〇〇四年に那覇で講演させてもらった時も、日本国憲法の精神はむしろ沖縄にあるという話をしたんですよね（講演記録は雑誌『前夜』創刊号、二〇〇四年一〇月に掲載）。それと同じことが、美術でも言えるかもしれない。世界中どこでも、やたらとお金を持ってる、やたらと趣味的なコレクターはいますけど、あるコンセプトを持って、美術のコレクションをしたり、展示をしたりする人には、当然、自分の立ち位置や政治的な文脈について自覚がある。そういう人たち同士の連携が必要なのに、今は分断されてますね。政治的に分断されてるし、資本に分断されてる。

佐喜眞　そうですね。つながりを深めていく必要がありますね。それは、私のこれからの課題です。

宮城与徳をめぐって

徐　今日はぜひ宮城与徳《みやぎよとく》（画家・社会運動家、一九〇三～四三年。ゾルゲ事件に関与して逮捕され、獄死）についても、うかがっておきたいんです。もう何年前でしたか、宮城与徳の作品が名護の博物館にあるというので、連絡を取っていただいて、（宮城の出身地である）名護まで観にいきました。今日は絵そのものの話は措いといて、驚いたのは、名護では宮城与徳という人が肯定的に語り継がれていることです。本土から見れば、国家に反逆した政治犯で、獄中死した人ですから、あまり口に出せないような人でしょ。ところが名護では、宮城は「生きている」と思ったんです。もちろん記念誌などを読むと、遺されたご家族は国賊ということで、ずいぶん苦労なさったようですが、沖縄全体では相当支持されてるように見えます。名護の公園には彼の記念碑もちゃんとありますね。しかも（やはり名護出身の）徳田球一（政治家・革命家、一八九四～一九五三年。日本共産党を代表する活動家）の碑と並んで立ってる。それは本土から見ると驚くことでしょう。

佐喜眞　政治なんてのは表面の話ですから、もっと人間のなかの奥深いところで、実際の与徳さんはこういう人だったという話はたくさんありますよ。たとえば香水のニオイのするハイカラな、とても素敵なお兄ちゃんだったと、おばあちゃんたちが話をする。ただし、それはあくまで「名護の宮城与徳」なんです。私たちのシマの部落の偉い人だったという感覚で喋ってる。でもそれは違うでしょう。それだけではない。宮城は、ゾルゲたちと人類史的な仕事をしたんですから。

徐　だけど郷土の誇りですからね。本土では、郷土の恥だ、となりかねませんよね。いま危惧していることとして、日本では美術館に対する政治的介入が非常に強まってますね。「あいちトリエンナーレ」なんかが、特にそうです（二〇一九年八月、国際芸術祭「あいちトリエンナーレ２０１９」で開催された「表現の不自由展・その後」が、脅迫を受けて中止に追い込まれた事件）。韓国・中国との関係で排外的なバッシングも顕著だけど、天皇制もどんどんタブー化が進んでいますよね。沖縄では、宮城与徳を取り上げることへの風圧はないんですか。保守政治の方から。

佐喜眞　ないと思いますね。保守政治も、その辺はわからないんじゃないですか。ここには政治家は

宮城与徳「漁村」(名護博物館蔵)

誰も来ませんからね。今の政治家は、こういう世界がわからないんですよ。

徐　宮城与徳に限らず、アメリカに渡って活動した人たちについて、いつも思うことがあるんです。本土から見ていると、こちらは端っこだけど、沖縄まで来ると、海の向こうへ広がっていく世界が見えますよね。気軽に、とは言えないけれど、けっこう海を渡っていく。呼び寄せられたから働きに行ったとかね。しかもヨーロッパへの洋行組とは違って、働きながら美術を学ぶ人たちが、宮城のほかにも大勢いた。そういうことから、沖縄という場所が持っている独自性が、あらためて感じられます。宮城与徳は、そうしたことを象徴する存在という気もするんです。名護から出た人が、全世界の反戦運動のいわば中核に、最も核心的で大事な部分に関与したわけです。悲劇的なつらい最期ですけどね。そのことをもっとちゃんと位置づけて、美術展だけじゃなくて、シンポジウムなどで広げていくことを、沖縄の方でしてくださらないかなと、期待しています。

佐喜眞　本当にそうですね。以前、宮城与徳をめぐる名護のシンポジウムで、彼が自殺を図った理由について議論がありました。拷問がきつくて、隠し通せずにいろいろと自白してしまうのではないか。それでは迷惑をかけるので、死ぬしかないと思ったのだろうという話でした。そこに私は、なんというか、非常に沖縄的なものを感じたんです。人に迷惑をかけることを非常に気にする、そういう濃密な人間関係と言うんですかね。そういうなかで生きた人が、宮城与徳ですよ。もちろん、左翼の問題、革命家の問題もあるかもしれませんが。

徐　ちょっと生々しい話になりますが、私の兄、徐勝も、韓国で政治犯として拷問を受けて、一緒に活動した友人たちの名前を言えと脅され続け、それを逃れようとして自分の身体に火をつけて、あなったんですけどね。だからどうしても、必然的に、それを宮城の最期と結びつけて考えてしまいますね。しかも死に損ねて、それからますます過酷な拷問を受けた。もう本当に無残な話です。またこれは、ちょっと別の話になりますけど、尾崎秀実《おざきほつみ》（ジャーナリスト、一九〇一〜四四年。ゾルゲ事件の首謀者とされ、刑死）の獄中からの手紙（『愛情はふる星のごとく』）を読むとね、尾崎は、宮城をとても気にかけています。宮城君はとうとう駄目だったか、あの身体だから、とかね。宮城を送る漢詩を書き添えたりもしてますね。尾崎秀実は台湾で育った人ですよね。もちろん植民者の子でエリートですから、立場は違うんだけど、そこにある種の連帯のリアリティがあったのかもしれませんね。

佐喜眞　それは日本国内しか知らない人と、外地を知ってる人では、社会を見る目が全然違いますよね。戦後の日本で、文化の分野で活躍している人には、満洲帰りが多いでしょ。在日コリアンの人も多いですよね。やっぱり外を知っている人たちです。沖縄は、まだまだたくさん外に出ないといけないと思います。

徐　でも、沖縄ディアスポラといって、世界的に広がっていますよね。

佐喜眞　確かに、沖縄県は戦前、移民先からの仕送りで食ってた時代があるくらいです。それは、決して豊かな沖縄人が送ったわけじゃない。それこそ爪に火を灯すようにして、貯めて送ってきた。貧者の一灯です。移民が故郷と切れない。「世界のウチナーンチュ大会」のイベント（沖縄にルーツをもつ人を海外から招いて沖縄で開催される。一九九〇年の第一回以来、ほぼ五年に一度開催）は、回を重ねるたびに、大きくなっていきます。島っていう社会は、海で世界と繋がってますからね。

ケーテ・コルヴィッツから始まる――いま、美術、美術館の意味とは

佐喜眞　今、ＮＨＫの美術番組「日曜美術館」の取材を受けています（「丸木位里・俊『沖縄戦の図』――戦争を描いてここまで来た　佐喜眞美術館」二〇二一年六月二〇放送）。じっくり作品を見せる番組にしたいというので、この巨大な「沖縄戦の図」を、なめるようにゆっくり撮っていくんです。それを追っかけて観てますとね、たくさんの母子像が観えてくる。これには驚きました。いくつか母子像が描き込まれているのは知ってましたが、あとはずっと概念で観てしまってたんですね。丸木

俊さんは「原爆の図」の「水」では、死んだ子を抱く母子像を描いてますね。あれを描いた時に、非常に批判されたらしい。母子像というのは、希望を描くものなのに、こんな絶望の母子像を描いてと。ところが俊先生は、世界中で戦争は終わっていない、核の時代の中で、これから、死んだ子を抱かねばならぬ母がたくさん出るだろう。だから二〇世紀の母子像はこれでいいと、押し切った。それを私は、今までただのエピソードとして聞いていただけで、うかつでした。これは深い思想として捉えなくてはいけない。ですので今度、「母子像展」（二〇二一年四月一五日〜五月三一日）をやります。発想はすべてケーテから来てます。

徐　ちょうどお話が出たところで、ケーテ・コルヴィッツのことをうかがいましょう。コルヴィッツの作品は、西洋人の作品としては、佐喜眞さんが最初に手に入れられた作品だそうですね。

佐喜眞　ケーテ・コルヴィッツを知るきっかけは、魯迅の「深夜に記す」を読んだからです。魯迅の若い友人が国民党によって殺された。その痛恨を、ケーテの連作版画「戦争」の中の一枚、「犠牲」を雑誌に載せることで「私の無言の記念」とした。その意味を、ケーテの画を観た多くの人々が感じ取ったというのですね。それを読んで驚きました。そういうことを伝えてしまうような絵があるものだろうか。観たい観たいと思いましたよ。十数年経って実際に観たら、見事に単純化された深く象徴的な絵で、それはもうびっくりしました。

徐　私たちが学生だった頃、魯迅はよく読まれましたね。学生運動のなかで魯迅に出会われたんですか。

佐喜眞　私は大学で東洋史を専攻しましたから。魯迅くらい読んでおかなきゃいかんという、一種の教養の必読書のような読み方でしたね。切羽詰まったものではなくて。

徐　ただ「深夜に記す」や「忘却のための記念」など、どれも特別な文章ですね。いつまでも記憶に残るような。

佐喜眞　残りますね。もう文章を暗記するくらい読んでますから。

徐　そうなりますね。魯迅から入って、その元になってるケーテ・コルヴィッツを観たいと思われたんですか。

佐喜眞　そうなんです。それで石母田正さんの『歴史と民族の発見』（東京大学出版会、一九五二年）の挿絵に、まさに「犠牲」が使われていたので、本を買いましたよ。ところが小さいでしょ。だからあんまり味わえない。やっぱり本物が観たい。そうして本物に出会ったのが、銀座の秀友画廊でした。

徐　私は今「戦後文化世代」について、ちょっと書いています。「戦後文化世代」という言葉は、藤田省三さんが、自分は戦後文化世代の最終走者だとおっしゃったことから来てるんです。そこにもちろん石母田さんも入ってる。そういう人たちが共有する、ある時代の文化があった。だから石母田さんの本には、ケーテ・コルヴィッツの版画が使われていると同時に、許南麒《ホナムギ》（一九一八〜八八年）という在日朝鮮人詩人の「火縄銃の歌」という詩も紹介されている。それで、あの時代に非常に影響力を持つ作品になったのだと思います。思想的にも文化的にもね。

佐喜眞　どちらかというと、私が読んだのは石母田さんの次の世代ですね。野坂昭如（作家、一九三〇〜二〇一五年）や永六輔（放送作家、一九三三〜二〇一六年）だとか、あの辺です。兄貴みたいな感じで、親しみを持って読みました。私には、そうした文化の影響がある感じがしますね。

徐　竹内好（中国文学者・評論家、一九一〇～七七年）はどうですか。

佐喜眞　竹内好はずっと年上ですね。魯迅を知るために読みましたが、重たかったですね。これは難しいなと。

徐　私は今でも、竹内好訳の魯迅が一番だと思います。もう少し平易な訳が出てますけど。それでケーテ・コルヴィッツの収集を始められたわけですが、以前、あれは高かったとおっしゃってましたね。

佐喜眞　高くても買いましたよ。ケーテの作品には、本当に魂をわしづかみにされましたね。特に、あの「死んだ子を抱く母」なんかは。

徐　当然、沖縄の経験を想起させますね。それが佐喜眞美術館のコレクションのうち、もう一つの柱になっていて、中国や韓国からも貸出依頼が来るわけですね。

佐喜眞　丸木俊さんや上野誠も、ケーテをしっかりと勉強した上で描いてますね。私のコレクションも、ここまで次から次へと展開してきましたが、振り返ってみると、その要の位置にケーテがいることになります。

徐　今の人たちにとって、ケーテ・コルヴィッツはどう観られていると思いますか。観ている人たちが、何かを敏感に受け取ってるような感じがありますか。

佐喜眞　それはありますね。時代はずいぶん違いますが、ケーテの作品には力がありますから。たとえば、老婆が子どもたちを守っている「種を粉に挽いてはならない」（一九四一年）という版画があります。これを観た人が、うわっ、辺野古のおばあちゃんだ、と感じる。沖縄戦を知っているおばぁたちが孫たちを守ろうとする姿に、重なるんでしょうね。非常に共感して観ています。ケーテの母

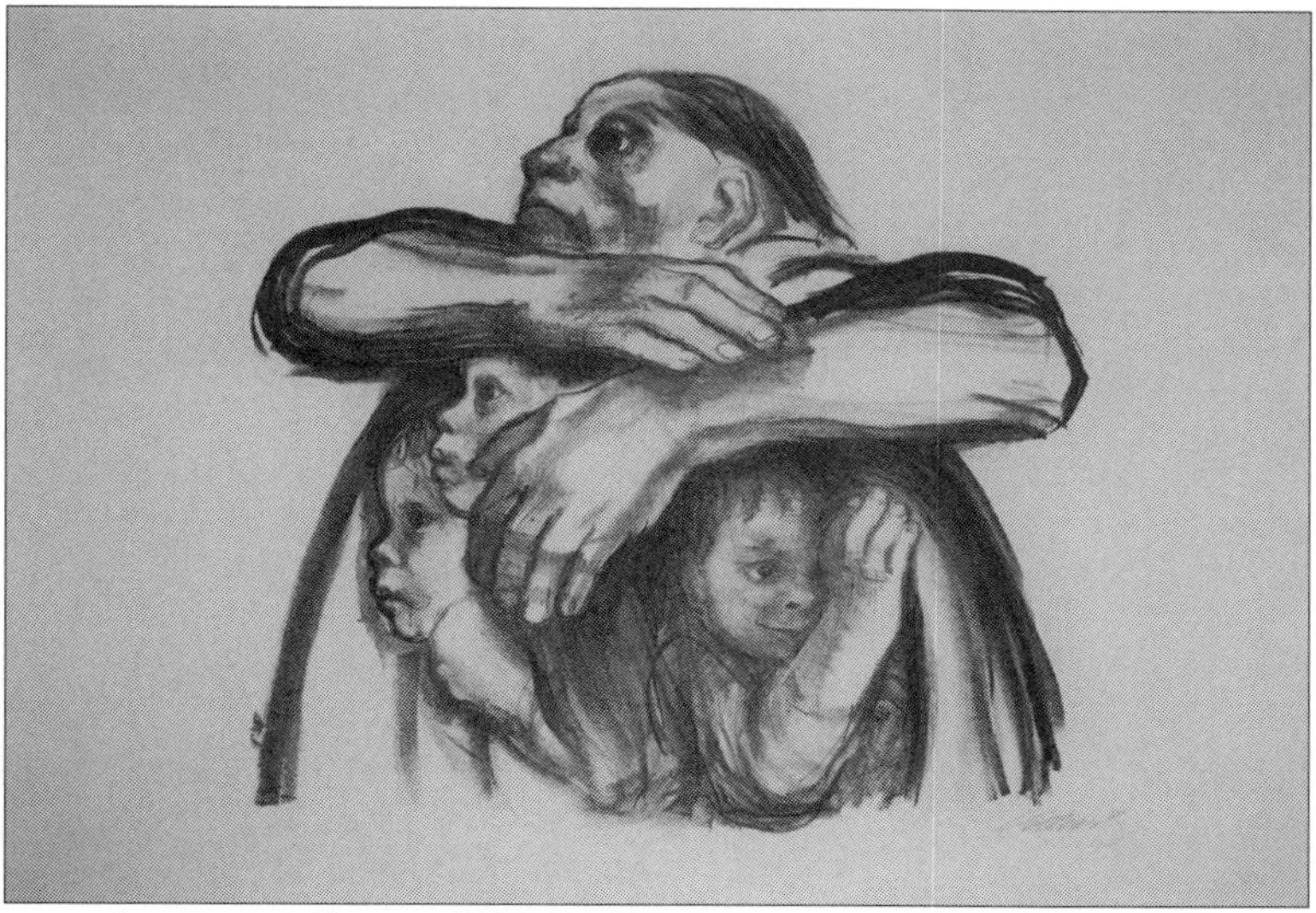
ケーテ・コルヴィッツ「種を粉に挽いてはならない」(佐喜眞美術館蔵)

子像は、深い表現に到達してますから、時代を簡単に超えますよ。

徐　日本の社会構造が変わって、佐喜眞さん一族のような大家族は、若い人たちにはイメージしにくいでしょう。でも、いまコロナ禍に直面して、シングルマザーが子供を育てるために苦しんでいたり、女性の自殺率が増えている。母親というものの苦悩は、ケーテの時代とはまた違うかたちで、はっきり出ていますね。そういう時代の苦悩にまで到達するような、響くようなものを、ケーテ・コルヴィッツは持ってる。

佐喜眞　持ってますよね。今のそういう状況の女性たちには、本当にびんびん来るんじゃないでしょうか。

徐　今年度、芸術学の講義を遠隔授業でやって、何人かの画家を取り上げたんです。そのうちの一人がケーテ・コルヴィッツでした。作品を見せながら、学生に意見を求めたんですけど、以前とはだいぶ反応が違いましたね。オンラインだと、周囲をあまり気にせずに自分の意見が言える。学生にとっては世間というのが一番手ごわくて、周りが自分をどう見るかをひどく気にしちゃう。ところがオンラインでやってみて、なるほどそこまで観ていたのか、そういうふうに思っていたのかという反応に出くわしたんです。

佐喜眞　私も、コロナ禍で修学旅行生が来られないので、オンラインで出前授業をしたから、わかります。オンラインの方が、個人的でいい意見が出るでしょ？

徐　それは一長一短ですね。作品の前に立って、その時は言葉が出ずに離れていっても、黙っている中にある何かというやつが大切で、それが、忘れたような頃にポロッと出てきたりする。そういうことが、美術教育のもう一つの核心だと思うんです。だけど、コルヴィッツの、あの「死んだ子を抱く母」、夜叉か鬼みたいな母親が子供に食らいついてるような、あれに対する学生の反応は、たいへん敏感でしたね。それまでは綺麗なものにしか反応しないというか、汚い怖いは観たくないと書いていた子も多かったんですけど。だから、そこは良かったと思います。

佐喜眞　あれは本当に、戦争で息子を亡くしたらこういうふうに、もう何て言いますか、我を忘れて激しく暴力的に悲しむんだろうなあと思いますよね。

徐　先ほどの日曜美術館も良い作品にしてくれたら、若い人たちに見てもらえると良いと思います。でも同時に、この「沖縄戦の図」の圧倒的な大画面の前に立つということも、やっぱり重要ですよね。そこで先ほどの話に関わるんですけど、ここ一年以上、コロナ禍のせいもあって、修学旅行生はここに足を運べてないですよね。

佐喜眞　もう壊滅ですね。

徐　壊滅と言われると、こっちが心配なんですけど……佐喜眞美術館は大丈夫ですか？

佐喜眞　大丈夫じゃないですよ（笑）。修学旅行で持ってきたようなものですから。しかし、この美術館を作った時、誰が来なくても開ける覚悟で始めたんです。「沖、往く舟の無事を祈って灯をともす」なんていう歌をうたっていました。あの時の初心を思い出して、そこに戻ればなんとか……。まあ赤字はずっと続くんですが、頑張れないことはない。でもこれが二、三年も続いたら、たいへんですね。

徐　修学旅行生がこちらに来るようになったきっかけは、特定の先生が関心を持って見学に連れてきてくれたからのようですね。そういう立派な先生が、よくいたもんだと思いますけれど。

佐喜眞　各県一人くらいいると、大丈夫ですね。始めは、広島の杉原さんという中学校の先生が来てくれたんです。それからずっと今でも親しい付き合いが続いてます。彼は沖縄の新聞をずっと読んでいたようです。それで美術館の準備段階から情報をおさえていた。広島だから、丸木さんの絵も知ってる。それで実現したんです。杉原さんが教組の支部長などをやっておられたので、広く紹介してくれて、どんどん広がっていったんです。

徐　そういう方が、途切れなく出てくる感じですか。

佐喜眞　そういう人は、今はなかなかいないですね。

徐　これは日本社会全体の問題ですけれど、教員の労組も非常に弱体化してるし、年齢層も変わってきてますからね。政治的だから引いちゃうというのももちろんあるけれど、そもそもアートや美術というだけで引いちゃうというか、教員自身がとても固定した考えを持っているようですね。画家の名前を覚えさせるのが教育だと思っていたり。なかなか状況は厳しいですね。

佐喜眞　厳しいですねえ。何か通俗的な概念がはびこってしまって、本当の意味で、大事なところにいかないんですね。

徐　綺麗でない絵が持っている力というか、魅力というものを知るためには、ちょっと抵抗があっても、それを観るという過程がないとね。ぱっと観て「綺麗じゃない」というのは怖いと思う。「醜い」「難しい」という拒絶の態度がね。

佐喜眞　教科書から、丸木さんの「沖縄戦の図」や「原爆の図」が消えた時に、丸木さんは文部省（当時）に抗議に行ったらしい。そしたら文部省の役人が、おどろおどろしい絵だから子どもには無理だと言うんです。丸木さんは、これは戦争の絵ですよ、おどろおどろしくない戦争の絵を描けと言うんですかと、反論したそうです。

徐　なるほど。そういう意味での美術教育がありえますよね。与えられる心地よいものばかり享受してるんではなくて。もっとも、ただ脅かしたり、怖がらせていればいいわけでもない。その奥にある画家の祈りまで伝えることは難しいところですね。私も私なりに追求していますけれども。ぜひ、これからも佐喜眞美術館には先頭に立っていただきたいと思います。

佐喜眞　ぜひご教示をお願いします。

徐　こちらこそ、よろしくお願いします。では今日はこれぐらいで。楽しい時間をありがとうございました。

（二〇二一年三月三〇日、佐喜眞美術館）

【編者付記】

佐喜眞美術館を舞台として撮られた徐京植関連のドキュメンタリーとしては、本対談冒頭で紹介されたラジ・スラーニさんとの対話番組（詳細は本書「徐京植出演番組」を参照）のほか複数あるが、特に佐喜眞道夫館長との対話を中心とするＮＨＫ教育テレビ番組〈こころの時代〜宗教・人生 シリーズ 私の戦後70年〉「害《そこな》われし人々のなかに――沖縄でコルヴィッツと出会う」（二〇一五年八月三〇日）が重要である。また佐喜眞美術館で開催された展示会「奪われた野にも春は来るか――鄭周河写真展」（二〇一三年七月二四日〜八月二六日）と関連シンポジウムについては、高橋哲哉・徐京植編著『奪われた野にも春は来るか――鄭周河写真展の記録』（高文研、二〇一五年）所載の記録「沖縄『苦痛の連帯』の可能性」（徐京植［司会］・鄭周河・韓洪九・比嘉豊光、金英丸ほか訳）を参照されたい。なお鄭周河さんの福島での撮影を取材したドキュメンタリーに、ＮＨＫ教育テレビ番組〈こころの時代〜宗教・人生 シリーズ 私にとっての３・11〉「奪われた野にも春は来るか」（二〇一三年五月一二日）がある。

徐京植◈年譜

1951年2月18日　京都市に生まれる。
1966年4月　京都教育大学附属高等学校入学。
1969年3月　京都教育大学附属高等学校卒業。
1969年4月　早稲田大学第一文学部フランス文学科入学。
1971年4月　兄の徐勝・徐俊植が韓国留学中に逮捕。同年、第一審判決で徐勝に死刑、徐俊植に懲役15年の判決。救援運動始まる。
1974年3月　早稲田大学第一文学部フランス文学科卒業（文学士）。
1983年10月　初めてのヨーロッパ旅行（12月まで）。
1988年5月　徐俊植、17年ぶりに釈放。
1990年2月　徐勝、19年ぶりに釈放。
1991年4月　法政大学法学部兼任講師（91～99年度）。以後、静岡大学（1991～93年度）、法政大学大学院社会科学研究科（1992～93年度）、立教大学一般教養部（1992～96年度）、津田塾大学国際関係学部（1997年度）、立教大学全学共通カリキュラム（1998～99年度）、千葉大学文学部（2013年度）にて、非常勤講師を務める。
1995年6月　著書『子どもの涙』（柏書房）で、第43回日本エッセイストクラブ賞受賞。
1999年4月　東京経済大学現代法学部非常勤講師（「近代アジアの歴史と現実」担当）。
2000年4月　東京経済大学現代法学部専任講師に着任（「人権とマイノリティ」ほか担当）。
2000年5月　著書『プリーモ・レーヴィへの旅』（朝日新聞社）で、第22回マルコポーロ賞受賞。
2002年4月　東京経済大学現代法学部助教授に昇任。
2006年4月　東京経済大学国外長期研究員（2006～07年度）。その間、韓国・聖公会大学客員教授として、ソウルを拠点に韓国に滞在。
2007年4月　東京経済大学現代法学部准教授（制度変更に伴う職位改称）。
2008年4月　東京経済大学現代法学部教授に昇任。
2008年4月　東京経済大学同全学共通教育センター長（2008～09年度）。
2012年7月　第6回後廣（フグァン）金大中学術賞（韓国・全南大学主催）受賞。
2018年4月　東京経済大学図書館長（2018～19年度）。
2019年4月　東京経済大学全学共通教育センター教授（所属変更）。
2021年3月　東京経済大学を定年退職。

＊ 2013 年 3 月　韓国版『フクシマ以後の生：歴史、哲学、芸術で 3・11 以後を省察する』バンビ

2014 年 5 月　『詩の力：「東アジア」近代史の中で〈徐京植評論集Ⅱ〉』高文研

＊2015年7月　韓国版『詩の力：絶望の時代、詩はいかにして人を救うのか』ヒョンアムサ

2015 年 8 月　（共編著）『奪われた野にも春は来るか：鄭周河写真展の記録』高文研　※高橋哲哉と共編著

＊ 2016 年 3 月　韓国版『再び福島と向き合うということ：福島と植民地主義、福島と連帯、福島と芸術〕』バンビ

2015 年 10 月　『越境画廊：私の朝鮮美術巡礼』論創社

＊ 2014 年 11 月　韓国版『私の朝鮮美術巡礼』バンビ

2016 年 4 月　『抵抗する知性のための 19 講：私を支えた古典』晃洋書房

＊ 2015 年 8 月　韓国版『私の書斎の中の古典：私に耐える力をくれた本たち』木の鉛筆

2017 年 11 月　『日本リベラル派の頽落〈徐京植評論集Ⅲ〉』高文研

＊2017年3月　韓国版『再び、日本を考える：頽落した反動期の思想的風景』木の鉛筆

2018 年 9 月　（共著）『責任について：日本を問う 20 年の対話』高文研　※高橋哲哉と共著

＊2019年8月　韓国版『責任について：現代日本の本性を問う20年の対話』トルペゲ

2020 年 5 月　『メドゥーサの首：私のイタリア人文紀行』論創社

＊ 2018 年 1 月　韓国版『私のイタリア人文紀行』バンビ

2021 年 2 月　『ウーズ河畔まで：私のイギリス人文紀行』論創社

＊ 2019 年 8 月　韓国版『私のイギリス人文紀行』バンビ

2021年6月　『アレクシエーヴィチとの対話：「小さき人々」の声を求めて』岩波書店　※スヴェトラーナ・アレクシエーヴィチ、鎌倉英也、沼野恭子との共著

〔編者注〕

＊単行書に限る。改版や韓国版は、特記なき限り同じタイトル。

＊韓国版のみで刊行されている場合は、原語も併記した。なお、韓日で出版されている場合でも、日本版・韓国版には、収録文献や序・後書等に異同がある。

＊雑誌等へ寄稿した個々の論考について、より詳しくは、「徐京植著作目録」（『人文自然科学論集』第 150 号、東京経済大学全学共通教育センター、2021 年 2 月）を参照されたい。本目録は、東京経済大学の学術リポジトリを通じて公開されており、インターネット上で閲覧・ダウンロードが可能となっている。

徐京植◆主要著作

2005年2月　(共著)『教養の再生のために：危機の時代の想像力』影書房　※加藤周一、ノーマ・フィールドと共著

＊2007年8月　韓国版『教養、すべての始まり：この時代に人文教養はなぜ必要なのか？』ノマドブックス

2005年7月　『ディアスポラ紀行:追放された者のまなざし』岩波書店〈岩波新書〉

＊2006年1月　韓国版、トルペゲ

2007年10月　『夜の時代に語るべきこと：ソウル発「深夜通信」』毎日新聞社

＊2007年9月　韓国版『時代をわたる方法：徐京植の深夜通信』ハンギョレ出版

2007年12月　(共著)『만남：서경식 김상봉 대담〔出会い：徐京植・金相奉の対話〕』トルペゲ　※金相奉と共著

2008年4月　(共著)『ソウルーベルリン玉突き書簡：境界線上の対話』岩波書店　※多和田葉子と共著

＊2010年2月　韓国版『境界で踊る：ソウルーベルリン、言語という家を壊して去った放浪者たち』創作と批評社

2009年1月　『고통과 기억의 연대는 가능한가？:국민，국가，고향，죽음，희망，예술에 대한 서경식의 이야기〔苦痛と記憶の連帯は可能か？：国民、国家、故郷、死、希望、芸術に対する徐京植の言葉〕』チョルスとヨンヒ

2010年3月　『汝の目を信じよ！：統一ドイツ美術紀行』みすず書房

＊2009年5月　韓国版『苦悩の遠近法：徐京植の西洋近代美術紀行』トルペゲ

2010年4月　『植民地主義の暴力:「ことばの檻」から〈徐京植評論集〉』高文研

＊2011年3月　韓国版『言語の監獄で：ある在日朝鮮人の肖像』トルペゲ

2012年1月　『在日朝鮮人ってどんなひと？〈中学生の質問箱〉』平凡社

＊2012年8月　韓国版『歴史の証人 在日朝鮮人：韓日の若い世代のための徐京植の正しい歴史講義』バンビ

2012年3月　『フクシマを歩いて：ディアスポラの眼から』毎日新聞社

＊2012年3月　韓国版『ディアスポラの眼：徐京植エッセイ』ハンギョレ出版

2012年7月　『私の西洋音楽巡礼』みすず書房

＊2011年11月　韓国版、創作と批評社

2013年5月　(共著)『경계에서 만나다:디아스포라와의 대화〔境界で出会う:ディアスポラとの対話〕』ヒョンアムサ　※キム・ヨンギュ、イ・ヨンイル、ソ・ミンジョンと共著

2014年2月　(共著)『フクシマ以後の思想をもとめて：日韓の原発・基地・歴史を歩く』、平凡社　※高橋哲哉・韓洪九と共著

徐京植◈主要著作

1981年7月　(編訳)『徐兄弟 獄中からの手紙：徐勝、徐俊植の10年』岩波書店〈岩波新書〉
1988年1月　『長くきびしい道のり：徐兄弟・獄中の生』影書房
　＊2001年1月　第2版、影書房
1989年3月　『皇民化政策から指紋押捺まで：在日朝鮮人の「昭和史」』岩波書店〈岩波ブックレット〉
1991年6月　『私の西洋美術巡礼』みすず書房
　＊1992年　韓国版、創作と批評社
1991年8月　(共訳) 白楽晴『知恵の時代のために：現代韓国から』オリジン出版センター　※李順愛と共訳
1994年11月　『「民族」を読む：20世紀のアポリア』日本エディタースクール出版部
1995年3月　『子どもの涙：ある在日朝鮮人の読書遍歴』柏書房
　＊2004年9月　韓国版、トルペゲ　＊2019年4月　復刻版、高文研
1997年5月　『分断を生きる：「在日」を超えて』影書房
1999年7月　『新しい普遍性へ：徐京植対話集』影書房
1999年8月　『プリーモ・レーヴィへの旅』朝日新聞社
　＊2007年12月　韓国版『時代の証言者　プリーモ・レーヴィを求めて』創作と批評社
　＊2014年9月　『新版 プリーモ・レーヴィへの旅：アウシュヴィッツは終わるのか？』晃洋書房
2000年1月　(共著)『断絶の世紀 証言の時代：戦争の記憶をめぐる対話』岩波書店　※高橋哲哉と共著
　＊2002年5月　韓国版、サムイン
2000年6月　(共編著)『石原都知事「三国人」発言の何が問題なのか』影書房　※内海愛子・高橋哲哉と共編著
2001年1月　『過ぎ去らない人々：難民の世紀の墓碑銘』影書房
　＊2007年9月　韓国版、トルペゲ
2001年7月　『青春の死神：記憶のなかの20世紀絵画』毎日新聞社
　＊2002年7月　韓国版、創作と批評社
2002年3月　『半難民の位置から：戦後責任論争と在日朝鮮人』影書房
　＊2006年4月　韓国版『難民と国民のあいだ：在日朝鮮人徐京植の思惟と省察』トルペゲ
2003年9月　『秤にかけてはならない：日朝問題を考える座標軸』影書房

謝辞

本書は私・徐京植が東京経済大学（以下、東経大）を定年退職するにあたって同僚諸先生の発意によって編まれました。私の理解では、このような書籍は本来、長年にわたって研鑽を積んだ研究者の業績を明らかにし記念するものであるはずです。私自身は本格的な研究者ではなく、一人の「アウトサイダー」であり、研究上の業績と呼びうるものもありません。それでも躊躇を捨ててお申し出を承諾したのは、私という存在に興味・関心を持つ人がいる以上、すすんで自らを素材として差し出し、俎板《まないた》に身を横たえるべきだという思いからでした。問われたことに可能な限り正直に答えることを心がけたつもりです。結果として、このような立派な書籍にまとめていただいたのは、まさしく過分なことと思っています。

本書制作の過程で、多くの方々の予想外と言えるほどの好意を感じることになりました。そのことに謝意を表しておきたい気持ちから、編集担当者にお願いしてページを割いていただきました。

まず、編集の実務に労苦を払われた東経大の同僚教員であった戸邉秀明さん、早尾貴紀さん、李杏理さんに心からお礼申し上げます。

さらに、本書収録のシンポジウムに報告者またはコメンテーターとして参加された権晟右、崔在爀、高橋哲哉、鵜飼哲、本橋哲也、澁谷知美、インタビューに参加された高津秀之の諸先生、および同シンポジウムで通訳を担当してくださった東経大卒業生の濱村美郷さんに感謝いたします。

また、本書に収めた対論・対談または座談会にご参席くださり、活発な議論を展開して下さった次の方々に感謝します。

映像作家の鎌倉英也さん。佐喜眞美術館館主の佐喜眞道夫さん。佐喜眞さんには作品図版の提供などでも多大なご協力をいただきました。

英国シェフィールド大学の崔徳孝さん、韓国聖公会大学の趙慶喜さん、同座談会の進行役を担われた李杏理さん。

東経大卒業生の洪昌極さんには翻訳についてお世話になりました。

また、私の東経大在職中、「21世紀教養プログラム」の設立と運営をはじめとして各方面にわたってご指導いただいた藤澤房俊、寺地五一、牧原憲夫（故人）、大岡玲の先生方に感謝いたします。全学共通教育センターを基盤とする教養教育（人文教育）の発展と充実のため、仲間としてご努力いただいた同僚諸先生のすべてのお名前を挙げたいところですが、ここでは新正裕尚、麻生博之お二方のみを挙げて感謝申し上げます。

私のような、大学の制度や慣行に暗く、みなさんにご迷惑をかけがちであった者が、大きな失態もなく定年を迎えることができたのは、常に親切に支えて下さった職員のみなさんのおかげでした。ここにお礼申します。

冒頭、自分は「アウトサイダー」であると申し上げました。そんな私が東経大において自由に活動し、いささかでも生の痕跡を残すことができたのは、みなさんの寛容な精神の賜物であったことを自覚しています。東経大のこの貴重な気風が今後も維持され発展していくことを願っています。

なお、私の定年退職を期に韓国において記念文集『서경식 다시 읽기』（徐京植再読）が刊行される予定です。

二〇二二年一月三一日刊行予定。三三六頁（予定）、出版元：연립서가（連立書架）。

「ディアスポラの観点から国境と国民主義の彼方を想像し、『苦痛と記憶の連帯は可能か』という重い問いを投げかけてきた徐京植の思惟を再読し吟味するためにつくられた文集。…植民地主義、国家主義、ディアスポラ、マイノリティ等の主題と、美術と文学、音楽など多様なジャンルを往還して思索する、多様な筆者が寄稿した。」（出版社の内容紹介を要約）

寄稿者：권성우（クォン・ソンウ、文芸批評家、淑明女子大教授）、권영민（クォン・ヨンミン、哲学研究者）、김연수（キム・ヨンス、小説家）、김희진（出版人）、박태근（パク・テグン、出版人）、박혜진（パク・ヘジン、文芸批評家）、서동진（シン・ドンジン、社会学者）、양창섭（ヤン・チャンソプ、音楽愛好家）、유유자（ユ・ユジャ、グラフィックデザイナー）、윤석남（ユン・ソクナム、美術家）、이종찬（イ・ジョンチャン、独立批評企画者）、리행리（リ・ヘンリ、歴史学者）、정연두（ジョン・ヨンドゥ、美術家）、하마무（ハマム、フェミニズム研究者）、한승동（ハン・スンドン、翻訳家、読書人）、최재혁（チェ・ジェヒョク、出版人、翻訳家）、후나하시 유코（船橋裕子）、および서경식（徐京植）

ここにお名前をあげた方々だけでなく、東経大在職中にお世話になったすべての方々に、重ねて感謝の意を表します。

末尾ながら、本書刊行の労を取られた出版社・高文研の真鍋かおるさんにお礼申します。

二〇二二年一月一二日　厳寒の信州にて

徐　京植

あとがき

本書の企画は、徐京植さんが東京経済大学を定年で退職されるのを前に、徐さんのお仕事の総体を、より適切に理解したいとの私たちの思いから始まった。その企画のあらましと、関係された皆様のお名前を留めて、謝辞に代えさせていただく。

本書のもとになったのは、いずれも東京経済大学（以下、東経大と略）から二〇二〇年度に助成を受けた二つの企画である。

ひとつは、シンポジウム「現代文化と人文主義《ヒューマニズム》の未来を問う——徐京植氏の批評活動を手がかりに」である。実行委員会は、戸邉秀明（委員長）・麻生博之・大岡玲・澁谷知美・高津秀之・早尾貴紀・本橋哲也の七名で、全員が東経大の教養教育を担う全学共通教育センターで徐さんと同僚であった。本書第Ⅱ部には、二〇二一年一月二三日、シンポジウム当日の報告四本と応答、並びにコメント三本を掲載した。掲載にあたり、加筆されているが、当日の内容がほぼ活かされている。コロナ禍でご準備をいただいた皆様に御礼を申しあげる。また報告原稿の翻訳には李杏理・洪昌極、当日の韓国側での通訳には濱村美郷の皆様から助力を得た。いずれも東経大で徐さんの教えを受けた方々である。

シンポジウムは新型コロナウイルス感染拡大の第三波のため、発表者と実行委員のみによる、完全オンラインで開催・収録し、後日、インターネット上で一定期間、画像を公開した。当初の計画と大きく異なり、残念ではあったが、海外を含めて多くの視聴者を得られた利点もあった。なお当日は最後に、実行委員も交えた総合討論をしたが、本書では割愛した。

もうひとつは、「徐京植氏の批評活動に関する多角的研究——思想・文化史的接近を中心として」の主題で採択された、早尾貴紀（研究代表）・麻生博之・澁谷知美による共同研究である。本書所収の早尾・澁谷の文章は、この研究助成を受けた成果である。

第Ⅰ部のインタビュー、第Ⅲ部の対論・対談は、この共同研究の一環として企画された。鎌倉さんと徐さんの対論は、二〇二〇年一二月初旬、コロナ禍が小康状態にあった際に、東経大で実現した。当日はＮＨＫの番組制作のスタッフにも多数ご参加いただいた。佐喜眞さんと徐さんの対談は、翌二一年の三月末、徐さん御夫妻と早尾・戸邉が佐喜眞美術館を訪ねて実現した。佐喜眞さん御夫妻ほか美術館スタッフの皆様にはたいへんお世話になった。「沖縄戦の図」を前にした空間でなされる同世代の交歓に聴き入る時間は、まさしく僥倖であった。

以上の企画の遂行では、東経大職員の野島明雄さん（研究課、当時）に特にお世話になった。

さらに第Ⅰ部には、二一年三月後半に東経大で行われた最終講義を収録した。当日は緊急事態宣言の解除直後にもかかわらず、かつて講義やゼミ、21世紀教養プログラム等で徐さんに学んだ卒業生や聴講生が多数参加され、あらためて東経大における徐さんの存在の大きさを実感した。また実施順では最後となる座談会は、英国・韓国・日本を結んで行われた。難しい論点についても率直に語られた崔徳孝さん、趙慶喜さんに御礼を申し上げる。

以上の記録の反訳については、李杏理・洪昌極の二人が担当した。

以上の企画は、当初から有機的な連関を意識していた。同時にその成果は学内に留めず、徐さんの著作に親しんできた読者に広く供されるべきだと考えた。そこで徐さんの著作の多くを世に送り出している高文研に出版の御相談をしたところ、快諾を得た。以来、編集担当の真鍋かおるさんには、たいへんお世話になった。また装幀は、これまでも徐さんが企画するシンポジウムのポスターデザインなどを手がけてこられた柳裕子さんにお願いした。

なお、本書と同時期に刊行される『人文自然科学論集』第一五〇号（東京経済大学全学共通教育センター、二〇二二年）は徐京植名誉教授退任記念号となっている。併せて参照されたい（インターネット上の東経大学術リポジトリから閲覧可能である）。

最後になったが、徐京植さん御本人に、あらためて御礼を申し上げる。在職の最終年度で多忙ななか、しかもコロナ禍の渦中にもかかわらず、多くの時間を割いてくださり、御礼の言葉もない。感謝とともに、今後とも変わらぬご交誼を願って、筆を擱く。

二〇二二年一月一五日

編者を代表して　**戸邉 秀明**

著者・対話者・聞き手

本橋 哲也（もとはし てつや）
1955年生。東京経済大学コミュニケーション学部教授。『ディズニー・プリンセスのゆくえ』ナカニシヤ出版、2016年。『「愛の不時着」論』ナカニシヤ出版、2021年。（第Ⅰ部「interview　徐京植、著作を語る」聞き手／第Ⅱ部「comment1」執筆）

高津 秀之（たかつ ひでゆき）
1974年生。東京経済大学全学共通教育センター准教授。「なぜ狼男は人を喰うようになったのか？」、甚野尚志編『疫病・終末・再生：中近世キリスト教世界に学ぶ』知泉書館、2021年。（第Ⅰ部「interview　徐京植、著作を語る」聞き手）

崔 徳孝（チェ ドッキョ）
1975年生。シェフィールド大学専任講師。The Empire Strikes Back from Within, *American Historical Review* 126:2 (2021).「占領と『在日』朝鮮人の形成」、『シリーズ戦争と社会3』岩波書店、2022年。（第Ⅰ部「座談会　徐京植氏の言論活動と在日朝鮮人」出席者）

趙 慶喜（チョ キョンヒ）
1973年生。聖公会大学東アジア研究所教員。「裏切られた多文化主義」、『現代思想』46巻12号、2018年。『残余の声を聴く』明石書店、2021年（呉世宗・早尾と共著）。（第Ⅰ部「座談会　徐京植氏の言論活動と在日朝鮮人」出席者）

鵜飼 哲（うかい さとし）
1955年生。一橋大学名誉教授。『テロルはどこから到来したか』、『まつろわぬ者たちの祭り』ともにインパクト出版会、2020年。（第Ⅱ部「『在日』を考えることと生きること」執筆）

高橋 哲哉（たかはし てつや）
1956年生。東京大学名誉教授。『デリダ』講談社〈講談社学術文庫〉、2015年（初版、1998年）。『日米安保と沖縄基地論争』朝日新聞出版、2021年。（第Ⅱ部「責任について、問い続けること」執筆）

権 晟右（クォン ソンウ）
1963年生。淑明女子大学校韓国語文学部教授・文学評論家。『낭만적 망명〔浪漫的亡命〕』ソミョン出版、2008年。『비평의 고독〔批評の孤独〕』ソミョン出版、2016年。（第Ⅱ部「徐京植の著作を通じて見た韓国社会、文学、その影響と刺激」執筆）

崔 在爀（チェ ジェヒョク）
1973年生。編集者・翻訳家・美術史家。著作：『아트, 도쿄〔アート、東京〕』（共著）ブックハウス、2011年。『나의 조선미술순례〔私の朝鮮美術巡礼〕』（翻訳）バンビ、2014年。（第Ⅱ部「越境する美術批評」執筆）

澁谷 知美（しぶや ともみ）
1972年生。東京経済大学全学共通教育センター准教授。『立身出世と下半身』洛北出版、2013年。『日本の包茎』筑摩書房、2021年。（第Ⅱ部「comment2」執筆）

鎌倉 英也（かまくら ひでや）
1962年生。ＮＨＫエグゼクティブ・ディレクター。『隠された「戦争」』論創社、2020年。『アレクシエーヴィチとの対話』岩波書店、2021年（徐京植ほかと共著）。（第Ⅲ部「対論　映像制作を共にした二〇年」対話者）

佐喜眞 道夫（さきま みちお）
1946年生。佐喜眞美術館館長。『アートで平和をつくる』岩波書店〈岩波ブックレット〉、2014年。（第Ⅲ部「対談　沖縄という場所からアートを考える」対話者）

〔訳者〕
洪 昌極（ホン チャングク）
1987年生。日本学術振興会特別研究員（PD）。「朝鮮植民地化過程における水利施設の国有化と水利権」、『歴史学研究』995号、2020年。（第Ⅱ部「徐京植の著作を通じて見た韓国社会、文学、その影響と刺激」訳）

※掲載順。徐京植氏の略歴・主要著作については、本書404頁「年譜および主要著作一覧」参照

〔編 者〕

早尾 貴紀（はやお たかのり）
1973 年生。東京経済大学全学共通教育センター教授。『ユダヤとイスラエルのあいだ：民族／国民のアポリア』青土社、2008 年。『国ってなんだろう？：あなたと考えたい「私と国」の関係』平凡社、2016 年。『パレスチナ／イスラエル論』有志舎、2020 年。『希望のディアスポラ：移民・難民をめぐる政治史』春秋社、2020 年。（序論執筆／第Ⅰ部「interview　徐京植、著作を語る」聞き手）

李 杏理（リ ヘンリ）
1987 年生。東京経済大学・高崎経済大学ほか非常勤講師。「脱植民地と在日朝鮮人女性による攪乱：「解放」後の濁酒闘争からみるジェンダー」、『ジェンダー史学』13 号、2017 年。「『東亜新聞』からみる酒造規制と在日朝鮮人」、『社会科学』49 巻 3 号、同志社大学人文科学研究所、2019 年。（第Ⅰ部「interview　徐京植、著作を語る」聞き手、「座談会　徐京植氏の言論活動と在日朝鮮人」出席者／第Ⅱ部「comment3」執筆／第Ⅱ部「越境する美術批評」訳）

戸邉 秀明（とべ ひであき）
1974 年生。東京経済大学全学共通教育センター教授。「沖縄戦の記憶が今日によびかけるもの」、成田龍一・吉田裕編『記憶と認識の中のアジア・太平洋戦争』岩波書店、2015 年。「マルクス主義と戦後日本史学」、『岩波講座 日本歴史 22　歴史学の現在』岩波書店、2016 年。『触発する歴史学：鹿野思想史に向き合う』日本経済評論社、2017 年（赤澤史朗ほかと共編著）。（第Ⅰ部「interview　徐京植、著作を語る」聞き手／「あとがき」執筆）

徐京植　回想と対話

●二〇二三年 三 月二〇日――――第一刷発行

編　者／早尾 貴紀・李 杏理・戸邉 秀明

発行所／株式会社 高文研
東京都千代田区神田猿楽町二―一―八
三恵ビル（〒一〇一―〇〇六四）
電話03＝3295＝3415
http://www.koubunken.co.jp

印刷・製本／中央精版印刷株式会社

★万一、乱丁・落丁があったときは、送料当方負担でお取りかえいたします。

ISBN978-4-87498-789-6　C0010